개정판

Python으로 학습하는 컴퓨터 알고리즘

배인한 지음

도서출판 홍릉

저자소개

배인한

Web page : https://sites.google.com/site/ispna11

- 중앙대학교 컴퓨터공학, 박사
- 대구가톨릭대학교 소프트웨어융합대학 컴퓨터소프트웨어학부, 교수
- 한국인터넷정보학회, 부회장
- 한국멀티미디어학회, 종신회원
- 관심분야: 시스템 소프트웨어, 지능스마트플랫폼 및 응용분야
  (AI, Smart Home, IoT, VANET, Cloud 등)

Python으로 학습하는 개정판

컴퓨터 알고리즘

2020년 12월 18일 초 판 발행
2024년 2월 23일 개정판 발행

저 자: 배인한
발행인: 송 준
발행처: 도서출판 홍릉
주 소: 01093 서울시 강북구 인수봉로 50길 10
등 록: 1976년 10월 21일 제5-66호

전 화: 02-999-2274~5, 903-7037
팩 스: 02-905-6729
e-mail: hongpub@hongpub.co.kr
http://www.hongpub.co.kr
ISBN: 979-11-5600-164-5(93000)

정 가: 22,000원

머리말

컴퓨터 알고리즘은 컴퓨터 분야에서 핵심이 되는 기본 학문입니다. 컴퓨터 프로그래밍 작업인 코딩하기 전에 "문제를 논리적 어떻게 해결할 것인가?"하는 언플러그드 활동으로 컴퓨팅 사고의 핵심 요소입니다.

오늘날은 온라인과 오프라인이 융합된 4차 산업혁명 시대로 인공지능, 로봇, 블록체인, 사물인터넷, 클라우드, 빅 데이터 등의 유망 기술이 전 세계를 휩쓸고 있습니다. 이러한 시대적 요구에 따라 사회에서도 창의적 사고, 융·복합적 능력을 갖춘 인재를 요구합니다. 따라서 전공과 무관하게 4차 산업혁명 시대에 사회가 요구하는 인재는 자신이 필요한 프로그램은 자신이 만들어 사용하는 DIY(Do It Yourself) 능력으로 ICT 활용 능력인 코딩 능력을 필수적으로 갖추어야 합니다.

Python은 데이터 과학 분야를 위한 표준 프로그래밍 언어가 되어 가고 있습니다. Python은 범용 프로그래밍 언어의 장점은 물론 MATLAB, R과 같은 특정분야를 위한 스크립팅 언어의 편리함을 함께 가지고 있고, 또한 사용 가능한 풍부한 머신러닝 라이브러리와 프레임워크를 가지고 있습니다. 사이킷-런(Scikit-learn), 텐서플로우(Tensor Flow), 아파치 스파크 MLlib 등 머신러닝 및 딥 러닝 프레임워크 대부분이 Python에서 직접 사용할 수 있거나 Python API를 지원합니다. 따라서 최근 개발자들이 가장 선호하는 프로그래밍 언어 1위는 Python인 것으로 조사되었습니다.

컴퓨터 프로그램의 성능은 그 프로그램의 설계와 구현에 사용한 알고리즘과 자료구조에 따라 크게 좌우됩니다. 따라서 알고리즘은 어떤 문제에 대한 정확하고, 효율적이고, 실용적인 프로그램을 만드는데 필요하고, 그리고 오늘날 프로그래밍 언어에서 제공하는 자료구조들은 자료와 연산을 추상자료형인 클래스로 제공합니다. 따라서 개발자들은 자료구조 클래스에서 제공하는 연산(메서드)뿐만 아니라 필요한 자료구조를 클래스로 구현할 때 자료구조에 맞는 메서드를 개발하기 위하여 알고리즘에 대한 지식이 필요합니다. 마지막으로 알고리즘은 프로그래밍 언어라는 도구를 사용하여 컴퓨터 프로그램으로 작성해야 합니다.

본 교재는 저자가 컴퓨터 알고리즘 교과목을 다년간 강의하면서 학부 수준의 알고리즘 학습에 필요한 '알고리즘 + 자료구조 + 프로그래밍 언어'의 묶음 교재의 필요성을 느꼈습니다.

본 교재의 주요 내용은 크게 4 부분: 알고리즘 기초, Python 언어, 알고리즘 분석, 알고리즘 설계 기법으로 구성되어 있습니다. 본 교재에서 다루는 알고리즘 설계 기법으로는 분할정복법, 동적계획법, 탐욕 알고리즘, 퇴각검색법, 무작위 알고리즘, 분기한정법, A* 알고리즘 등 학부의 알고리즘 강의에서 다루어야 할 대부분의 알고리즘 설계 기법들을 망라하고 있으며, 그러한 알고리즘 설계 기법들에 대한 설명과 예제, 그리고 Python 프로그램과 실행 결과를 제공합니다. 특히, 저자는 알고리즘 학습이 너무 이론에 치우지 않으면서 실습을 통하여 '알고리즘 + 자료구조 + Python'을 함께 묶음 학습할 수 있도록 하였습니다.

본 교재가 IT 개발자뿐만 아니라 정보통신 관련 전공자, 알고리즘적 사고에 관심 있는 비전공자, 그리고 코딩 테스트를 준비하는 취업준비생 등에게 많은 도움이 되기를 희망합니다. 끝으로 본 교재의 교정에 도움을 준 대구가톨릭대학교 컴퓨터소프트웨어학부의 전소현 양과 황수민 양에게 감사드리며, 이 책의 출판에 협조해 주신 도서출판 홍릉 관계자 여러분께 심심한 사의를 표합니다.

2020년 12월
대구가톨릭대학교 하양캠퍼스에서
居誇 배 인 한

차례

CHAPTER 04 Python의 기본 자료구조

CHAPTER 05 Python의 고급 자료구조

CHAPTER 06 재현식(Recurrence Equations)

CHAPTER 07 분할정복법

CHAPTER 08 동적계획법

CHAPTER 09 탐욕 알고리즘

CHAPTER 14 P와 NP 문제

APENDIX 부록 Python 데이터 컬렉션

CHAPTER 01

알고리즘 개요

1-1 정보과학적 사고

컴퓨터를 이용하여 주어진 문제를 해결하기 위해서는 계산적 사고 또는 정보과학적 사고가 필수적이고 중요하다. 왜냐하면 컴퓨터를 지시하고 통제하여 만족할 만한 결과를 얻도록 하는 사고의 과정이 계산적 사고이기 때문이다. 이러한 사고의 명령들의 집합을 프로그램 또는 소프트웨어라고 한다. 정보과학적 사고(computational thinking)는 컴퓨터 과학에만 국한되지 않고 21세기의 모든 사람이 갖추어야 할 기본 기술이자 근본적 사고이고 문제를 해결하는 것과 시스템을 디자인하는 것, 인간의 행동을 이해하는 것, 컴퓨터 과학의 기본적 개념을 디자인하는 것 등을 포함하고 있다.

정보과학적 사고는 소프트웨어 개발자들이 컴퓨터 애플리케이션의 바탕이 되는 프로그램 작성에 사용하는 문제 해결 기술과 기법들의 집합을 포함한다.

- 분해(Decomposition): 우리가 생소한 음식을 맛보고 그 맛에 기초하여 다수의 성분들을 식별할 때, 그 음식을 그것의 개개의 성분들로 분해하는 것이다.
- 패턴인식(Pattern Recognition): 사람들은 주식을 사고 팔 때를 결정하기 위하여 주가 패턴을 관찰한다.
- 패턴 일반화 및 추상화(Pattern Generalization and Abstraction): 시간을 계획하는데 도움을 주는 일일 플래너는 날짜와 시간 관점에서 일주일을 나타내기 위하여 추상화를 사용한다.

- 알고리즘 설계(Algorithm Design): 요리사는 어떤 요리를 위한 조리법을 작성할 때, 그 요리를 다시 만들 수 있는 알고리즘을 만드는 것이다.

정보과학적 사고는 작은 의미에서 보면 컴퓨터가 문제를 해결하기 위해 진행하는 일련의 사고과정이다. 하지만 큰 의미를 보면 컴퓨터에 국한하지 않고 인간에게 있어서 어떠한 문제를 해결하기 위한 전체 사고 과정을 말한다.

특정한 문제를 해결하는 소프트웨어를 개발하기 위해서는 그 문제를 해결하기 위한 알고리즘(algorithm)을 개발해야하는데, 알고리즘이란 특정한 일을 수행하는 명령어들의 유한집합으로서 문제 해결을 위한 계산적 사고의 과정이다. 즉, 알고리즘이란 수학적으로는 해답을 구하는 과정이나 문제 해결을 위해 컴퓨터가 수행하는 방법을 말한다. 알고리즘은 코딩(또는 컴퓨터 프로그래밍, 또는 간단하게 프로그래밍)을 통해서 구현된다. 코딩은 하나 이상의 관련된 추상 알고리즘을 특정한 프로그래밍 언어를 이용해 구체적인 컴퓨터 프로그램으로 구현하는 기술이다. 즉, 주어진 문제를 컴퓨터를 이용하여 해결하기 위해서는 특정한 프로그래밍 언어로 프로그래밍 하는 기술뿐만 아니라 계산적 사고가 필요하고 매우 중요하다.

1-2 프로그램 설계 과정

프로그램의 설계 과정은 그림 1.1과 같다. 먼저 해결해야 할 주어진 문제를 명확히 인식한 다음, 문제 분석 단계에서는 문제 해결에 필요한 자료를 수집하고 분석하여 자료를 컴퓨터가 이해할 수 있는 형태로 표현한다.

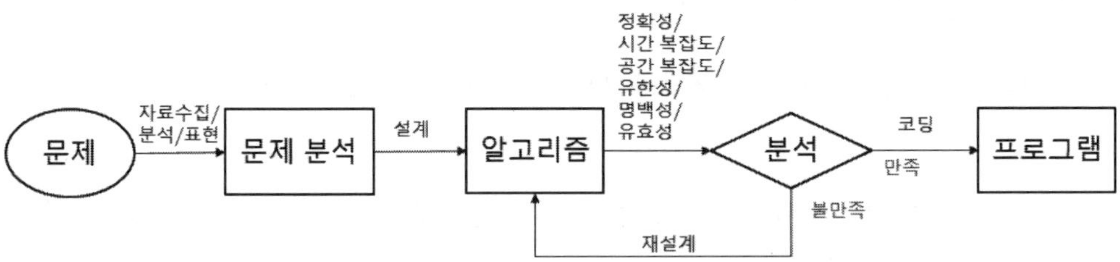

그림 1.1 프로그램 설계 과정

문제 분해, 패턴 인식, 추상화 등을 통하여 문제 해결을 위한 계산적 사고의 과정이나 문제 해결을 위해 컴퓨터가 수행하는 방법인 알고리즘을 설계한다. 알고리즘 분석 단계에서는 설계된 알고리즘의 정확성과 효율성을 분석한다. 만일 설계된 알고리즘의 정확성과 효율성 분석이 만족되지 않는다면 이전 단계인 알고리즘 설계 단계로 가서 알고리즘의 재설계 단계를 반복한다. 만족한다면, 프로그래밍 언어를 사용하여 프로그램을 작성하고, 작성한 프로그램을 실행해 보고 그 결과를 분석한다. 본 교재에서는 프로그램을 작성하는 프로그래밍 언어로 Python을 사용한다. 그리고 그림 1.1의 프로그램 설계 과정에서 문제 분석, 알고리즘 설계, 알고리즘 분석 단계들은 컴퓨터 프로그래밍도 아니고 컴퓨터가 없어도 할 수 있는 언플러그드 활동(unplugged activity)이고, 프로그램 작성 단계는 컴퓨터를 사용하여 프로그래밍 언어로 코딩 작업을 수행하기 때문에 플러그드 활동(plugged activity)이다.

1-3 알고리즘의 정의

계산할 숫자들이 점점 커지고 그 과정이 복잡해짐에 따라, 계산의 결과와 과정을 간결하게 '축약'할 필요가 생겼다. 이런 계산의 축약은 수학적인 기호와 수식의 발달로 이어졌고, 이는 오늘날 컴퓨터 '프로그래밍(programming)'의 기원이 되었다.

페르시아의 타슈켄트 지방에 살았던 수학자 무하마드 이븐 무사 알콰리즈미(Muhammad ibn Musa Al'Khowarizmi)는 대수학(수학적 문제 풀이를 위해 x와 같은 미지의 수를 대입하는 수학 이론, xy 방정식이 대표적) 풀이 방식을 집대성한 책을 출간하였다. 이 책이 세상에 알려지면서 현대 프로그래밍의 핵심인 '알고리즘(algorithm)'개념이 탄생하였다. 알고리즘이라는 단어 자체가 책 저자의 성이었던 '알콰리즈미'에서 유래한 것이다.

알고리즘은 '문제 해결을 위한 논리 및 절차'로 간략히 정의할 수 있으며 다음과 같이 정의될 수도 있다.

- 문제 해결을 위한 단계적 절차
- 특정 문제를 해결하기 위하여 논리적으로 기술해 놓은 일련의 명령문

알고리즘은 다음과 같은 중요한 다섯 가지 특징을 가진다.

- 유한성(Finiteness): 알고리즘은 반드시 유한한 횟수로 각 단계들을 거친 후에 종료해야 한다.
- 명확성(Definiteness): 알고리즘의 각 단계는 반드시 명확하게 정의되어야 한다. 수

행할 작동은 모든 경우에 대해 모호함이 없이 엄격하게 명시해야 하는 것이다.

- 입력(Input): 알고리즘은 0 또는 그 이상의 입력들을 가진다. 여기서 입력이란 알고리즘이 시작되기 전에 알고리즘에 주어진, 또는 알고리즘 수행 도중에 동적으로 주어진 수량들을 말한다. 이러한 입력들은 특정한 객체들의 집합에서 비롯된다고 할 수 있다.
- 출력(Output): 알고리즘은 한 개 또는 그 이상의 출력들을 가진다. 출력은 입력과 특정한 관계를 가지는 수량이다.
- 효율성(Effectiveness): 알고리즘을 실행하는데 필요한 시간과 기억 용량과 같은 자원의 수를 결정하는 일을 가리킨다. 일반적으로 알고리즘의 효율성은 알고리즘을 수행하는 데 연산들이 수행되는 횟수를 나타내는 시간 복잡도와 프로그램을 실행시킨 후 완료하는 데까지 필요로 하는 메모리의 양을 나타내는 공간 복잡도를 입력 크기에 대한 함수로 나타낼 수 있다.

1-4 알고리즘의 표기 방법

알고리즘을 나타내는 방법에는 자연어, 의사코드, 순서도가 있다. 알고리즘은 한글 또는 영어와 같은 자연어로 표기할 수 있다. '자연어'는 우리가 사용하는 언어인데 바로 라면, 국수, 비빔밥 등과 같은 즉석식품의 포장지에 있는 조리법이다. 이해하기에는 쉽지만 복잡한 컴퓨터 프로그램으로 만들기에는 어렵다. '의사코드'는 일반적인 언어로 코드를 흉내 내어 알고리즘을 써놓은 코드로 실제 프로그래밍 언어처럼 컴퓨터에서 실행할 수는 없다. '순서도'는 기호와 도형을 사용해서 문제나 일의 논리적 흐름을 표현한 것이다. 과정과 절차를 순서대로 나타냈다고 해서 '순서도'라고 하며 일을 하거나 프로그래밍 하는 순서를 알 수 있게 해준다.

순서도는 그래픽적인 표현 방법 중 하나로 여러 종류의 도형과 이를 이어주는 화살표를 이용해 명령의 순서를 보여주는 프로세스이다.

기호	명칭	의미
	단말(terminal)	순서도의 처음과 끝을 표시
	처리(process)	모든 처리 기능을 표시
	서류(document)	인쇄되는 각종 서류를 표시
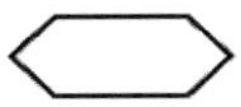	준비(preparation)	초기값 설정 등의 준비 단계를 표시
	입출력(input/output)	일반적인 입출력 기능을 표시
	흐름선(flow)	처리의 흐름을 표시
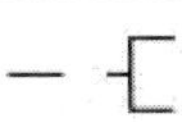	주석(comment)	설명이나 주석을 표시
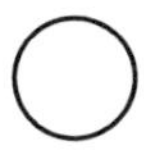	연결자(connector)	흐름의 연결을 표시
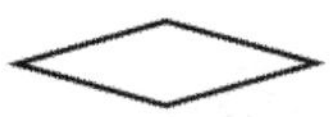	판단(decision)	비교, 판단 기능을 표시
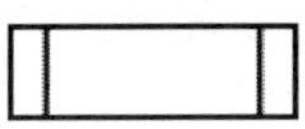	미리 정의된 처리 (predefined process)	서브루틴 또는 함수와 같은 명명된 프로세스 처리를 표시
	수작업(manual operation)	수작업으로 수행되는 어떤 연산을 표시

▎그림 1.2▎ 순서도 기호

예를 들어, 순서도를 이용한 방법은 각 수행과정을 도형에 넣고, 다음 단계를 화살표로 표시한다. 모양이 다른 도형은 서로 다른 동작을 나타낸다. 그러나 순서도 표현 방법은 복잡하고 대규모의 알고리즘을 표현하기 곤란하다는 문제점과 함께, 읽기 곤란하고, 변경하기 곤란하다는 문제점이 있다. C, Java, Python과 같은 프로그래밍 언어를 적용하여 알고리즘을 기술하는 방법이 있다. 프로그래밍 언어 표현 방법은 알고리즘을 작성하는 동작과 프로그래밍 하는 동작이 일치하므로 프로그래밍 작업이 용이하다는 장점이 있지만, 언어 독립적 알고리즘 기술이 곤란하다는 문제점이 있다.

자연어 기술 방법과 그래픽적인 표현 방법을 쓰는 것보다 좀 더 개선된 방법으로, 의사코드(pseudo code) 기술 방법이 있다. 여기서 의사코드란 직접 실행할 수 있는 프로그래밍 언어는 아니지만, 거의 실제 프로그램에 가깝게 계산과정을 표현할 수 있는 언어를 말한다. 의사코드는 자연어 기술 방법을 보다 간략화한 것으로서 프로그래밍 언어의 문법을 적용하여 쉽게 프로그래밍 할 수 있다는 장점이 있으며, 언어 독립적인 특징과 기계 독립적인 특징이 있다. 특정 프로그래밍 언어의 문법에 따라 쓰인 것이 아니라, 일반적인 언어로 코드를 흉내 내어 알고리즘을 써놓은 코드를 말한다. 의사(疑似)코드는 말 그대로 흉내만 내는 코드이기 때문에, 실제적인 프로그래밍 언어로 작성된 코드처럼 컴퓨터에서 실행할 수 없으며, 특정 언어로 프로그램을 작성하기 전에 알고리즘의 모델을 대략적으로 모델링하는 데에 쓰인다.

의사코드는 실제 프로그래밍 언어처럼 엄밀한 문법을 따를 필요가 없기 때문에 다양한 변종이 존재한다. 그러나 보통 사용자가 많은 C나 Java 프로그래밍 언어 등의 문법과 유사한 의사코드들이 많다. 의사코드와 자연어를 혼용하여 알고리즘을 작성할 수도 있다.

그림 1.3은 '임의의 숫자를 입력하고, 그 입력된 숫자가 양수, 영(0), 음수인지를 판별하는 알고리즘'을 순서도와 의사코드, 프로그래밍 언어로 각각 나타낸 것이다.

순서도	의사 코드	Python 프로그램
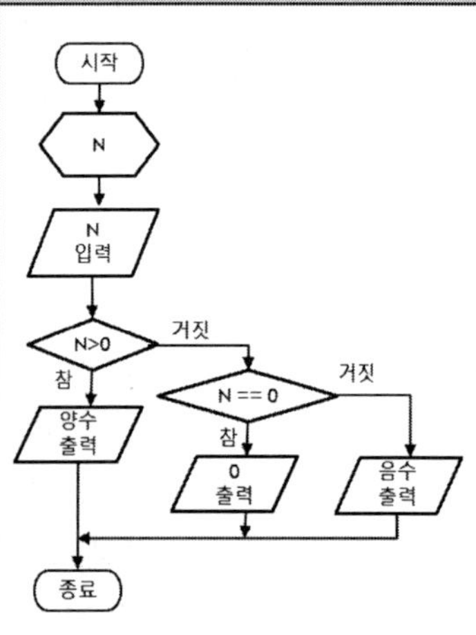	[입력] 임의의 숫자를 입력한다. [출력] "양수, 0, 음수" 중 하나를 출력한다. [알고리즘] 단계 1: 변수 N 생성 단계 2: 숫자를 입력 받아 변수 N에 저장한다. 단계 3: 변수 N의 값을 0과 비교한다. 단계 4: 비교한 결과에 따라 "양수, 0, 음수" 중 하나를 출력한다. 단계 5: 프로그램 종료	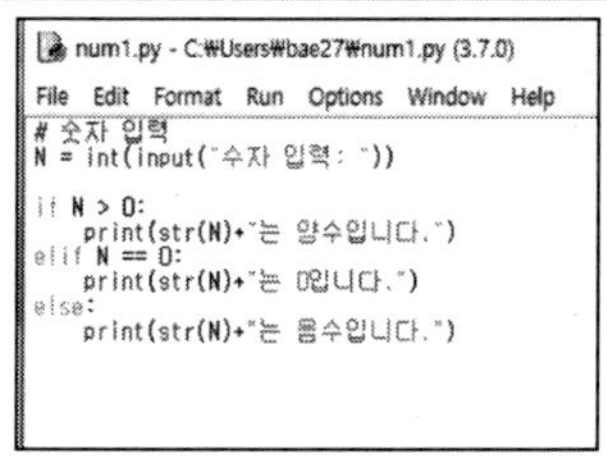

그림 1.3 순서도, 의사코드, 프로그래밍 언어의 비교

1-5 Python에 가까운 의사코드

의사코드는 문법이 정해져 있지 않은 프로그래밍 언어이다. 이는 알고리즘을 나타내기 위한 표기법으로 컴퓨터가 아닌 사람들이 보고 알고리즘을 이해하는데 목적이 있다. 본 교재에서는 주어진 문제를 해결하는 논리와 절차를 기술하는 알고리즘을 Python과 유사한 의사코드로 표현한다. Python 프로그래밍 언어와 Python에 가까운 의사코드와의 차이점은 다음과 같다.

- 배열 인덱스의 범위에 임의의 값을 사용할 수 있다. Python은 반드시 0에서 시작하는 정수만 허용한다.
- 수학적 표현식 또는 한글을 사용하여 알고리즘 절차를 표현하기도 한다. 알고리즘 수식 표현에 사용되는 관계연산자에 중·고등학교 수학에서 사용하여 사람들에게 익숙한 관계연산: ≠, ≤, ≥ 등을 사용할 수 있다.

```
if low ≤ x ≤ high:
      ...
```

관계연산자	Python 코딩
x=y	x==y
x≠y	x!=y
x≤y	x<=y
x≥y	x>=y

주어진 문제에 대한 문제 해결 논리를 컴퓨터가 아닌 사람(개발자)이 이해하는데 목적이 있기 때문에 알고리즘을 다음과 같이 자연어(한글 또는 영어)로 표현할 수도 있다.

```
x와 y를 교환한다(exchange x and y)
```

- Python에 없는 자료 형을 사용할 수 있다. 알고리즘을 기술할 때 Python에 없는 자료형인 index를 사용할 수 있다. 여기서 index는 주로 배열의 인덱스로 사용되는 정수 자료 형이다.

- 문제 해결 논리를 체계적으로 설계하기 위하여 알고리즘은 순차구조, 선택구조, 반복구조를 사용하여 의사코드로 나타낼 수 있다. Python 프로그래밍 언어에는 선택구조로 if-elif-else 문이 있고, 반복구조로 세 가지: for, while, 중첩 루프가 있다. 그리고 Python에 없는 repeat 반복구조를 사용할 수 있다.

```
repeat n times:
    . . .
```

- Python이 아닌 다른 고급 언어에서 일반적으로 사용되는 명령문을 사용한다. C 언어의 단항연산자인 전위증감연산자(++i, --i)와 후위증감연산자(i++, i--)를 사용할 수 있다.
- 알고리즘을 표현하거나 알고리즘을 함축적으로 기술하기 위한 요소로 함수(function)는 매우 중요하다. Python에 가까운 의사코드에서 함수 이름, 반환값, 반환값 타입 등은 묵시적으로 선언되었다고 가정한다. Python에서는 프로시저와 함수 모두 function-name(parameter-list)로 정의된다. 실행만 하고 아무런 값을 반환하지 않는 프로시저는 단순히 return 문으로 제어만 호출 함수로 복귀시키고, 함수는 결과값을 return expr 문을 통하여 반환한다.

1-6 알고리즘의 예

(1) 검색문제

특정 항목에 대한 리스트를 검색하는 것은 일반적인 일이다. 다른 사람의 전화번호를 찾으려면 전화번호부에서 해당 사람의 이름을 검색해야 하고, 단어의 정의를 찾으려면 사전에서 단어 리스트를 검색해야 한다.

검색의 가장 일반적인 목적은 검색 대상과 관련된 정보를 찾는 것이다. 첫 번째 경우, 검색 대상은 사람의 이름이지만 검색의 실제 목적은 그 사람의 전화번호를 찾는 것이다. 두 번째 예에서 검색 대상은 특정 단어이지만 검색의 목적은 단어의 정의를 찾는 것이다.

컴퓨터 프로그래밍에서, 검색은 일반적으로 항목의 위치가 배열 인덱스에 의해 지정된 배열에서 수행된다. 검색 알고리즘에 의해 반환된 인덱스는 배열의 해당 항목을 액세스하는 데 사용된다.

검색문제를 해결하는 기본 검색 알고리즘으로 두 가지 알고리즘: 순차(선형) 검색, 이진 검색이 있다. 순차 검색을 사용하면 리스트의 한쪽 끝에서 시작하여 대상을 찾거나 전체 리스트를 검사 할 때까지 각 항목을 하나씩 차례로 검사한다. 각 검사는 리스트에서 검색되지 않은 부분의 크기를 하나씩 줄인다. 이것은 구현하기 매우 쉬운 알고리즘이고, 리스트의 정렬 여부에 관계없이 모든 리스트에 적용 할 수 있지만 리스트가 큰 경우 상당히 느린 알고리즘이다.

리스트가 정렬되면 더 빠른 검색 알고리즘을 사용할 수 있다. 이진 검색을 사용하면 한쪽이 아닌 리스트의 중간에서 시작한다. 대상이 중간값보다 앞에 있다면 리스트의 두 번째 절반 전체를 무시할 수 있다. 그렇지 않으면 리스트의 첫 번째 절반을 무시할 수 있다. 두 경우 모두 한 번의 검사로 리스트에서 검색되지 않은 부분의 크기를 반으로 줄인다. 리스트의 검색되지 않은 나머지 절반에도 동일한 프로세스가 적용된다. 이 알고리즘은 구현하기가 조금 더 어렵고, 리스트를 정렬해야 하지만 빠른 알고리즘이다.

전화번호부에서 "홍길동"의 전화번호를 찾는 검색문제에 대한 순차검색 알고리즘과 이진검색 알고리즘을 자연어로 각각 표기하면 다음과 같다.

검색 알고리즘(자연어)

❶ 순차검색: 전화번호부의 첫 쪽부터 "홍길동"이라는 이름이 나올 때까지 순서대로 찾는다.

❷ 이진검색: 전화번호부는 "가나다" 순으로 정렬되어있어 먼저 "홍"이 있을 만한 페이지로 넘겨 본 후 앞뒤로 뒤적여 가며 찾는다.

배열에서 찾는 항목을 만날 때까지 맨 앞 요소부터 순차적으로 검색을 하는 것을 순차검색(Sequential Search) 또는 선형검색(Linear Search)라고 한다. 알고리즘 1-1에서는 리스트 alist를 배열로 표현하고, 찾는 항목 x가 alist에 있는 경우에 배열의 인덱스를 반환하고, 없는 경우에 -1을 반환한다. Python과 유사한 의사코드로 작성한 순차 검색 알고리즘의 구조는 다음과 같다.

알고리즘 1-1 순차(선형) 검색

```
문제: n개의 키로 구성된 배열 alist에 키 x가 있는가?
입력: 1에서 n까지의 인덱스를 가진 키의 배열 alist, 키 x
출력: alist에서 x의 위치(alist에 x가 없으면 -1)

LinearSearch(alist, x):
    for i in range (len(alist)):
        if alist[i] == x:
            return i
    return -1
```

이진 또는 이분검색(Binary Search)은 정렬되어 있는 배열에서 특정 항목을 검색할 때, 탐색 범위를 절반씩 줄여가며 찾아가는 반복적 방법으로 문제를 해결할 수 있다. Python과 유사한 의사코드로 작성된 반복 이진검색 알고리즘의 구조는 알고리즘 1-2와 같다.

알고리즘 1-2 반복적 이진검색

```
문제: n개의 키로 구성된 배열 alist에 키 x가 있는가?
입력: 1에서 n까지의 인덱스를 가진 키의 배열 alist, 키 x
출력: alist에서 x의 위치(alist에 x가 없으면 -1)

binarySearch(alist, low, high, x):
   while low ≤ high:
        mid = (low + high)/2
        if alist[mid] == x:
           return mid
        elif alist[mid] < x:
          low = mid + 1
        else:
          high = mid - 1
   return -1
```

또한, 이진검색은 분할정복법(Divide-and-Conquer)으로 알고리즘을 설계할 수도 있다. 여기서 분할정복법은 어떤 문제를 해결하기 위해, 문제의 범위보다 약간 좁은 하위 문제를 해결한다. 그 다음에 하위 문제에 대한 해답을 이용하여 원래 문제를 해결한다. Python과 유사한 의사코드로 작성된 재귀적 이진검색 알고리즘의 구조는 알고리즘 1-3과 같다.

알고리즘 1-3 재귀적 이진검색

```
문제: n개의 키로 구성된 배열 alist에 키 x가 있는가?
입력: 1에서 n까지의 인덱스를 가진 키의 배열 alist, 키 x
출력: alist에서 x의 위치(alist에 x가 없으면 -1)

binarySearch (alist, low, high, x):
    if high ≥ low:
        mid = (low + high)/2
        if alist[mid] == x:
            return mid
        elif alist[mid] > x:
            return binarySearch(alist, low, mid-1, x)
        else:
            return binarySearch(alist, mid+1, high, x)
    else:
        return -1
```

표 1-1 순차검색과 이진검색의 성능비교

알고리즘	비교횟수	
	항목 검색 성공	항목 검색 실패
순차	n/2	n
이진	$\log_2 n$	$\log_2 n$

n = 리스트내의 항목의 개수

(2) 피보나치 수열

피보나치 수를 처음 연구한 것은 레오나르도 피보나치로 토끼 수의 증가에 대해서 이야기하면서 토끼 번식에 대해 언급하였다. 피보나치 수열은 다음 규칙을 따라 토끼 수가 증가할 때 n개월이 되면 토끼는 총 쌍의 수를 결정하는 문제이다.

- 첫 달에는 새로 태어난 토끼 한 쌍만이 존재한다.
- 두 달 이상 된 토끼는 번식 가능하다.
- 번식 가능한 토끼 한 쌍은 매달 새끼 한 쌍을 낳는다.
- 토끼는 죽지 않는다.

첫 달에는 새로 태어난 토끼 한 쌍이 있고, 두 번째 달에는 그대로 토끼 한 쌍, 세 번째 달부터 이 토끼 한 쌍이 새끼를 낳게 되어 토끼가 2쌍이 되고, 네 번째 달에는 3쌍, 다섯 번째 달에는 5쌍이 된다. 따라서 피보나치 수열은 단조 증가 수열로 다음과 같이 재귀적으로 정의할 수 있다.

$$F_0 = 0$$
$$F_1 = 1$$
$$F_n = F_{n-1} + F_{n-2} \quad (n \geq 2\text{일 때})$$

피보나치 수열에서 n번째 항의 값을 구하는 재귀적 알고리즘의 구조는 다음과 같다.

알고리즘 1-4 피보나치 수열을 구하는 재귀적 알고리즘

```
입력: 음이 아닌 정수
출력: fib, 피보나치 수열에서 n번째 항의 값

recur_fibo(n):
    if n <= 1:
        return n
    else:
        return (recur_fibo(n-1) + recur_fibo(n-2))
```

시간 복잡도는 recur_fibo() 함수가 한 번 호출되면 다시 두 번 recur_fibo()가 호출되기 때문에 지수적으로 증가해 $T(n) \in O(2^n)$이 된다.

피보나치 수열을 구하기 위하여 이전에 이미 계산 했던 내용이 재귀적으로 재계산되는 것을 알 수 있다. 피보나치 알고리즘을 재귀적으로도 풀 수 있지만 이미 계산된 내용을 배열에 저장하여 필요할 때 반복되는 계산을 피하고 이전에 계산되었던 결과를 재사용하는 동적계획법(Dynamic Programming)으로 알고리즘을 설계할 수 있다. 피보나치 수열을 구하는 반복적 알고리즘의 구조는 다음과 같다.

알고리즘 1-5 피보나치 수열을 구하는 동적계획 알고리즘

```
입력: 음이 아닌 정수
출력: fib, 피보나치 수열에서 n번째 항의 값

fibonacci(n, f0=0, f1=1):
    f = [0] * (n+1)
    f[0], f[1] = f0, f1
    for i in range(2, n+1):
        f[i] = f[i-1] + f[i-2]
    return f[n]
```

반복과 재귀는 둘 다 제어 구조에 기반 한다. 반복은 반복 구조를 사용하고, 재귀는 선택 구조를 사용한다. 반복적 알고리즘은 동일한 단계들을 반복하기 위하여 for 루프, while 루프 또는 do-while 루프와 같은 반복문을 사용할 것이다. 반면, 재귀 알고리즘은 기본 조건인 정지 조건을 만족할 때 까지 되풀이하여 자신을 호출한다. 반복적으로 함수를 호출하고 스택을 등록하는 것과 같은 오버헤드 때문에 반복적 알고리즘이 재귀적 알고리즘 보다 빠를 것이다. 많은 경우 재귀적 알고리즘은 더 많은 공간과 시간이 소요되므로 비효율적이다.

피보나치 수열에서 n번째 항을 반복적 방법으로 구할 수 있다. while 루프에서, 먼저 **a**와 **b**를 더하여 c에 저장하고, 'a,b = b,c'로 두 변수의 값을 교환하여 새로운 피보나치 수를 만들어 나간다. 반복문이 끝나면 b가 n 번째 피보나치 수가 된다. 피보나치 수열을 구하는 반복적 Python 프로그램과 실행 결과는 그림 1.4와 같다.

```
a = 0
b = 1
n=int(input("Enter the number of terms in the sequence: "))
print(a,b,end=" ")
while(n-1):
    c=a+b
    a,b = b,c
    print(c, end=" ")
    n=n-1
```

(a) 프로그램

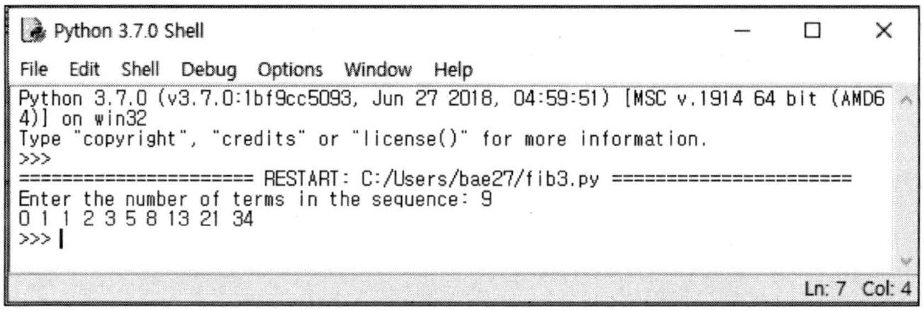

(b) 실행 결과

| 그림 1.4 | 피보나치 수열을 구하는 반복적 Python 프로그램과 실행 결과

반복적 피보나치 수열 알고리즘은 재귀적 알고리즘에 비해 매우 효율적인 방법이고, 시간 복잡도는 O(n)이 된다.

연습문제

1.1 학급에서 키가 가장 큰 학생과 가장 작은 학생을 동시에 찾는 두 가지 자연어 알고리즘을 작성하시오.

1.2 두 개의 양의 정수 m과 n의 최대공약수, gcd(m, n)을 구하는 Euclid 알고리즘을 자연어와 의사코드로 각각 작성하시오.

```
gcd(m, n) = gcd(n, m mod n)
예) gcd(60, 24)=gcd(24, 12)=gcd(12, 0)=12
```

1.3 정수 n을 받아서 n의 계승(n!)을 구하는 알고리즘을 재귀적 방법과 반복적 방법으로 각각 설계하고, 시간복잡도를 비교하시오.

```
n! = n × (n-1) × (n-2) × ··· × 3 × 2 × 1
```

CHAPTER 02

알고리즘 분석과 차수

2-1 기본 개념

어떤 문제를 해결하는 논리와 절차인 알고리즘이 설계되면, 설계된 알고리즘이 유효한 입력에 대하여 한정된 시간 내에서 문제의 정답을 구해내는 정확한 알고리즘인지를 평가한다. 그리고 설계된 알고리즘이 정확한 알고리즘이면 그 알고리즘을 프로그래밍 언어로 프로그램을 작성하여 실행하는데 요구되는 주기억장치의 용량인 공간 복잡도와 문제를 해결하는데 사용된 연산의 총 횟수인 시간 복잡도를 평가한다. 최근 컴퓨터 하드웨어의 발전으로 공간 복잡도보다 시간 복잡도 평가를 중심으로 알고리즘의 성능을 평가한다. 예외적으로 한정된 메모리 자원을 갖는 임베디드 시스템에서는 프로그램이 실행되는 경우의 공간 복잡도를 중요하게 보기도 한다. 그러나 일반적으로 시간 복잡도만 괜찮다면 공간복잡도가 커도 어느 정도 허용되어진다.

알고리즘의 효율성을 분석할 때, 중앙처리장치의 연산 횟수를 계산하지 않는다. 왜냐하면 그것의 효율성은 알고리즘을 구현하는 프로그래밍 방식이나 코딩 기술에 따라 달라질 뿐만 아니라 그 프로그램을 실행하는 컴퓨터에 따라서도 달라지기 때문이다. 따라서 알고리즘 효율성은 문제의 입력 데이터 크기(n)에 대해 수행되는 명령문이나 명령문의 군이 수행되는 기본 연산(basic operation)의 횟수를 입력크기 n에 대한 함수를 구하여 평가되어진다.

- **입력 크기:** 주어진 문제에 대해 적절하게 입력 크기 n으로 특징짓는다. 배열내의 항목들의 개수는 입력크기를 나타낸다. 정렬 알고리즘에서 정렬할 데이터의 개수가

입력 크기이다.

- **기본 연산**: 입력 크기에 대해 수행되는 명령문이나 명령문의 군을 나타낸다. 알고리즘 1-1의 순차 검색에서는 for 루프를 수행할 때 마다 찾는 키 x와 배열 alist[i]를 비교한다. 따라서 비교문, alist[i] == x가 순차 검색 알고리즘의 기본 연산이다.

표 2-1 문제에 따른 입력 크기의 예

문제	입력 크기
배열에서 x 찾기	배열의 요소 수
두 행렬 곱하기	행렬의 차수
배열 정렬	배열의 요소 수
이진 트리 탐색	노드 수

모든 알고리즘들은 단조증가함수의 효율성을 갖는다. 따라서 단조감소함수의 성능을 갖는 알고리즘은 존재하지 않는다. 만일 설계된 알고리즘의 효율성이 입력크기 n에 대해 단조감소함수 시간 복잡도를 갖는다면, 설계된 알고리즘이 정확한 알고리즘이 아닌 경우이거나 성능 분석을 위하여 잘못된 기본 연산의 선택으로 그 효율성이 입력된 크기 n에 비례하지 않는 경우이다.

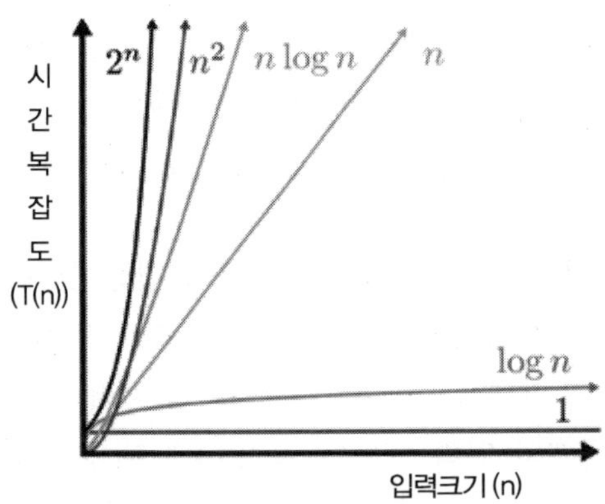

그림 2.1 알고리즘의 효율성

그림 2.1은 알고리즘의 대표적인 효율성의 종류들을 보여준다. 여기서 입력크기 n에 대한 효율성 함수가 $\log n$이면 성능이 좋은(good) 알고리즘, n이면 성능이 적당한(fair)

알고리즘, $n\log n$이면 성능이 나쁜(bad) 알고리즘, 그리고 n^2과 2^n이면 성능이 끔찍한 (horrible) 알고리즘이다.

2-2 시간 복잡도

알고리즘의 시간 복잡도는 입력 크기에 대한 기본 연산의 수행 횟수를 구하는 것이다. 즉, 문제의 입력 크기와 해결하는데 걸리는 시간의 함수 관계를 나타낸 것이다.

주어진 알고리즘의 최선, 최악, 그리고 평균의 경우(best, worst, average cases)는 각 최소, 최대, 평균 기본 연산의 실행 횟수를 나타낸다. 최악의 경우에 알고리즘이 항상 제 시간 안에 끝나는 것을 보장하기 위하여 얼마의 시간이 걸리는지 아는 것은 중요하다. 그렇기 때문에 실시간 연산인 경우에 최악의 실행 시간은 중요 고려사항이 된다. 알고리즘의 효율성을 분석할 때, 평균 경우 성능과 최악의 경우 성능이 많이 활용된다. 평균 실행 시간은 확률 분포를 가지는 랜덤 변수의 기대되는 예측 치들의 평균값인 기댓값을 계산한다.

(1) 시간 복잡도 분석 방법

알고리즘의 시간 복잡도를 분석하는 방법에는 다음과 같이 네 가지 종류: 모든 경우 분석(every-case analysis), 최악 경우 분석(worst-case analysis), 평균 경우 분석(average-case analysis), 그리고 최선 경우 분석(best-case analysis)이 있다.

모든 경우 분석, $T(n)$

- 알고리즘이 기본 연산을 수행하는 횟수는 입력 크기에만 종속한다.
- 입력값과 무관하게 기본 연산의 수행 횟수는 항상 일정하다.

최악 경우 분석, $W(n)$

- 알고리즘이 기본 연산을 수행하는 횟수는 입력 크기와 입력값 모두에 종속한다.
- 기본 연산이 수행되는 횟수가 최대인 경우를 선택한다.

평균 경우 분석, $A(n)$

- 알고리즘이 기본 연산을 수행하는 횟수는 입력 크기와 입력값 모두에 종속한다.
- 모든 입력에 대해 기본 연산이 수행되는 기대치로 계산한다.
- 각 입력에 대하여 확률 할당이 가능하다.
- 일반적으로 최악 경우 분석 보다 계산이 복잡하다.

최선 경우 분석, $B(n)$

- 알고리즘이 기본 연산을 수행하는 횟수는 입력 크기와 입력값 모두에 종속한다.
- 기본 연산이 수행되는 횟수가 최소인 경우를 선택한다.

(2) 시간 복잡도 분석의 예

선택문제와 정렬문제는 다양한 알고리즘의 효율성을 갖는 다수의 알고리즘들이 존재하기 때문에 알고리즘을 학습하기 좋은 문제이다. 따라서 알고리즘 1-1의 순차검색 알고리즘과 데이터 키들을 번호순이나 사전 순서와 같이 일정한 순서대로 열거하는 정렬문제를 해결하는 교환정렬과 삽입정렬 알고리즘의 시간 복잡도를 분석한다.

❶ 교환 정렬

교환정렬은 정렬되지 않은 배열에서 선택된 인덱스의 키와 정렬되지 않은 나머지 키들과 비교하여 오름차순 정렬인 경우에 자신보다 작은 경우 계속해서 교환하여 가장 작은 키를 인덱스 순차적으로 위치시키는 알고리즘이다. 예를 들어 1부터 9까지 아홉 개의 숫자가 무작위로 섞여있는 배열이 있는 경우 0번째 인덱스에 있는 키를 선택한 후, 나머지 1부터 8까지 인덱스에 있는 키와 모두 비교하여 최솟값인 1이 맨 앞에 오게 한다. 첫 번째 인덱스에도 마찬가지로 나머지 2부터 8까지 인덱스에 있는 키와 모두 비교하여 최솟값 2가 오게 한다. 알고리즘 2-1은 배열 내의 요소들을 비 내림차순으로 정렬하는 삽입 정렬 알고리즘이다.

- **문제:** 비 내림차순으로 n개의 키를 정렬하시오.
- **입력:** 양의 정수 n, 키 배열 x(첨자는 0부터 $n-1$까지)
- **출력:** 키가 비 내림차순으로 정렬된 배열 x

알고리즘 2-1 교환 정렬 알고리즘

```
exchangeSort(x):
    for i in range(len(x)-1):
        for j in range(i+1, len(x)):
            if x[j] < x[i]:
                x[i], x[j] = x[j], x[i] # 교환
    return x

x = [5, 2, 1, 8, 4]
exchangeSort(x)
print(x)
```

(a) 프로그램

```
Python 3.7.0 Shell
File  Edit  Shell  Debug  Options  Window  Help
Python 3.7.0 (v3.7.0:1bf9cc5093, Jun 27 2018, 04:59:51) [MSC v.1914 64 bit (AM
D64)] on win32
Type "copyright", "credits" or "license()" for more information.
>>>
==================== RESTART: C:₩Users₩bae27₩exsort2.py ====================
[1, 2, 4, 5, 8]
>>> 
```

(b) 실행 결과

교환 정렬 알고리즘의 시간 복잡도 계산을 위한 기본연산과 입력크기는 다음과 같다.

- 기본 연산: $x[i]$와 $x[j]$의 비교
- 입력 크기: 정렬할 항목의 개수, n

교환 정렬 알고리즘은 정렬되지 않은 배열이 어떻게 존재하여도 항상 모든 배열의 내용을 비교하므로 모든 경우 시간 복잡도 $T(n)$을 계산한다. 변수 i에 대해 두 번째 for j-루프는 $(n-1)-(i+1)+1=(n-i-1)$ 만큼 반복된다. 따라서 기본 연산의 총 수행 횟수는 다음 표 2-2와 같다.

표 2-2 교환 정렬 알고리즘의 for j-루프 반복 횟수

i 값	for j-루프 반복 횟수
0	n-1
1	n-2
2	n-3
…	…
n-3	2
n-2	1

표 2-2로부터 for j-루프 반복 횟수들을 전부 합하여 모든 경우 시간 복잡도를 다음과 같이 구할 수 있다.

$$T(n) = (n-1) + (n-2) + \cdots + 2 + 1 = \sum_{i=1}^{n-1} i = \frac{n(n-1)}{2}$$

❷ 삽입 정렬

삽입 정렬은 자료 배열의 모든 요소를 앞에서부터 차례대로 이미 정렬된 배열 부분과 비교하여, 자신의 위치를 찾아 삽입함으로써 정렬을 완성하는 알고리즘이다. 알고리즘 2-2는 배열 내의 요소들을 비 내림차순으로 정렬하는 삽입 정렬 알고리즘이다.

알고리즘 2-2 삽입 정렬 알고리즘

```
문제: 비 내림차순으로 n개의 키들을 정렬하시오.
입력: 양의 정수 n, 키들의 배열 X
출력: 키들이 비 내림차순으로 정렬된 배열 X

insert_sort(X):
        for i in range(1,len(X)):
                j=i-1
                key=X[i]
                while X[j]>key and j≥0:
                        X[j+1]=X[j]
                        j=j-1
                X[j+1]=key
     return X
```

그림 2.2는 삽입 정렬 알고리즘의 실행 과정을 통하여 삽입 정렬 알고리즘의 최적 경우, 최악 경우, 평균 경우의 시간 복잡도를 각각 분석한다. 삽입 정렬 알고리즘의 시간 복잡도 계산을 위한 기본연산과 입력크기는 다음과 같다.

- 기본연산: $X[j]$와 key의 비교 연산($X[j]>$key)
- 입력크기: 정렬할 항목의 개수 n

최선 경우 시간 복잡도 분석

그림 2.2에서 i = 7인 경우, X[7]의 앞선 배열 요소들 (X[0] ~ X[6])은 정렬되어 있다. X[7]의 키값인 9보다 작은 키값을 찾을 때까지 정렬된 이전 배열 요소의 키값과 비교를 계속한다. 이 경우에 삽입될 키값, 9가 이미 정렬된 앞선 배열 요소들 중에서 가장 큰 값을 갖는 X[6]의 값, 9와 같기 때문에 현재 인덱스 위치, X[7]에 삽입된다. 따라서 삽입될 i-번째 항목의 값이 이미 정렬된 앞선 배열 요소들 중에서 최댓값을 갖는 (i-1)-번째 항목의 값 보다 크거나 같은 경우에 최소 비교 횟수가 발생한다. 그러므로 최선 경우에 i-번째 항목의 키값을 삽입할 때, (i-1)-번째 항목의 키값과 한 번 비교한다. 인덱스 i의 반복범위가 1부터 $n-1$ 까지이므로 최대 비교 횟수는 다음과 같다.

$$\sum_{i=1}^{n-1} 1$$

따라서 삽입정렬의 최악 경우의 시간 복잡도는 다음과 같다.

$$B(n) = (n-1) - 1 + 1 = n - 1$$

최악 경우 시간 복잡도 분석

그림 2.2에서 i = 5인 경우, X[5]의 앞선 배열 요소들 (X[0]~X[4])은 정렬되어 있다. X[5]의 키값인 0 보다 작은 키를 찾을 때까지 정렬된 이전 배열 요소의 키값과 비교를 계속한다. j를 그 키가 위치할 인덱스라 하면, 여기서는 다섯 번 비교하여 j = -1이 되어 while 루프를 빠져나가고 X[5]의 키값은 정렬된 배열의 선두인 X[0]에 삽입되어진다. 따라서 삽입될 i-번째 항목의 값이 이미 정렬된 앞선 배열 요소들 중에서 최솟값을 갖는 0-번째 항목의 값 보다 작은 경우에 최대 비교 횟수가 발생한다. 그러므로 최악 경우에 i-번째 항목에 있는 키값을 삽입할 때, (i-1)-번째, (i-2)-번째, ..., 1-번째, 0-번째 항목에 있는 키값들과 i번 비교를 해야 한다. 인덱스 i의 반복범위가 1부터 n-1까지 이므

로 최대 비교 횟수는 다음과 같다.

$$\sum_{i=1}^{n-1} i = \frac{n(n-1)}{2}$$

따라서 삽입정렬의 최악 경우의 시간 복잡도는 다음과 같다.

$$W(n) = \frac{n(n-1)}{2}$$

평균 경우 시간 복잡도 분석

그림 2.2에서 i = 6인 경우, X[6]의 키값인 4 보다 작은 키를 찾을 때까지 이전 배열 요소의 키값과 비교를 계속한다. 이 경우에, 삽입될 키값 4가 위치될 배열의 인덱스값은 이미 정렬된 배열 요소의 중간 인덱스값인 3이므로 그 정렬된 요소들과 네 번 비교를 해야 한다. 따라서 삽입될 키가 이미 정렬된 배열 요소의 중간 인덱스값에 위치하는 경우에 평균 비교 횟수가 발생한다. 그러므로 i-번째 항목의 키값을 삽입할 때, 삽입될 키값이 임의의 인덱스 j에 위치할 확률은 $\frac{1}{i}$이고, 비교 횟수는 j번 이므로 평균 비교 횟수는 다음과 같다.

$$\frac{1}{i}\sum_{j=1}^{i} j = \frac{i+1}{2}$$

따라서 인덱스 i의 반복범위가 1부터 $n-1$ 까지이므로 삽입정렬의 평균 경우의 시간 복잡도는 다음과 같다.

$$A(n) = \sum_{i=1}^{n-1} \frac{i+1}{2} = \frac{n^2+n-2}{4}$$

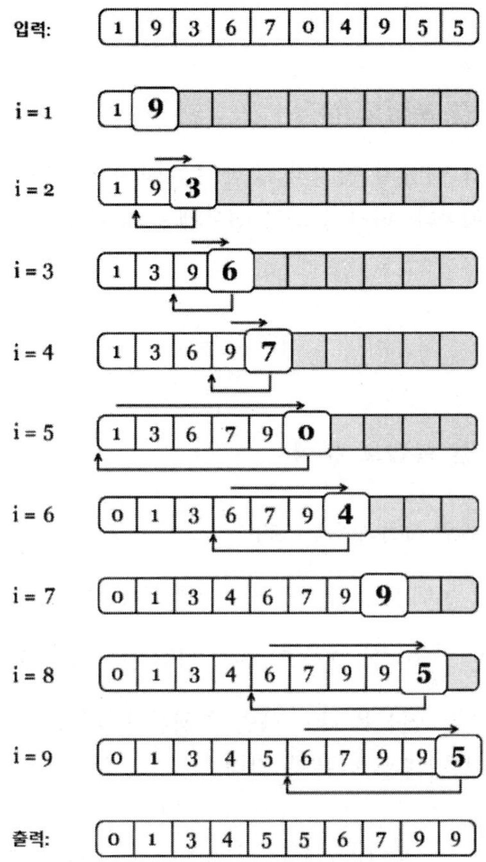

Ⅰ그림 2.2Ⅰ 삽입정렬의 실행 예

❸ 순차 검색

알고리즘 1-1의 순차검색 알고리즘의 시간 복잡도 분석을 위한 기본연산과 입력크기는 다음과 같다.

- 기본연산: alist[i]와 x의 비교 연산(alist[i] $==$ x)
- 입력크기: 배열 내의 항목의 개수 n

최선 경우 시간 복잡도 분석

찾는 키값 x가 검색 배열의 첫 번째 항목인 alist[0]에 있을 때, 입력 크기와 관계없이 기본 연산이 한 번 수행된다. 따라서 최선 경우에 순차 검색 알고리즘의 시간 복잡도는 다음과 같다.

$$B(n) = 1$$

최악 경우 시간 복잡도 분석

찾는 키값 x가 검색 배열의 마지막 항목인 alist[$n-1$]에 있거나 검색배열에 없을 때, 기본연산이 n번 수행한다. 따라서 최악 경우에 순차 검색 알고리즘의 시간 복잡도는 다음과 같다.

$$W(n) = n$$

평균 경우 시간 복잡도 분석

– 찾는 키값 x가 배열 alist에 있는 경우

검색 배열 alist의 인덱스 $0 \le k \le n-1$에 대해, 찾는 키 x가 배열의 k-번째 인덱스에 위치할 확률은 $\frac{1}{n}$이다. 그리고 찾는 키값 x가 alist의 k-번째 항목에 위치한다면, 그 x를 찾는데 기본 연산을 $(k+1)$번 수행한다. 따라서 이 경우에 순차 검색 알고리즘의 평균 시간 복잡도는 다음과 같다.

$$A(n) = \sum_{k=1}^{n}\left(k \times \frac{1}{n}\right) = \frac{1}{n}\sum_{k=1}^{n} k = \frac{1}{n}\frac{n(n+1)}{2} = \frac{n+1}{2}$$

– 찾는 키값 x가 배열 alist에 없을 경우도 고려한 경우

찾는 키값 x가 배열 alist에 있을 확률을 p라 하면, 찾는 x가 배열 alist의 k-번째 항목에 있을 확률은 $\frac{p}{n}$이고, x가 배열 alist에 없을 확률은 (1-p)이다. 그리고 x를 배열 alist의 k-번째 위치에서 찾는 경우 기본 연산을 $(k+1)$번 수행하고, x가 배열 alist에 없으면 기본 연산을 n번 수행한다. 따라서 이 경우에 순차 검색 알고리즘의 평균 시간 복잡도는 다음과 같다.

$$\begin{aligned} A(n) &= \sum_{k=1}^{n}\left(k \times \frac{p}{n}\right) + n(1-p) \\ &= \frac{p}{n} \times \frac{n(n+1)}{2} + n(1-p) \\ &= n\left(1 - \frac{p}{2}\right) + \frac{p}{2} \end{aligned}$$

만일 $p=1$이면 $A(n)=\frac{(n+1)}{2}$이고, $p=\frac{1}{2}$이면 $A(n)=\frac{3n+1}{4}$이다.

2-3 정확도 분석

설계된 알고리즘의 정확도 분석이란 알고리즘이 의도한 대로 수행되는지를 증명하는 것을 말한다. 알고리즘의 정확성은 올바른 입력이 주어졌을 때 유한 시간 내에 정확한 결과를 산출하는지를 분석한다. 따라서 알고리즘의 정확성을 판단하기 위하여 다음 사항들을 분석한다.

- 알고리즘의 절차대로 수행하면 유한한 시간 내에 출력으로 항상 올바른 답(정답)을 구하는가?
- 잘못된 답(오답)을 구하는 경우는 없는가?
- 올바른 결과를 구해내고 정상적으로 종료되는가?

간단한 문제는 종이와 연필로 알고리즘이 기대한대로 항상 올바른 결과를 내는지 수학적으로 증명하여 정확성을 분석한다. 그러나 복잡한 알고리즘은 전체 알고리즘을 작은 단위로 나누어서 각각의 작은 단위의 알고리즘이 올바르게 실행되는 것을 증명하여 전체 알고리즘의 정확성을 분석한다.

2-4 점근적 표기법

점근적 표기법은 알고리즘의 런타임 성능을 분석 할 수 있는 방법이다. 점근적 표기법은 알고리즘의 입력 크기가 증가함에 따라 알고리즘 수행으로 실행 시간을 식별한다. 이것은 알고리즘의 증가율이라고도 한다.

알고리즘의 실행 시간 복잡성을 계산하기 위해 일반적으로 사용되는 세 가지 점근적 표기법은 다음과 같다.

- O 표기법(Big – O 표기법): Big O 표기법은 알고리즘 실행 시간의 상한을 나타낸다. 따라서 알고리즘의 최악 복잡도를 제공한다.
- Ω 표기법(Big – Omega 표기법): Omega (Ω) 표기법은 알고리즘 실행 시간의 하한을 나타낸다. 따라서 알고리즘의 최선 복잡성을 제공한다.
- Θ 표기법(Theta 표기법): Theta(Θ) 표기법은 알고리즘의 평균 복잡도를 제공한다.

(1) 점근적 상한(Asymptotic Upper Bound), O(big Oh)

일반적으로 O로 표기되는 Big-O는 최악의 경우에 대한 점근적 표기법 또는 알고리즘을 완료하는 데 가장 오래 걸리는 시간이다. 실행 시간의 증가율에 대한 점근적 상한을 제공한다.

◖ 정의 2-1 ◗

주어진 복잡도 함수 $g(n)$에 대해, $O(g(n))$은 $n \geq n_0$을 만족하는 모든 n에 대해 다음 부등식을 만족하는 양의 실수 c와 음이 아닌 정수 n_0가 존재하는 복잡도 함수 $f(n)$의 집합이다.

$$f(n) \leq c \times g(n)$$

설계된 알고리즘의 시간 복잡도 $f(n)$이 $O(g(n))$에 속한다면, 정의 2-1에 의하여 $f(n)$이 최악의 경우라도 $g(n)$과 같거나 혹은 작다는 것이다. 따라서 $f(n)$의 실행시간은 $g(n)$ 보다 좋다는 것을 나타낸다.

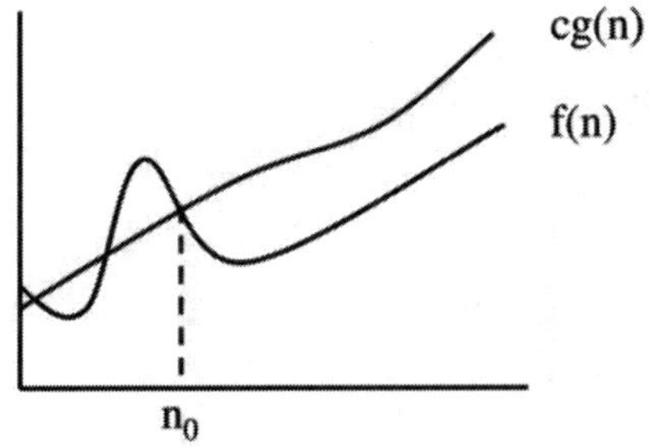

❙그림 2.3❙ 점근적 상한

예제 2-1 $T(n) = \frac{n(n-1)}{2} \in O(n^2)$임을 보이시오.

증명 : $\frac{n(n-1)}{2} \le \frac{n \cdot n}{2} = \frac{1}{2}n^2$

$c = \frac{1}{2}$과 $n_0 = 0$을 선택하면, 상기 부등식은 $n \ge 0$인 모든 n에 대해 항상 성립한다. 따라서 $T(n) \in O(n^2)$이다.

예제 2-2 $f(n) = 7n+8$, $g(n) = n$이라 하면, $f(n) \in O(g(n))$인가?

증명 : $7n+8 \in O(n)$을 위해 $7n+8 \le c \cdot n, \forall n \ge n_0$인 c와 n_0을 찾아야 한다. $c = 8$과 $n_0 = 1$이면 $7n+8 \le 8n$이 성립한다. 따라서 $f(n) \in O(g(n))$이다.

예제 2-3 $5nlog_2n + 8n - 200 \in O(nlog_2n)$임을 보이시오.

증명 : $n \ge 2$에 대해 $5nlog_2n + 8n - 200 \le 5nlog_2n + 8n \le 5nlog_2n + 8nlog_2n \le 13nlog_2n$이다. $c = 13$, $n_0 = 2$이면 $5nlog_2n + 8n - 200 \le 13nlog_2n$이 성립한다. 따라서 $5nlog_2n + 8n - 200 \in O(nlog_2n)$이다.

(2) 점근적 하한(Asymptotic Lower Bound), Ω(big Omega)

일반적으로 Ω으로 표기되는 Big-Omega는 최상의 경우 또는 알고리즘을 완료하는 데 가장 작은 시간이 걸리는 점근적 표현이다. 알고리즘의 실행 시간의 증가 속도에 대해 점근적 하한을 제공한다.

◀ 정의 2-2 ▶

주어진 복잡도 함수 $g(n)$에 대해, $\Omega(g(n))$은 $n \ge n_0$을 만족하는 모든 n에 대해 다음 부등식을 만족하는 양의 실수 c와 음이 아닌 정수 n_0이 존재하는 복잡도 함수 $f(n)$의 집합이다.

$$f(n) \ge c \times g(n)$$

설계된 알고리즘의 시간 복잡도 $f(n)$이 $\Omega(g(n))$에 속한다면, 정의 2-2에 의하여 $f(n)$

$g(n)$보다 나쁘다는 것을 나타낸다.

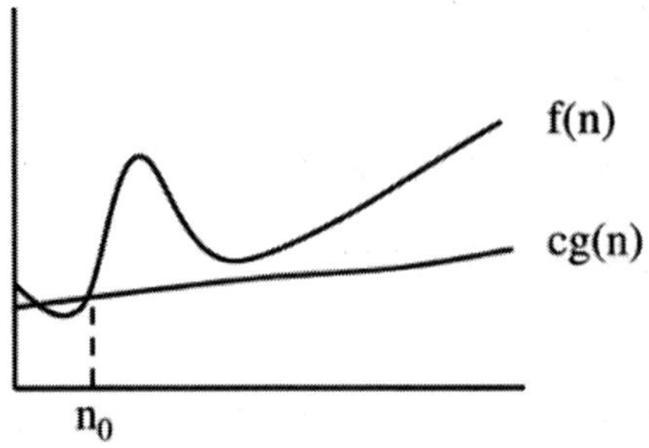

그림 2.4 점근적 하한

예제 2-4 $T(n)=\dfrac{n(n-1)}{2}\in\Omega(n^2)$임을 보이시오.

증명: $n \ge 2$인 모든 n에 대해, $n-1 \ge \dfrac{n}{2}$이므로 $\dfrac{n(n-1)}{2} \ge \dfrac{1}{4}n^2$이다.

$c=\dfrac{1}{4}$과 $n_0=2$를 선택하면, $n \ge 2$인 모든 n에 대해 상기 부등식이 항상 성립한다. 따라서 $T(n)=\dfrac{n(n-1)}{2}\in\Omega(n^2)$이다.

예제 2-5 $\sqrt{n}\in\Omega(\lg n)$임을 보이시오.

증명: $c=1$과 $n_0=16$을 선택하면, $n \ge 16$인 모든 n에 대해 $\sqrt{n} \ge 1 \cdot \lg n$이 항상 성립한다. 따라서 $\sqrt{n}\in\Omega(\lg n)$이다.

예제 2-6 $3n^2 \notin \Omega(n^3)$임을 보이시오.

증명: $3n^2\in\Omega(n^3)$이라고 하면, $n \ge n_0$인 모든 n에 대해 다음 부등식을 만족하는 어떤 양의 상수 c와 음이 아닌 정수 n_0이 존재해야 한다.

$$3n^2 \ge c \cdot n^3$$

이 부등식의 양변을 cn^2으로 나누면, $n \ge n_0$인 모든 n에 대해 다음 부등식을 만족한다.

$$\frac{3}{c} \geq n$$

그러나 $n > \frac{3}{c}$ 인 모든 n에 대해서는 이 부등식을 성립하지 않는다. 따라서 $n \geq n_0$ 인 모든 n에 대해 성립할 수 없기 때문에 $3n^2 \in \Omega(n^3)$는 모순이다. 따라서 $3n^2+2 \notin \Omega(n^3)$이다.

(3) 점근적 밀한(Asymptotic Tight Bound), Θ(big Theta)

일반적으로 Θ로 쓰여진 Theta는 알고리즘 실행 시간의 증가율에 대해 점근적으로 밀접한 경계(하한 및 상한)를 나타내는 점근적 표기법이다. 알고리즘의 실행 시간에 대해 점근적으로 근접한 한계값을 제공하고, 평균 복잡도 분석을 위해 사용되어진다.

◖ 정의 2-3 ◗

주어진 복잡도 함수 $g(n)$에 대해, $\Theta(g(n)) = O(g(n)) \cap \Omega(g(n))$이다.

$g(n)$은 $n \geq n_0$을 만족하는 모든 n에 대해 다음 부등식을 만족하는 양의 실수 c, d와 음이 아닌 정수 n_0가 존재하는 복잡도 함수 $f(n)$의 집합이다.

$$c_1 \times g(n) \leq f(n) \leq c_2 \times g(n)$$

설계된 알고리즘의 시간 복잡도 $f(n)$이 $\Theta(g(n))$에 속한다면, 정의 2-3에 의하여 $f(n)$의 실행 시간은 $c_1 \times g(n)$ 보다 나쁘고 $c_2 \times g(n)$ 보다 좋다는 것을 나타낸다.

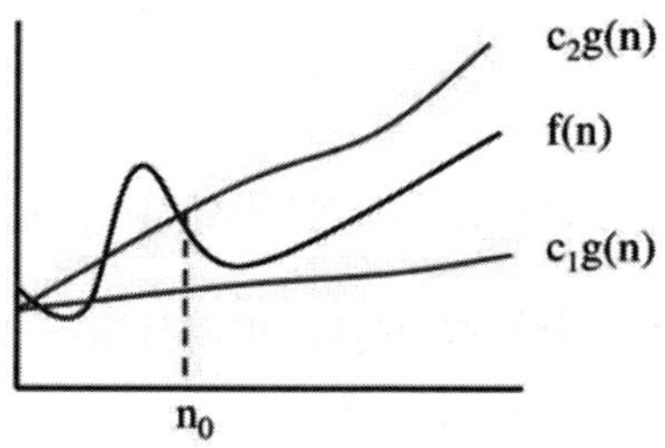

| 그림 2.5 | 점근적 밀한

만일 $f(n) \in \Theta(g(n))$이면, $f(n)$는 $g(n)$의 차수(order)라고 한다.

그림 2.6은 n^2의 $O(n^2), \Omega(n^2), \Theta(n^2)$에 속하는 함수들의 종류와 $O(n^2), \Omega(n^2)$, 그리고 $\Theta(n^2)$ 간의 관계를 보여준다. n에 대한 로그나 1차 또는 2차 다항식이 $O(n^2)$에 속하고, n에 대한 2의 거듭제곱이나 2차 보다 고차인 다항식이 $\Omega(n^2)$에 속한다. 그리고 $\Theta(n^2)$에는 n^2과 동차인 다항식들이 포함되고, $\Theta(n^2)$이 $O(n^2)$과 $\Omega(n^2)$의 교집합이라는 사실을 보여준다.

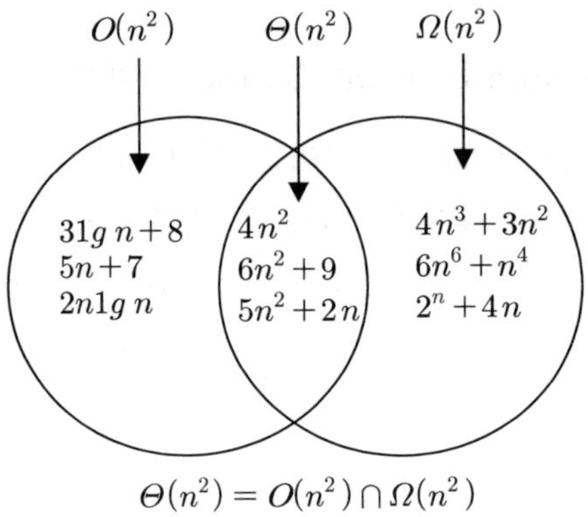

┃그림 2.6┃ $O(n^2), \Omega(n^2), \Theta(n^2)$에 속하는 함수들

예제 2-7 $T(n)=\dfrac{n(n-1)}{2}\in\Theta(n^2)$임을 보이시오.

증명: 예제 2-1에 의해 $T(n)=\dfrac{n(n-1)}{2}\in O(n^2)$이고, 예제 2-4에 의해 $T(n)=\dfrac{n(n-1)}{2}\in\Omega(n^2)$이다. 따라서 $T(n)\in O(n^2)\cap\Omega(n^2)=\Theta(n^2)$이다.

예제 2-8 $n^2-2n\in\Theta(n^2)$임을 보이시오.

증명: $c_1=\dfrac{1}{2}, c_2=1$, 그리고 $n_0=4$를 선택하면, $n\geq 4$인 모든 n에 대해 $\dfrac{1}{2}n^2\leq n^2-2n\leq n^2$이 항상 성립한다. 따라서 $n^2-2n\in\Theta(n^2)$이다.

예제 2-9 $3\log n+\log\log n\in\Theta(\log n)$임을 보이시오.

증명: $x>0$이면, $\log x<x$

$n > 1$이면, $\log\log n < \log n$이고, $3\log n \leq 3\log n + \log\log n \leq 4\log n$이 성립한다. 따라서 $3\log n + \log\log n \in \Theta(\log n)$이다.

◖ 정의 2-4 ◗

주어진 복잡도 함수 $g(n)$에 대해, $o(g(n))$은 $n \geq n_0$을 만족하는 모든 n에 대해 다음 부등식을 만족하는 양의 실수 c와 음이 아닌 정수 n_0이 존재하는 복잡도 함수 $f(n)$의 집합이다.

$$f(n) < c \times g(n)$$

만일 $f(n) \in o(g(n))$이면, $f(n) \in O(g(n)) - \Omega(g(n))$ 또는 $f(n) \in O(g(n)) - \Theta((n))$이다.

표 2-3은 가장 일반적으로 사용되는 증가하는 차수 순서로 알고리즘의 복잡도 목록을 보여준다. 이 표는 좌측 상단의 $O(1)$의 상수 시간 복잡도를 갖는 가장 성능이 좋은 알고리즘부터 우측 하단의 $O(n!)$의 계승 시간 복잡도를 갖는 가장 성능이 나쁜 알고리즘 순서로 나열되어있다.

표 2-3 증가하는 차수로 시간 복잡도를 발생시키는 알고리즘들의 목록

명칭	기호	명칭	기호
Constant	$O(1)$	Quadratic	$O(n^2)$
Logarithms	$O(\log n)$	Polynomial	$O(n^c)$ c는 상수 & c〉1
Linear	$O(n)$	Exponential	$O(n^m)$ c는 상수 & c〉1
N-LogN	$O(n\log n)$	Factorial of N-power-N	$O(n!)$ 또는 $O(n^n)$

표 2-4에서 볼 수 있듯이 알고리즘의 복잡성이 증가함에 따라 알고리즘을 완료하는데 걸리는 계산 또는 시간이 상당히 증가한다. 우리는 상수나 로그 함수에 비례하는 시간으로 실행되는 알고리즘과 선형이나 $n\log n$ 시간에 실행되는 알고리즘을 원한다. 2차 또는 3차 실행 시간을 갖는 알고리즘은 실용적이지 않지만 지수 실행 시간을 갖는 알고리즘은 가장 작은 크기의 입력을 제외하고는 실행 불가능하다. 따라서 입력이 증가함에 따라 성능 문제가 발생할 수 있으므로 복잡도 증가율을 가능한 한 낮게 유지해야 한다.

표 2-4 복잡도 함수에 대한 증가율(growth rate)의 비교

N	함수 증가율 (근사치)						
	O(1)	O(log n)	O(n)	O(n log n)	$O(n^2)$	$O(n^3)$	$O(2^n)$
10	1	3	10	30	10^2	10^3	10^3
10^2	1	6	10^2	6×10^2	10^4	10^6	10^{30}
10^3	1	9	10^3	9×10^3	10^6	10^9	10^{300}
10^4	1	13	10^4	13×10^4	10^8	10^{12}	10^{3000}
10^5	1	16	10^5	16×10^5	10^{10}	10^{15}	10^{30000}
10^6	1	19	10^6	19×10^6	10^{12}	10^{18}	10^{300000}

표 2-5 시간 복잡도에 따른 알고리즘의 실행시간

n / f(n)	log(n)	n	n log(n)	n^2	2^n	n!
10	0.003 µs	0.01 µs	0.033 µs	0.1 µs	1 µs	3.63 ms
20	0.004 µs	0.02 µs	0.086 µs	0.4 µs	1ms	77.1 years
30	0.005 µs	0.03 µs	0.147 µs	0.9 µs	1s	8.4 x 10^{15} years
40	0.005 µs	0.04 µs	0.213 µs	1.6 µs	18.3 min	
50	0.006 µs	0.05 µs	0.282 µs	2.5 µs	13 days.	
100	0.007 µs	0.1 µs	0.644 µs	10 µs	4 x 10^{13} years	
1,000	0.010 µs	1 µs	9.966 µs	1ms		
10,000	0.013 µs	10 µs	130 µs	100ms		
100,000	0.017 µs	0.10 ms	1.67 ms	10s		
1,000,000	0.020 µs	1ms	19.93 ms	16.7 min		
10,000,000	0.023 µs	0.01 s	0.23 s	1.16 days		
100,000,000	0.027 µs	0.1 s	2.66 s	115.7 days		
1,000,000,000	0.030 µs	1s	29.90 s	31.7 years		

$1\ \text{ns} = 10^{-9}$ sec; $1\ \mu\text{s} = 10^{-6}$ sec; $1\ \text{ms} = 10^{-3}$ sec

다른 차수의 크기를 확실히 이해하기 위하여 일반적인 Big-O 함수의 시간 성능에 대한 실제 데이터를 살펴보면 표 2-5와 같다. 여기서 주어진 시간 복잡도에 대한 알고리즘의 실행시간을 보여준다. 각 알고리즘의 기본 연산을 처리하는데 10억분의 1초(1ns)가 걸린다고 가정한다. 실행 시간이 1초 이상인 알고리즘은 응용 프로그램에 영향을 미침으로 실제 응용에서 시간이 실용적이지 않기 때문에 회색 부분으로 지정되었다.

함수의 차수를 결정하는 작업은 극한을 사용하여 상당히 단순화되어진다. 함수 $f(n)$과 $g(n)$이 있다고 가정하면, 다음과 같이 f와 g 사이에 극한 몫에 따라 차수를 설정한다.

$$\lim_{n\to\infty}\frac{f(n)}{g(n)}=\begin{cases}0 & f(n)\in o(g(n))\\ c>0 & f(n)\in\Theta(g(n))\\ \infty & f(n)\in\omega(g(n)),\ g(n)\in o(f(n))\end{cases}$$

정리 2-1 로피탈의 정리

두 함수 $f(x)$, $g(x)$가 미분 가능하고, $\lim_{x\to\infty} f(x)=\infty$, $\lim_{x\to\infty} g(x)=\infty$, $g'(\infty)\neq 0$이면 $\lim_{n\to\infty}\frac{f(x)}{g(x)}=\lim_{n\to\infty}\frac{f'(x)}{g'(x)}$이 성립한다.

예제 2-10 $n^2+1\in\omega(n)$임을 보이시오.

증명: $\lim_{n\to\infty}\frac{n^2+1}{n}=\infty$ 이므로 $n^2+1\in\omega(n)$이다.

예제 2-11 $n^2+3n+4\in\Theta(n^2)$임을 보이시오.

증명: $\lim_{n\to\infty}\frac{n^2+3n+4}{n^2}=\lim_{n\to\infty}\left(1+\frac{3}{n}+\frac{4}{n^2}\right)=1$이므로 $n^2+3n+4\in\Theta(n^2)$이다.

예제 2-12 $n^2-2n+5\in o(n^3)$임을 보이시오.

증명: $\lim_{n\to\infty}\frac{n^2-2n+5}{n^3}=\lim_{n\to\infty}\left(\frac{1}{n}-\frac{2}{n^2}+\frac{5}{n^3}\right)=0$이므로 $n^2-2n+5\in o(n^3)$이다.

예제 2-13 $\lg n\in o(n)$임을 보이시오.

증명: $\lim_{x\to\infty}\frac{\lg x}{x}=\lim_{x\to\infty}\frac{d(\lg x)/dx}{dx/dx}=\lim_{x\to\infty}\frac{1/(x\ln 2)}{1}=0$ 이므로 $\lg n\in o(n)$이다.

차수는 다음과 같은 성질을 갖는다.

전이(Transitivity)

$f(n) = \Theta(g(n))$ and $g(n) = \Theta(h(n))$ imply $f(n) = \Theta(h(n))$.

$f(n) = O(g(n))$ and $g(n) = O(h(n))$ imply $f(n) = O(h(n))$.

$f(n) = \Omega(g(n))$ and $g(n) = \Omega(h(n))$ imply $f(n) = \Omega(h(n))$.

$f(n) = o(g(n))$ and $g(n) = o(h(n))$ imply $f(n) = o(h(n))$.

$f(n) = \omega(g(n))$ and $g(n) = \omega(h(n))$ imply $f(n) = \omega(h(n))$.

반사(Reflectivity)

$f(n) = \Theta(f(n))$.

$f(n) = O(f(n))$.

$f(n) = \Omega(f(n))$.

대칭(Symmetry)

$g(n) = \Theta(f(n))$이면 $f(n) = \Theta(g(n))$이다.

전치대칭(Transpose symmetry)

$g(n) = \Omega(f(n))$이면 $f(n) = O(g(n))$이다.

$g(n) = \omega(f(n))$이면 $f(n) = o(g(n))$이다.

연습문제

2.1 다음은 주어진 배열 내의 모든 원소들이 별개인지 검사하는 알고리즘이다. 최악 경우 알고리즘의 성능, $W(n)$을 구하시오.

```
입력: 배열A(n)
출력: 배열 A 내의 모든 원소들이 별개일 때 '참'을, 아니면 '거짓'을 반환한다.

UniqueElements(A(n))
for i in range(0, n-1):
    for j in range(i+1,n):
        if (A[i]==A[j]):
            return false
return true
```

2.2 다음 각 항의 정확성을 보이시오.

(1) $n^2+2n+1= O(n^2)$

(2) $n^2 = \Omega(n\log_2 n)$

(3) $7n+8 \in o(n^2)$

(4) $2n^2 + n\lg n + 1 = \Theta(n^2)$

(5) $n^3 \log n = \Omega(n^3)$

2.3 극한과 로피탈의 정리를 사용하여 $n = o(\sqrt{n})$이고, $\sqrt{n} \neq o(\log n)$ 임을 보이시오.

2.4 다음 알고리즘의 시간 복잡도를 계산하시오.

```
sample1(A[1...n])
  sum = 0;
  for i = 1...n
    for j = 1...i
      sum = sum + A[i] + A[j];
  return sum;
```

2.5 다음 코드 조각의 계산 복잡도를 계산하시오.

```
for( int i = n; i > 0; i /= 2 ) {
   for(int j = 1; j < n; j *= 2 ) {
      for( int k = 0; k < n; k +=2 ) {
         ... // 상수 횟수의 연산
      }
   }
}
```

2.6 다음 표에서 수식 (A, B)의 각 쌍에 대해 A가 B의 O 또는 Ω인지를 가리킨다. 표의 각 칸에 "예" 또는 "아니오" 형식으로 답하시오.

A	B	O	Ω
n^3	$(\log n)^6$		
$2n^3+4n^2$	$4n^3$		
$n!$	2^n		
n^5	n^4		
10000	5		
n^5	$(1.1)^n$		

CHAPTER

Python 프로그래밍 언어

3-1 Python의 소개

Python은 1991년에 프로그래머인 Guido van Rossum이 발표한 오픈 소스, 교차 플랫폼 프로그래밍 언어로 인터프리터식, 객체지향적, 동적 타이핑 대화형 언어이다. 여기서 동적 타이핑(dynamic typing)은 프로그램을 실행하는 런타임에 타입 검사를 수행하기 때문에 타입 선언이 필요 없는 간결한 문법을 갖는다.

Python은 어떤 종류의 프로그램도 작성 할 수 있는 범용 프로그래밍 언어이지만 다음 용용들을 개발하는데 특히 인기가 있다.

- **시스템 스크립트:** 짧은 스크립트 프로그램은 브라우저 사용 없이 시스템에 새로운 사용자 추가, 웹 사이트에 파일 업로드, 웹 페이지 다운로드 등과 같은 일반적인 관리 작업을 자동화한다.
- **서버 측 웹사이트 개발:** Django(www.djangoproject.com), Bottle(www.bottlepy.org), 그리고 Zope(www.zope.org)와 같은 다수의 Python 프로젝트들은 동적 웹사이트를 빠르게 만들기 위한 도구로 개발자들 사이에 인기가 있다. 예를 들어 인기 있는 뉴스 사이트 www.reddit.com은 Python으로 구현되었다.
- **텍스트 처리:** Python은 정규수식과 유니코드를 포함하는 스트링과 텍스트 파일 처리를 위한 지원이 탁월하다.
- **과학 계산:** 통계, 수학, 그래프를 위한 함수들을 제공하는 다수의 최상의 과학적

Python 라이브러리들이 웹상에서 이용가능하다.

- 소프트웨어 개발: Python은 신속한 프로토타이핑 또는 실제 제품 단계 수준의 소프트웨어 개발에 사용할 수 있다.
- 교육: 상대적 단순성과 유용성 덕분에 Python은 학교에서 첫 번째 프로그래밍 언어로 점점 더 대중화되고 있다.

물론, Python은 모든 프로젝트를 위한 최선의 선택은 아니다. Python은 Java, C# 또는 C++와 같은 언어 보다 실행 속도가 느리다. 따라서 새로운 운영체제 개발에 Python을 사용할 수는 없지만 프로그래머가 프로젝트를 개발하는 시간을 최소화해야 할 때 Python이 훌륭한 선택이 될 수 있다.

3-2 Python 패키지

Python은 모든 기능을 코어(core)에 내장하지 않기 때문에 많은 것을 얻지 못하는 대신, 우리는 다른 주제들에 대해 다른 패키지들을 설치해야 한다. Python에서 모듈은 하나의 .py 파일을 가리키며, 패키지는 이러한 모듈들을 모은 컬렉션을 가리킨다. Python의 패키지는 하나의 디렉터리에 놓여진 모듈들의 집합을 가리킨다. 이 방법은 장・단점이 있다. 단점은 그러한 패키지들을 별도로 설치해야하고, 그런 다음 이 모듈들을 Python 코드들로 임포트(import)한다.

이것은 누구나 자신의 Python 패키지를 생성하고 배포할 수 있기 때문에 오픈 소스 소프트웨어를 위한 일반적인 방법이다. 그런 방식으로 과학적 컴퓨팅에서 웹 개발에 이르기까지 거의 모든 것을 위한 Python 패키지들을 찾을 수 있다.

이러한 패키지는 별도로 다운로드하여 설치해야하거나 일반적인 과학 컴퓨팅에 필요한 패키지를 구한다면 Anaconda와 같은 배포 패키지 사용을 선택하도록 한다. Anaconda를 사용하면 일반적으로 MATLAB과 동일한 기능을 사용할 수 있다. 해결하려는 내용에 따라 많은 Python 패키지들이 존재한다. 데스크톱 GUI 개발, 데이터베이스 개발, 웹 개발, 소프트웨어 개발 등을 위한 Python 패키지들이 있다.

(1) 과학 수치 계산을 위한 Python 패키지들

과학 및 수치 계산을 위한 다소의 중요한 Python 패키지들은 다음과 같다.

- NumPy : NumPy는 Python으로 과학 계산을 하려면 꼭 필요한 패키지이다. 다차원 배열을 위한 기능과 선형대수 연산과 푸리에 변환과 같은 고수준 수학 함수와 난수 생성기를 포함한다. NumPy의 핵심 기능은 다차원(n-차원) 배열인 ndarray 클래스이다. 이 배열의 모든 원소는 동일한 자료 형이어야 한다.

- SciPy: SciPy는 과학 계산용 함수를 모아놓은 Python 패키지이다. SciPy는 고성능 선형대수, 함수 최적화, 신호 처리, 특수한 수학 함수와 통계 분포 등을 포함한 많은 기능을 제공한다.

- matplotlib : matplotlib은 Python의 대표적인 과학 계산용 그래프 라이브러리이다. 선 그래프, 히스토그램, 산점도 등을 지원하며 출판에 쓸 수 있을 만큼의 고품질 그래프를 그려준다. 데이터와 분석 결과를 다양한 관점에서 시각화할 수 있다.

- pandas : pandas는 데이터 처리와 분석을 위한 Python 라이브러리이다. R의 data.frame을 본떠서 설계한 DataFrame이라는 데이터 구조를 기반으로 만들어졌다. 간단하게 말하면 pandas의 DataFrame은 엑셀의 스프레드시트와 비슷한 테이블 형태라고 할 수 있다. pandas는 이 테이블을 수정하고 조작하는 다양한 기능을 제공한다. 특히, SQL처럼 테이블에 쿼리나 조인을 수행할 수 있다. 전체 배열의 원소가 동일한 자료 형이어야 하는 NumPy와는 달리 pandas는 각 열의 자료 형이 달라도 된다. SQL, 엑셀 파일, CSV 파일 같은 다양한 파일과 데이터베이스에서 데이터를 읽어 들일 수 있는 것이 pandas가 제공하는 또 하나의 유용한 기능이다.

(2) Anaconda

ANACONDA는 python과 R을 위한 오픈 소스 배포판으로 Python 컴파일러인 Python을 제공하고, 패키지와 Spyder 편집기를 모두 하나의 패키지 내에 포함하고, Anaconda에는 Python, Jupyter Notebook 및 과학 컴퓨팅 및 데이터 과학에 일반적으로 사용되는 기타 패키지가 있어, 데이터 과학, 머신 러닝, 딥 러닝 등에 사용된다. 데이터 과학을 위해 300개 이상의 라이브러리를 사용할 수 있기 때문에 모든 프로그래머가 아나콘다에서 작업하는 것이 최적이다.

Anaconda는 단순화된 패키지 관리 및 배포를 도와준다. Anaconda에는 다양한 기계 학습 및 AI 알고리즘을 사용하여 다양한 소스에서 데이터를 쉽게 수집할 수 있는 다양한 도구가 제공된다. 단 한 번의 클릭으로 모든 프로젝트를 배포 할 수 있는 관리하기 쉬운 환경 설정이 가능하다.

3-3 Python 에디터

에디터는 코드를 작성하고 실행 및 테스트 할 수 있는 프로그램이다. 대부분의 에티터들은 디버깅 기능도 가지고 있다. 간단한 Python 프로그램의 경우 IDLE 에디터를 사용할 수 있지만 고급 프로그램의 경우 더 나은 에디터의 사용을 권장한다.

Python 에디터들의 예는 다음과 같다

- Python IDLE
- Visual Studio Code
- Spyder
- Visual Studio
- PyCharm
- Wing Python IDE
- Jupter Notebook

(1) Python IDLE

Python 프로그래밍 언어는 https://www.python.org에서 기본 Python을 다운로드 할 수 있다. Python 프로그래밍 언어 인터프리터, 기본 코드 편집기 또는 통합 개발 환경을 포함하는 하나의 패키지로 제공되는 기능을 IDLE(Integrated Development Environ ment)라고 한다.

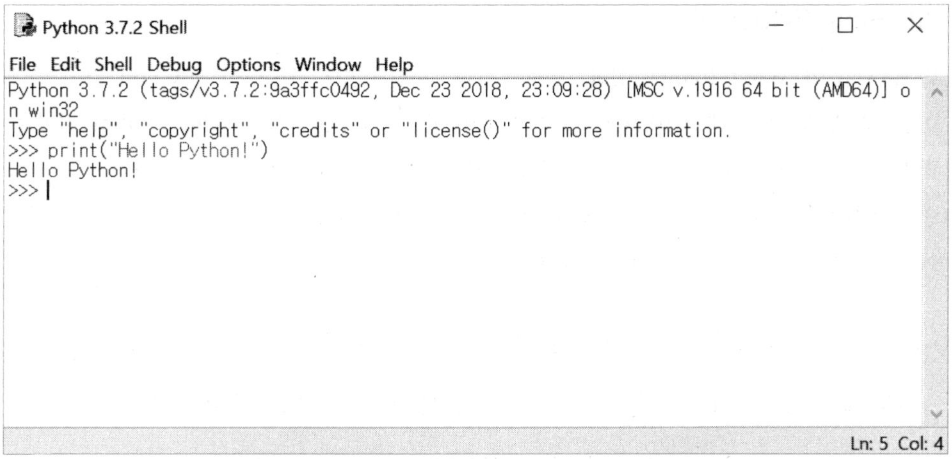

| 그림 3.1 | IDLE - 기본 Python 편집기

(2) Visual Studio Code

비주얼 스튜디오 코드는 PyCharm과 더불어 프로그래머들에게 가장 인기 있는 Python의 대표적인 에디터이다. 비주얼 스튜디오 코드는 Python 전용 에디터가 아니다. 따라서 비주얼 스튜디오 코드를 설치한 후 Python 편집을 위해 가장 먼저 해야 할 일은 Python Extension을 설치하는 것이다. Python Extension은 비주얼 스튜디오 코드를 실행 한 후 Extension 메뉴를 사용하여 설치할 수 있다.

(3) Spyder

Spyder는 Python 언어의 과학적 프로그래밍을 위한 오픈 소스 크로스 플랫폼 통합 개발 환경(IDE)이다. Spyder는 NumPy, SciPy, Matplotlib, pandas, IPython, SymPy 및 Cython과 기타 오픈 소스 소프트웨어를 포함하여 과학적 Python 스택의 여러 주요 패키지와 통합되었다.

(4) PyCharm

체코 회사 JetBrains가 만든 PyCharm은 프로그래밍, 특히 Python 프로그래밍 언어에 널리 사용되는 IDE(Integrated Development Environment)이다. PyCharm은 Java 및 Python으로 작성되었으며 2010년에 최초로 배포되었고, Windows, macOS 및 Linux 버전에서 작동한다.

(5) Wing Python IDE

Wingware의 Wing Python IDE 통합 개발 환경(IDE) 제품군은 Python 프로그래밍 언어를 위해 특별히 제작되었다. 경량이지만 모든 기능을 갖춘 Wing Python IDE는 코드 작성, 디버깅 및 테스트 속도를 높이고 코딩 오류의 발생률을 줄이며 Python 코드를 더 쉽게 이해하고 탐색 할 수 있도록 설계되었다. 이 제품군에는 서로 다른 유형의 사용자에 중점을 둔 세 가지 제품이 있다.

- Wing Pro: 전문 프로그래머를 위한 모든 기능을 갖춘 상용 버전
- Wing Personal: 학생 및 애호가를 위한 일부 기능을 생략한 무료 버전
- Wing 101: 초보 프로그래머를 위한 매우 간단한 무료 버전

(6) Jupyter Notebook

Jupyter Notebook은 라이브 코드, 방정식, 시각화 및 텍스트가 포함된 문서를 작성하고 공유 할 수 있는 오픈 소스 웹 응용 프로그램이다. 데이터 정리 및 변환, 수치 시뮬레이션, 통계 모델링, 데이터 시각화, 기계 학습 등의 용도로 사용되어진다.

3-4 기본 Python 프로그래밍

(1) 변수와 자료형

Python의 변수와 자료형은 이름으로 알 수 있는 다양한 값이다. 프로그래밍 언어에서 변수는 값을 저장하는 메모리 위치이다. 저장한 값은 명세에 따라 나중에 변경될 수 있다. 변수는 할당 연산자, "="로 정의되어진다. Python은 자료형이 동적으로 선언된다. 이것은 변수들은 그것들의 타입 선언 없이 할당될 수 있고, 그것들의 타입이 변경될 수 있다는 것을 의미한다.

변수를 작성하는 동안 따라야 할 특정 규칙과 규정이 있다. Python에서 변수를 정의 및 선언하는 방법은 다음과 같다.

- 변수명은 숫자로 시작할 수 없고, 문자 또는 밑줄(_)로만 시작할 수 있다.
- Python의 변수는 대소문자를 구분한다.

• 영숫자 및 밑줄만 포함 할 수 있다.

• 특수 문자는 허용되지 않는다.

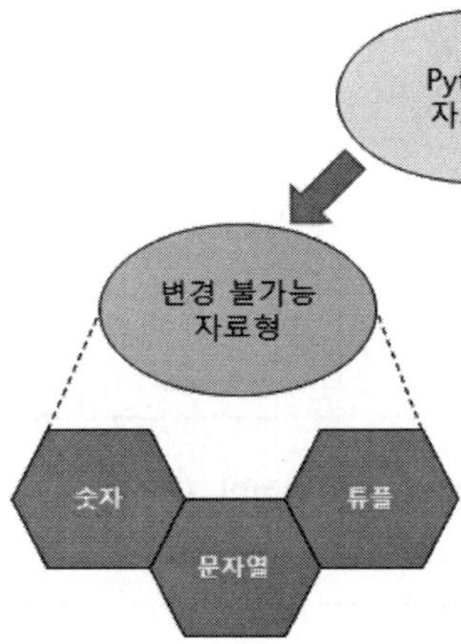

▌그림 3.2▐ Python 자료형의 종류

Python에는 주로 여섯 가지 자료형이 있다. 수치 자료형에는 네 가지 하위 유형: 정수, 실수, 복소수, 부울(boolean)이 있다. Python에서 변경 가능한 자료형은 리스트, 사전, 집합이 있고, 반면에 불변 자료형은 숫자, 문자열, 튜플이 있다. 예를 들어, 튜플과 리스트를 비교하면, 대괄호를 사용하여 리스트를 정의 할 수 있다. 튜플을 정의하려면 대괄호를 괄호로 바꾸면 된다. 두 자료형 모두 색인으로 요소에 액세스하고 반복 할 수 있다. 가장 큰 차이점은 튜플을 정의한 후에는 변경할 수 없다는 것이다.

Python의 문자열(String)은 유니코드 문자값을 나타내는데 사용된다. Python에는 문자 자료형이 없으며 단일 문자도 문자열로 간주된다. 작은따옴표 또는 큰 따옴표 안에 문자열의 값을 나타내거나 선언한다. 문자열의 값에 액세스하기 위해 인덱스와 대괄호를 사용한다. 리스트는 Python이 가지고 있는 네 가지 컬렉션 자료형 중 하나이다. 튜플, 집합 및 사전은 Python의 다른 컬렉션 자료형들이다. 문자열과 달리 리스트는 정렬되고 정의한 후에 변경 가능하고, 중복값도 추가할 수 있다. 리스트를 선언하기 위해 대괄호를 사용하고, 인덱스를 사용하여 문자열의 값에 액세스한다.

```
p_d_types.py - C:/Users/bae27/p_d_types.py (3.7.0)
File  Edit  Format  Run  Options  Window  Help
#변수 선언
name = "알고리즘의 정석"
f = 1991
print("Python이 발표된 년도: " , f)
#data types
a = [1,2,3,4,5,6,7]
b = {1 : 'Algorithm' , 2: 'Python'}
c = (1,2,3,4,5)
d = {1,2,3,4,5}
print("리스트: " , a)
print("사전: " , b)
print("튜플: " , c)
print("집합: " , d)

Ln: 14  Col: 0
```

|그림 3.3| Python에서 변수 및 자료형의 사용 방법

```
Python 3.7.0 Shell
File  Edit  Shell  Debug  Options  Window  Help
Python 3.7.0 (v3.7.0:1bf9cc5093, Jun 27 2018, 04:59:51) [MSC v.1914 64 bit (AM
D64)] on win32
Type "copyright", "credits" or "license()" for more information.
>>>
=================== RESTART: C:/Users/bae27/p_d_types.py ===================
Python이 발표된 년도:  1991
리스트:  [1, 2, 3, 4, 5, 6, 7]
사전:  {1: 'Algorithm', 2: 'Python'}
튜플:  (1, 2, 3, 4, 5)
집합:  {1, 2, 3, 4, 5}
>>> |
```

|그림 3.4| 그림 3.3의 실행 결과

(2) 연산자

Python의 연산자는 두 값 또는 변수 사이의 작업에 사용된다. 출력은 작업에 사용된 연산자 유형에 따라 다르다. 피연산자의 값을 조작하기 위해 연산자를 특수 기호 또는 구문으로 호출 할 수 있다. 두 개의 변수 또는 값을 더하고 싶은 경우 더하기 연산자를 사용할 수 있다. 피연산자의 값은 가변적이거나 Python에 있는 자료형일 수 있다.

- 산술 연산자: 산술 연산자는 Python에서 산술 계산을 수행하는 데 사용된다. 산술 연산자의 종류는 다음과 같다.

표 3-1 산술 연산자

연산자	명칭	사용 예
+	덧셈	〉〉〉3+4 7
-	뺄셈	〉〉〉5-3 2
*	곱셈	〉〉〉2*3 6
/	나눗셈	〉〉〉3/2 1.5
%	나머지	〉〉〉25%3 1
**	거듭제곱	〉〉〉3**3 27
//	정수 나눗셈(몫)	〉〉〉3//2 1

- 할당 연산자: 할당 연산자는 변수에 값을 대입하는데 사용된다. 할당 연산자의 종류는 다음과 같다.

표 3-2 할당 연산자

연산자	예	동일한 예	사용 예
=	x = 5	x = 5	
+=	x += 3	x = x + 3	
-=	x -= 3	x = x - 3	
*=	x *= 3	x = x * 3	
/=	x /= 3	x = x / 3	
%=	x %= 3	x = x % 3	
//=	x //= 3	x = x // 3	
**=	x **= 3	x = x ** 3	
&=	x &= 3	x = x & 3	x = 5 x &= 3 print(x) 결과: 1
|=	x |= 3	x = x | 3	x = 5

			x |= 3 print(x) 결과: 7
^=	x ^= 3	x = x ^3	x = 5 x ^= 3 print(x) 결과: 6
〉〉=	x 〉〉= 3	x = x 〉〉3	x = 5 x 〉〉= 3 print(x) 결과: 0
〈〈=	x 〈〈= 3	x = x 〈〈3	x = 5 x 〈〈= 3 print(x) 결과: 40

• 관계 연산자: 관계 연산자는 두 값을 비교하는데 사용된다.

표 3-3 관계 연산자

연산자	명칭	예	사용 예 x=5 y=3
==	Equal	x == y	print(x == y) 결과: false
!=	Not equal	x != y	print(x != y) 결과: true
〉	Greater than	x 〉 y	print(x 〉 y) 결과: true
〈	Less than	x 〈 y	print(x 〈 y) 결과: false
〉=	Greater than or equal to	x 〉= y	print(x 〉= y) 결과: true
〈=	Less than or equal to	x 〈= y	print(x 〈= y) 결과: false

• **논리 연산자:** 논리 연산자는 조건문을 조합하는데 사용된다.

표 3-4 논리 연산자

연산자	설명	예	사용 예 x=5
and	조건문 둘 다 참이면 참을 반환한다.	x 〈 5 and x 〈 10	print(x 〉 3 and x 〈 10) 결과: true
or	조건문 중 하나가 참이면 참을 반환한다.	x 〈 5 or x 〈 4	print(x 〉 3 or x 〈 4) 결과: true
not	결과를 반대로 하고, 결과가 참이면 거짓을 반환한다.	not(x 〈 5 and x 〈 10)	print(not(x 〉 3 and x 〈 10)) 결과: false

• **식별 연산자:** 식별 연산자는 두 값 또는 변수가 동일한 객체인지 확인하는데 사용된다.

표 3-5 식별 연산자

연산자	설명	예	사용 예 x=["apple", "banana"] y=["apple", "banana"]
is	두 변수가 동일한 객체이면 true를 반환한다.	x is y	z = x print(x is z) print(x is y) print(x == y) 결과: True False True
is not	두 변수가 동일한 객체가 아닌 경우 true를 반환한다.	x is not y	z = x print(x is not z) print(x is not y) print(x != y) 결과: False True False

• 멤버쉽 연산자: 멤버쉽 연산자는 특정 자료가 해당 컬렉션에 속하는지 또는 속하지 않는지를 판별한다.

표 3-6 멤버쉽 연산자

연산자	설명	예	사용 예
in	지정된 값을 가진 시퀀스가 객체에 존재하면 True를 반환한다.	x in y	x = ["apple", "banana"] print("banana" in x) 결과: True
not in	지정된 값을 가진 시퀀스가 객체에 존재하지 않으면 True를 반환한다.	x not in y	x = ["apple", "banana"] print("pineapple" not in x) 결과: True

• 비트 연산자: 이진수를 비교하는데 사용된다.

표 3-7 비트 연산자

연산자	명칭	설명	사용 예 a=0b10101010 b=0b01110011
&	AND	두 비트가 모두 1 인 경우 각 비트를 1로 설정	print('a & b = ', a & b, ":", bin(a & b)) 결과: a & b = 34 : 0b100010
|	OR	두 비트 중 하나가 1인 경우 각 비트를 1로 설정	print('a | b = ', a | b, ":", bin(a | b)) 결과: a | b = 251 : 0b11111011
^	XOR	두 비트 중 하나만 1이면 각 비트를 1로 설정	print('a ^b = ', a · b, ":", bin(a ^b)) 결과: a ^b = 217 : 0b11011001
~	NOT	모든 비트를 반전	print('~a = ', ~a, ":", bin(~a)) 결과: ~a = -171 : -0b10101011
<<	0을 채우고 왼쪽 시프트	가장 오른쪽에서 0을 채우고 왼쪽으로 이동하고 가장 왼쪽 비트가 소멸된다.	a = 0b1 a = a << 3 print('a = ', a) 결과: a = 8
>>	부호 있는 오른쪽 시프트	가장 왼쪽의 비트에 0을 채우고 오른쪽으로 이동하고 가장 오른쪽 비트가 소멸된다.	a = 32 a = a >> 2 print('a = ', a) 결과: a = 8

(3) 제어문

구조적 프로그래밍(structured programming)은 구조화 프로그래밍으로도 불리며 프로그래밍 패러다임의 일종인 절차적 프로그래밍의 하위 개념으로 볼 수 있다.

Dijkstra의 구조적 프로그래밍은 프로그램의 논리 구조는 제한된 몇 가지 방법만을 이용한 부프로그램들로 구성된다. 프로그램에 있는 각각의 구조와 그 사이의 관계를 이해하면 프로그램 전체를 이해해야 하는 수고를 덜 수 있어, 관심사 분리(SoC: Separation of Concerns)에 유리하다.

저수준의 관점에서 구조적 프로그램은 간단하고, 계층적인 프로그램 제어 구조로 구성된다. 이 제어 구조들은 하나의 구문으로 간주되며, 동시에 더 간단한 구문들을 결합시키는 방법이다. 더 간단한 구문들은 또 다른 제어 구조: 순차(sequence), 선택(selection), 반복(iteration)일 수도 있고, 할당 문이나 프로시저 호출과 같은 기본 구문일 수도 있다.

❶ 코드 블록과 들여 쓰기

Python의 가장 두드러진 특징 중 하나는 들여 쓰기를 사용하여 코드 블록을 표시한다는 것이다. C, C ++, Java와 같은 대부분의 프로그래밍 언어는 중괄호 { }를 사용하여 코드 블록을 정의하지만 Python은 들여 쓰기를 사용한다. 코드 블록은 들여 쓰기로 시작하여 들여 쓰기 되지 않은 첫 번째 줄로 끝난다. 동일 블록 내에서 들여쓰기는 모두 같아야 한다. 들여쓰기의 깊이가 다르면 오류가 발생한다. 같은 범위의 블록 내에서 탭이나 공백을 사용하여 동일하게 들여쓰기를 하면 문법적인 문제는 없다. 즉, 서로 다른 블록에서 들여쓰기 깊이가 달라도 된다. 일반적으로 들여 쓰기에는 보통 네 개의 공백이 사용되며 탭보다 선호되어진다.

Python은 들여 쓰기를 사용하여 제어와 반복 구조를 정의한다. Python 코드가 시작되면 코드 블록이 시작된 것이다. 동일 블록은 같은 들여쓰기를 해야 한다. 하위 블록의 시작은 문장의 끝이 콜론(:)으로 끝나면 다음 라인부터 하위 블록이다. 상위 블록보다 들여쓰기를 한다. 블록의 끝은 들여쓰기가 끝나고, 상위 블록과 같은 시작 위치에서 코드를 쓰면 상위 블록은 종료된다.

다음 예를 살펴보면, while 루프 내에 속하는 명령문이 코드 블록을 표시하기 위하여 3번과 4번 줄의 코드는 모두 4칸 들여 쓰기가 되어 진다. 예를 들어, j = 1이고 while (j <= 5):는 들여쓰기 되지 않으므로 while 블록 내에 없다. 따라서 Python 코드는 들여쓰기로 구조화되어진다.

```
j = 1
while(j<= 5):
      print(j)
      j = j + 1
```

줄 연속으로 들여 쓰기를 무시할 수 있다. 그러나 코드의 가독성을 향상시키기 때문에 코드의 들여 쓰기를 항상 하는 것이 좋다. 예를 들면 다음과 같다.

```
if True:
    print('Hello')
    a = 5
```

```
if True: print('Hello'); a = 5
```

둘 다 유효하며 같은 작업을 수행하지만 첫 번째 스타일이 더 명확하다. 들여 쓰기가 잘못되면 들여 쓰기 오류(Indentation Error)가 발생한다.

모든 프로그래밍 언어의 문제를 해결하기 위해 컴퓨터에서 실행할 작업과 순서를 알려주는 코드를 작성한다. 순서는 매우 구체적이어야 한다. 순차, 선택 그리고 반복은 컴퓨터에게 수행 할 작업을 알려주는 기본 요소이다. 사용하는 프로그래밍 언어에 따라 코드가 다르게 보일 수 있지만 알고리즘은 동일하다.

순차는 컴퓨터가 프로그램의 상단에서 하단에 한 번에 한 줄씩 순서대로 코드를 실행한다는 것을 의미한다. 선택은 일부 기준에 따라 실행할 알고리즘 경로를 선택한다. 반복은 여러 번, 특정 횟수만큼 또는 특정 조건이 발생할 때까지 일련의 작업을 반복 할 수 있다.

순차, 선택, 반복의 세 가지 간단한 요소로 문제를 해결하는 프로그램을 작성할 수 있다. 실제로 순차, 선택 그리고 반복 구조만 사용하면 모든 알고리즘을 구현할 수 있다.

❷ 선택구조

특정 조건이 만족되는 경우에만 코드를 실행하려면 의사 결정이 필요하다. 의사 결정을 위해 Python에서 이 if-elif-else 문을 사용한다. Python의 조건문은 특정 부울 제약 조건이 true 또는 false로 평가되는지에 따라 다른 계산 또는 동작을 수행한다. 조건문은 Python의 if-elif 문으로 처리된다.

• If–elif–else 문

If-elif-else 문은 하나 이상의 조건을 갖는 일반화된 if- 문으로 명령문 또는 명령문 블록을 조건부로 실행하는데 복잡한 의사 결정을 만들기 위하여 사용된다. 조건은 true 또는 false일 수 있다. 조건이 true인 경우 하나의 코드 블록을 실행하고, 조건이 false인 경우 다른 코드 블록을 실행한다. If-elif-else 문의 구문은 아래와 같고, 사용 예와 실행 결과는 그림 3.5와 같다.

```
if expression1:
    statement(s)
elif expression2:
    statement(s)
elif expression3:
    statement(s)
else:
    statement(s)
```

```
x = int(input("몇 시입니까? "))
if x < 10:
    print("좋은 아침!")
elif x<12:
    print("곧 점심시간")
elif x<18:
     print("좋은 하루!")
elif x<22:
    print("안녕하세요!")
else:
    print("안녕히 주무세요^^")
```

(a) 프로그램

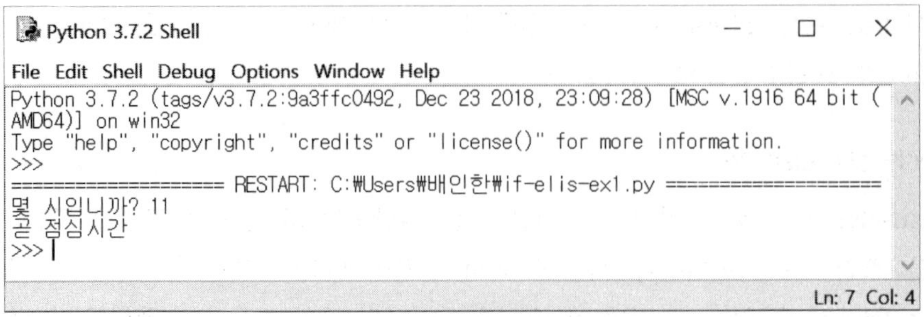

(b) 실행 결과

▌그림 3.5▐ If–elif–else 문의 사용 예와 실행 결과

❸ 반복구조

Python에서 루프 문은 지정된 횟수 동안 또는 지정된 조건을 충족 할 때까지 코드 블록을 반복적으로 실행하는 데 사용된다. Python 프로그래밍 언어에는 세 가지: for, while, 중첩 루프들이 있다. 외부 조건이 유발될 때 루프를 완전히 종료해야하는 상황에 직면하거나 루프의 일부를 건너뛰고 다음 실행을 시작해야하는 상황이 있을 수 있다. Python은 이러한 상황을 처리하고 루프를 제어하기 위해 break 및 continue 문을 제공한다.

Break 문은 이를 포함하는 루프를 종료한다. 제어는 루프 본체 바로 다음 명령문으로 전달된다. break 문이 중첩 루프 안에 있으면 break는 가장 안쪽 루프를 종료한다. continue 문은 현재 반복에 대해서만 루프 내의 나머지 코드를 건너뛰는 데 사용된다. 루프는 종료되지 않지만 다음 반복을 계속한다.

- For 루프

Python의 for 루프는 data(list, tuple, string) 컬렉션을 취해 한 번에 하나씩 순서대로 항목을 반복한다. For 루프의 사용 예와 실행 결과는 그림 3.6과 같다. 여기서는 리스트내의 모든 항목들의 합과 평균을 계산한다.

```
int_list = [1, 2, 3, 4, 5, 6, 7]
sum = 0
for num in int_list:
    sum += num
print("Sum =", sum)
print("Avg =", sum/len(int_list))
```

(a) 프로그램

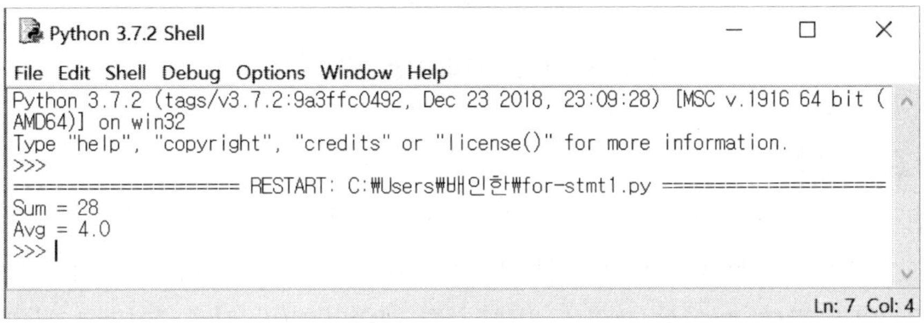

(b) 실행 결과

| 그림 3.6 | For 문의 사용 예와 실행 결과

• While 루프

while 루프는 조건식이 참인 한 코드 블록을 반복하는데 사용된다. While 루프의 사용 예와 실행 결과는 그림 3.7과 같다. While 루프의 블록 내에서, a에 저장된 값을 출력하고, a의 값을 1 증가 시키고, 그리고 a의 값이 6과 같으면 while 루프를 종료하고, 제어를 루프 본체 바로 다음의 'print('While-루프 종료')'로 전달한다.

```
a = 1
while (a<10):
    print ('반복',a)
    a = a + 1
    if (a == 6):
        break
print ('While-루프 종료')
```

(a) 프로그램

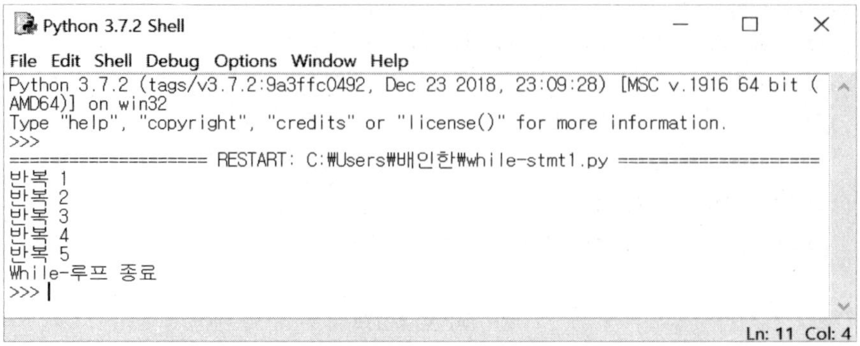

(b) 실행 결과

▌그림 3.7▐ While 문의 사용 예와 실행 결과

• 중첩 루프

중첩 루프는 루프 내부에 하나 이상의 다른 루프가 포함될 수 있다. 내부 루프는 외부 루프가 반복 될 때마다 한 번씩 실행된다. 중첩 루프의 첫 번째 사용 예와 실행 결과는 그림 3.8과 같다. 여기서 출력을 원하는 행 개수의 입력 값을 7이라고 하면, 두 번째 for 루프가 반복 될 때마다 첫 번째 for 루프의 변수 i의 값만큼의 *를 같은 행에 출력한다. 그리고 첫 번째 for 루프의 print()로 줄 바꿈을 수행한다.

```
n = int(input("출력을 원하는 행의 개수를 입력하세요? "))
i,j=0,0
for i in range(0,n):
    print()
    for j in range(0,i+1):
        print("*",end=" ")
```

(a) 프로그램

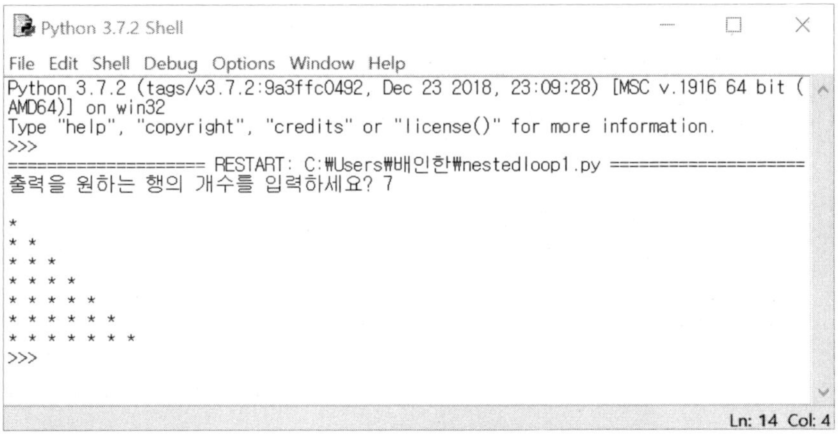

(b) 실행 결과

| 그림 3.8 | 중첩 루프의 첫 번째 사용 예와 실행 결과

중첩 루프의 두 번째 사용 예인 그림 3.9는 구구단을 출력하는 프로그램이다. 이 프로그램의 마지막 print() 문은 외부 for 루프의 부분이므로 두 번째 for와 열을 맞춘다. 그리고 'if prod < 10'문은 출력이 깔끔하게 표시되도록 만든다. 이 if 문 없이는 숫자들이 잘 정렬되지 않는다.

```
for row in range(1, 10):
    for col in range(1, 10):
        prod = row * col
        if prod < 10:
            print(' ', end = '')
        print(row * col, ' ', end = '')
    print()
```

(a) 프로그램

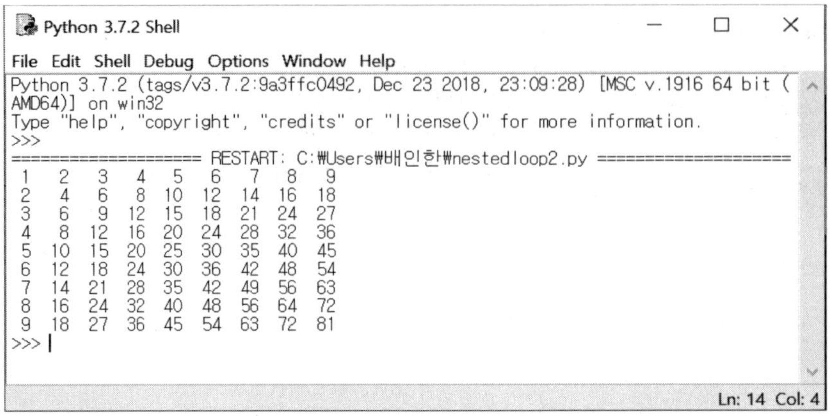

(b) 실행 결과

| 그림 3.9 | 중첩 루프의 두 번째 사용 예와 실행 결과

(4) 함수

Python에서 함수는 특정 작업을 수행하는 관련 명령문 그룹이다. 사용자 정의 함수는 큰 프로그램을 작은 세그먼트로 분해하여 프로그램을 이해, 유지 보수 및 디버그하기 쉽게 만들고, 프로그램에서 반복되는 코드가 발생하는 경우 함수를 작성하고 필요한 경우 해당 함수를 호출하여 실행할 수 있고, 그리고 대규모 프로젝트에서 작업하는 프로그래머는 여러 가지 함수들을 만들어 작업 부하를 나눌 수 있다.

내장 함수

내장 함수는 C로 작성되고 Python 인터프리터와 통합되어있다. 각 내장 모듈에는 운영체제 관리, 디스크 입・출력 등과 같은 특정 시스템 기능을 위해 자원이 포함되어있다. 표준 라이브러리에는 유용한 유틸리티를 포함하는 많은 Python 스크립트가 있다. 이것들은 이미 정의되어 있으며 필요에 따라 언제든지 바로 사용할 수 있다. Python은 응용 프로그램을 빠르고 강력하게 만드는 데 도움이 되는 방대한 함수 라이브러리를 제공한다. 이러한 함수들을 Python 내장함수라 한다. Python 인터프리터에는 항상 사용 가능한 많은 함수들과 유형들이 내장되어 있다. 표 3-8은 Python의 일반적인 내장 함수들을 보여준다.

표 3-8 Python의 일반적인 내장 함수

유형	함수	설명
운영체제/입·출력	open()	파일을 열고 해당 파일 객체를 반환한다.
	dir()	지정된 객체의 속성 및 메서드 목록을 반환한다.
	input()	사용자 입력 허용
	print()	표준 출력 장치로 인쇄
수학	abs()	정수 또는 실수이면 절대 값을 반환하고, 복소수이면 크기를 반환한다.
	bool()	값이 있으면 true를 반환하고, 값이 0이거나 없으면 false를 반환한다.
	enumerate()	열거 객체를 반환한다.
	max()	반복 객체에서 가장 큰 값을 반환한다.
	min()	반복 객체에서 가장 작은 값을 반환한다.
	pow()	a의 값에 대한 b의 거듭제곱으로 반환한다.
	range()	기본적으로 0부터 시작하여 기본적으로 1씩 증가하고 지정된 숫자에서 끝나는 일련의 숫자를 반환한다.
	reversed()	시퀀스 객체에 대한 역 반복자를 반환한다.
	round()	반올림 된 값을 반환한다.
	zip()	둘 이상의 반복자에서 반복자를 반환한다.
무작위	randint()	지정된 범위에서 정수로 선택된 요소를 반환한다.
	randrange()	
	random()	1보다 작고 0보다 큰 부동소수점 난수를 생성하는데 사용된다.
	seed()	난수 생성기를 초기화하는데 사용된다.
날짜 시간	datetime.date()	숫자로 년, 월, 일을 입력 받아서 date 객체를 생성한다.
	datetime.time()	숫자로 시, 분, 초 마이크로 초, 시간대 정보를 입력 받아서 time 객체를 생성한다.
	datetime.datetime()	숫자로 각 인자를 받아서 datetime 객체를 생성하며, 년, 월, 일은 생략이 불가능하다.

Python의 다양한 내장 함수들을 사용한 예제 프로그램과 실행 결과는 그림 3.10과 같다.

```
print('Absolute value of -30.3: ', abs(-33.33), end='\n\n')

test = 0
print(test,'is',bool(test))
test = 'Easy string'
print(test,'is',bool(test), end='\n\n')

testString = '소프트웨어융합대학'
print('Length of', testString, 'is', len(testString), end='\n')

numbers = [3, 2, 8, 5, 10, 6]
smallest_number = min(numbers)
largest_number = max(numbers)
print("The smallest number is:", smallest_number)
print("The largest number is:", largest_number)
print("The sum of numbers is:", sum(numbers), end='\n\n')

print(list(range(10)))
print(list(range(1, 10)))
print(list(range(1, 10, 2)), end='\n\n')

print(pow(-2, 2))
print(pow(2, -2), end='\n\n')

seq_string = 'Python Algorithm'
print(list(reversed(seq_string)), end='\n\n')

print(round(10.7), end='\n\n')

number_list = [1, 2, 3]
str_list = ['one', 'two', 'three']
result = zip(number_list, str_list)
result_set = set(result)
print(result_set,end='\n\n' )
```

(a) 내장 함수 사용 예

```
Python 3.7.2 Shell
File Edit Shell Debug Options Window Help
Python 3.7.2 (tags/v3.7.2:9a3ffc0492, Dec 23 2018, 23:09:28) [MSC v.1916 64 bit (AMD64)] on
win32
Type "help", "copyright", "credits" or "license()" for more information.
>>>
==================== RESTART: C:/Users/배인한/builtin1.py ====================
Absolute value of -30.3:  33.33

0 is False
Easy string is True

Length of 소프트웨어융합대학 is 9
The smallest number is: 2
The largest number is: 10
The sum of numbers is: 34

[0, 1, 2, 3, 4, 5, 6, 7, 8, 9]
[1, 2, 3, 4, 5, 6, 7, 8, 9]
[1, 3, 5, 7, 9]

4
0.25

['m', 'h', 't', 'i', 'r', 'o', 'g', 'l', 'A', ' ', 'n', 'o', 'h', 't', 'y', 'P']

11

{(1, 'one'), (3, 'three'), (2, 'two')}

>>> |
                                                                Ln: 28 Col: 4
```

(b) 실행 결과

▌그림 3.10▐ Python 내장 함수를 사용한 예와 실행 결과

사용자 정의 함수

Python과 함께 제공되는 함수를 내장 함수라고 한다. 라이브러리 형태로 다른 사람이 작성한 함수를 사용하는 경우 이를 라이브러리 함수라고 한다. 우리가 직접 작성하는 다른 모든 함수는 사용자 정의 함수에 속한다. 따라서 사용자 정의 함수는 다른 사람에게 라이브러리 함수가 될 수 있다. 사용자 정의 함수의 형식은 다음과 같다.

```
def function_name(argument1, argument2, ...) :
     statement_1
     statement_2
     ....
     return expression
```

전달된 매개변수 값들의 합을 구하는 사용자 정의 함수와 실행 결과는 그림 3.11과 같다. 여기서 함수가 매개 변수의 수를 알 수 없는 경우 *args가 매개 변수 중 하나로 함수 정의에 추가된다.

```
def calculate_sum(a, *args):
    sum = a
    for i in args:
        sum += i
    return sum

sum1 = calculate_sum(10, 11)
sum2 = calculate_sum(10, 11, 22)
sum3 = calculate_sum(1, 2, 94, 6, 2, 8, 9, 20, 4, 2)

print("sum1 = ", sum1)
print("sum2 = ", sum2)
print("sum3 = ", sum3)
```

(a) 프로그램

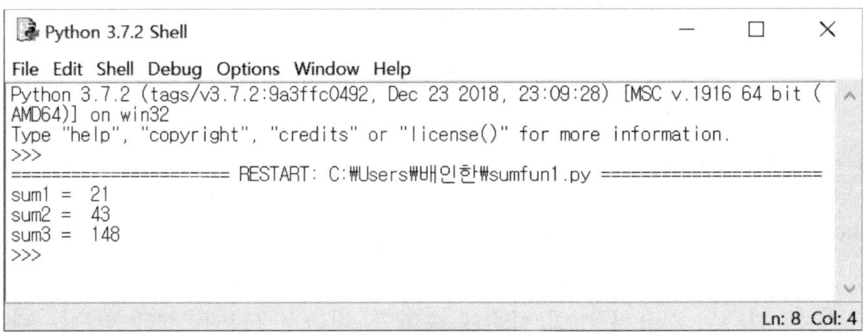

(b) 실행 결과

| 그림 3.11 | 사용자 정의 함수의 예와 실행 결과

모듈

모듈은 Python 문과 정의가 포함된 파일을 나타낸다. Python 코드를 포함하는 파일(예: example.py)을 모듈이라고 하며, 모듈 이름은 example이다. 모듈은 큰 프로그램을 관리하기 쉽고 정리된 작은 파일로 나눈다. 또한 모듈은 코드 재사용성을 제공한다. 가장 많이 사용되는 함수를 모듈로 정의하고, 다른 프로그램에 그것의 정의를 복사하는 대신에 그 모듈을 포함시킨다. 그림 3.12는 모듈의 사용 예와 실행 결과를 보여준다. 여기서 파일 'make_pizzas1.py'와 'make_pizzas2.py'의 실행 결과는 같다.

파일: pizza.py

```
def make_pizza(size, *toppings):
    """Make a pizza."""
    print("\nMaking a " + size +" pizza.")
    print("Toppings:")
    for topping in toppings:
        print("- " + topping)
```

파일: make_pizzas1.py　　전체 모듈을 포함

```
import pizza

pizza.make_pizza('medium', 'pepperoni')
pizza.make_pizza('small', 'bacon', 'pineapple')
```

파일: make_pizzas2.py　　특정 함수만 포함

```
from pizza import make_pizza

make_pizza('medium', 'pepperoni')
make_pizza('small', 'bacon', 'pineapple')
```

(a) 프로그램

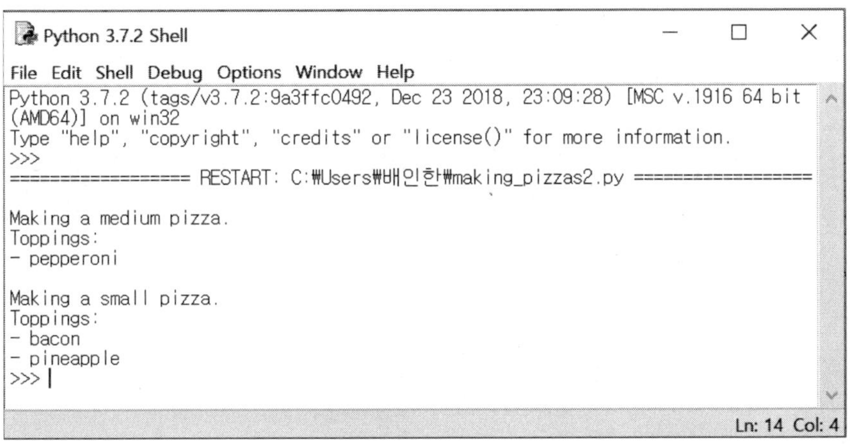

(b) 실행 결과

| 그림 3.12 | 모듈의 사용 예와 실행 결과

여기서 모듈과 함수에 별명을 부여하여 다음과 같이 포함시킬 수 있다.

```
import pizza as p

p.make_pizza('medium', 'pepperoni')
p.make_pizza('small', 'bacon', 'pineapple')
```

```
from pizza import make_pizza as mp

mp('medium', 'pepperoni')
mp('small', 'bacon', 'pineapple')
```

다음과 같은 구조를 사용하여 어떤 모듈내의 모든 함수들을 포함시킬 수 있다.

```
from pizza import *

make_pizza('medium', 'pepperoni')
make_pizza('small', 'bacon', 'pineapple')
```

연습문제

3.1 Python 인터프리터에 내장되어 있는 아래 기본 자료형의 범주에 속하는 자료형들을 기술하시오.

범주	자료형
Text	
Numeric	
Sequence	
Mapping	
Set	
Boolean	
Binary	

3.2 다음 Python 프로그램에 대응하는 흐름도를 작성하시오.

```
i = 0
while i < 6:
    i += 1
    if i == 3:
        continue
    print(i)
```

3.3 다음은 함수로 구현된 간단한 계산기 프로그램의 실행 결과이다. 대응하는 Python 프로그램을 작성하시오.

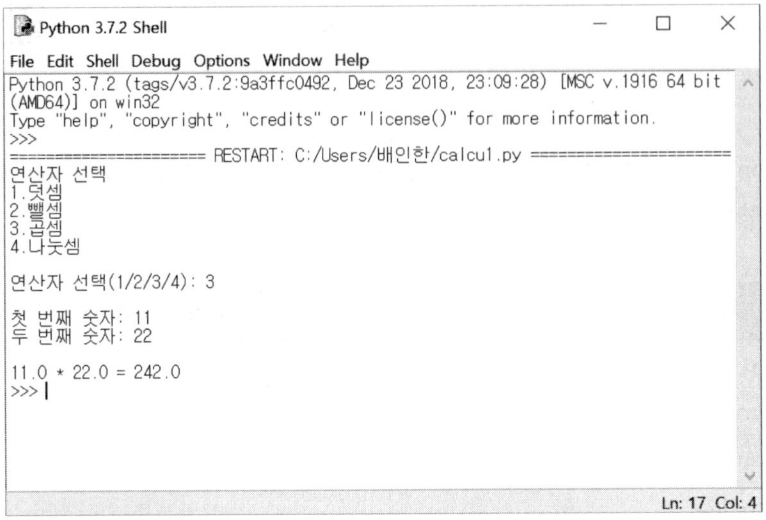

3.4 두 개의 정수 배열이 주어지면, 값들의 쌍(각 배열에서 하나의 값으로 구성)에서 최소 (양수) 차이를 계산하고, 그 차이를 반환하는 Python 프로그램을 작성하시오.

```
[예]
입력: {1, 3, 15, 11, 2}, {23, 127, 235, 19, 8}
출력: 3. 쌍 (11, 8)
```

CHAPTER 04

Python의 기본 자료구조

알고리즘 설계에서 자료구조의 선택은 알고리즘의 효율성에 영향을 주기 때문에 신중히 선택되어야 한다. 효과적으로 설계된 자료구조는 실행 시간 혹은 메모리 용량과 같은 자원을 최소한으로 사용하면서 연산을 수행하도록 해 준다. 여기서 자료구조(data structure)는 자료를 효율적으로 접근 및 수정을 가능하도록 조직, 관리, 저장하는 것이다. 오늘날 Java, Python 등과 같은 객체 지향 프로그래밍 언어에서는 자료구조들이 클래스들로 구현된 라이브러리를 제공한다. 그 자료구조 클래스들은 자료구조와 그 자료구조와 관련된 연산들을 지원하는 메서드들을 포함하고 있다. 따라서 자료구조에 대한 더 정확한 정의는 데이터 값의 모임, 데이터 간의 관계뿐만 아니라 데이터에 적용할 수 있는 메서드(함수)나 연산을 의미한다.

알고리즘을 설계할 때, 어떠한 자료구조를 선택할지는 가장 우선적으로 고려되어야 한다. 이는 설계된 알고리즘을 프로그래밍 할 때, 구현의 난이도나 최종 결과물의 성능이 자료구조에 크게 의존하기 때문이다. 따라서 적절한 자료구조의 선택은 필수적이다.

4장에서는 알고리즘을 기술하거나 구현하는데 자주 사용되는 Python의 기본 자료구조로 리스트, 연결 리스트, 스택, 큐 등이 있다. 이 장에서는 이러한 기본 자료구조에서 제공되는 메서드와 그것의 Python 구현 및 응용 예 등에 대하여 살펴본다.

4-1 리스트

Python이 제공하는 시퀀스 자료구조인 리스트(list)는 C언어 또는 Java언어에서 사용하는 배열(array)과 유사하고, 스택(stack)과 큐(queue)를 구현할 때에도 자주 사용되는 자료구조이다. 리스트는 요소들의 가변 또는 가변 순서화 시퀀스인 Python 내의 데이터 구조이다. 리스트 내의 각 요소 또는 값을 항목이라고 한다.

하나의 리스트에는 정수, 문자열 및 객체와 같은 데이터 유형이 포함될 수 있다. 리스트는 변경 가능하므로 생성 후에도 변경 될 수 있다. Python으로 된 리스트는 순서가 정해져 있고 한정된 개수를 가진다. 리스트의 항목은 명확한 순서에 따라 인덱스 되며 리스트의 인덱스 값은 0부터 시작된다. 따라서 리스트의 첫 번째 항목의 위치를 가리키는 인덱스 값은 0이다. 리스트의 각 항목은 리스트에서 명확한 위치를 가지므로 리스트의 항목을 복제할 수 있으며 각 항목은 고유한 위치를 가지고 있다. 리스트는 접근 및 사용이 용이하도록 다양한 기능의 함수들을 제공하는 자주 사용되는 자료구조이다.

(1) 리스트 표현

리스트는 대괄호'[ ]'로 데이터들을 감싸서 표현하며, 감싸인 데이터들을 항목이라고 한다. 항목이 없는 비어있는 리스트 즉, 공백 리스트(empty_list)도 표현 가능하다. 요소의 형(type)이 integer인 경우 그대로 표현하고, string인 경우 이중 인용부호("") 또는 단일 인용부호('')로 감싸서 표현한다. 항목은 integer나 string으로 표현할 수 있고, 리스트 내의 리스트로 항목을 표현할 수도 있다. 리스트의 특징은 다음과 같다.

- '[ ]'으로 항목을 둘러싼다.
- 리스트 내의 항목들은 ,(콤마)로 구분한다.
- 항목들의 순서가 있다.
- 구성요소들의 중복을 허용한다.
- 인덱스(index)를 사용하여 참조 가능하다.
- 항목들의 생성, 삭제, 수정이 가능하다.

(2) 리스트 메서드들

Python은 리스트 상에서 사용할 수 있는 표 4-1과 같은 내장 메서드들의 집합을 가지고 있다.

표 4-1 Python의 리스트 메서드들

메서드	설 명	예

lst.append(x)	리스트 lst의 끝에 항목 x를 추가한다.	`>>> lst = []`
		`>>> lst.append(123)`
		`>>> lst.append("Bae")`
		`>>> lst`
		`[123, 'Bae']`

lst.extend(iter)	리스트 lst에 반복 가능한 iter (예, 다른 리스트)의 모든 항목들을 추가한다.	`>>> lst = [1, 2, 3]`
		`>>> lst.extend([4, 5, 6])`
		`>>> lst`
		`[1, 2, 3, 4, 5, 6]`

lst.insert(i, x)	리스트 lst에서 인덱스 위치 i에 항목 x를 삽입한다.	`>>> lst = [1, 2, 3, 4]`
		`>>> lst.insert(3, 99)`
		`>>> lst`
		`[1, 2, 3, 99, 4]`

lst.remove(x)	리스트 lst에서 항목 x의 첫 번째 발생을 삭제하고 반환한다.	`>>> lst = [1, 2, 99, 4, 99]`
		`>>> lst.remove(99)`
		`>>> lst`
		`[1, 2, 4, 99]`
		`>>>`

lst.index(x)	리스트 lst에서 값 x의 첫 번째 발생 위치를 반환한다.	`>>> lst = ["Bae", 55, "Han", 90, "Son", 77]`
		`>>> lst.index("Son")`
		`4`

lst.count(x)	리스트 lst에서 항목 x의 발생 횟수를 계산한다.	`>>> lst = [1, 2, 42, 2, 1, 42, 42]`
		`>>> lst.count(42)`
		`3`

lst.pop()	리스트 lst의 마지막 요소를 삭제하고 반환한다.	`>>> lst = [1, 2, 3, 5]`
		`>>> lst.pop()`
		`5`

lst.reverse()	리스트 lst내의 항목들의 순서를 반전시킨다.	`>>> lst = [1, 2, 3, 4]`
		`>>> lst.reverse()`
		`>>> lst`
		`[4, 3, 2, 1]`

lst.sort()	오름차순으로 리스트 lst내의 항목들을 정렬한다.	`>>> lst = [88, 12, 42, 11,2]`
		`>>> lst.sort()`
		`>>> lst`
		`[2, 11, 12, 42, 88]`

lst.clear()	리스트 lst로부터 모든 항목들을 삭제한다.	`>>> lst = [1, 2, 3, 4, 5]`
		`>>> lst.clear()`
		`>>> lst`
		`[]`

iter(lst)	리스트 lst를 위한 반복자를 반환한다. 반복자는 반복 가능한 객체 즉, 반복문을 활용해서 데이터를 순회하면서 처리한다.	`>>> lst = [1, 2, 3]`
		`>>> it = iter(lst)`
		`>>> next(it)`
		`1`
		`>>> next(it)`
		`2`

list(filter(function, lst))	리스트 lst 항목들에서 어떤 함수의 조건에 일치하는 값만 반환한다.	`>>> lst = [-2, -3, 4, 5]`
		`>>> list(filter(lambda x: x > 0, lst))`
		`[4, 5]`

list()	Python에서 리스트를 생성한다.	`>>> lst = list(('Bae', 'Gee', 'Han'))`
		`>>> lst`
		`['Bae', 'Gee', 'Han']`

len(lst)	리스트 lst의 길이(항목의 개수)를 반환한다.	`>>> lst = [10, 20, 30]`
		`>>> len(lst)`
		`3`

lst[start: stop: step]	range (start, stop, step)로 지정된 인덱스 집합을 나타내는 슬라이스 객체를 생성한다.	`>>> lst = ['a', 'b', 'c', 'd', 'e']`
		`>>> lst[2:4]`
		`['c', 'd']`

map(function, lst)	리스트 lst의 항목에 함수를 적용시켜 결과를 반환한다.	`>>> lst = [1, 2, 3, 4, 5]`
		`>>> res = map(lambda x: x**2, lst)`
		`>>> list(res)`
		`[1, 4, 9, 16, 25]`

copy()	특정 리스트의 사본을 복사한다. 원래 리스트를 변경하지 않으면서 새로운 리스트를 수정할 때 사용한다.	`>>> lst = [1, 2, 3]`
		`>>> new = lst.copy()`
		`>>> new.append('a')`
		`>>> lst`
		`[1, 2, 3]`
		`>>> new`
		`[1, 2, 3, 'a']`

※ 기타 max(), min(), sum() 등이 있다.

(3) 리스트 메서드 사용 예

그림 4.1은 Python의 리스트 자료구조 메서드를 사용한 예제와 그 결과를 보여준다.

```
# 빈 리스트
empty_list=[]

# 스트링 리스트
str_list=['this', 'is', 'a', 'list']

# 리스트 끝에 요소 추가하기
str_list.append('appended')
print(str_list)

# 지정된 인덱스에 항목 추가하기
```

```
str_list.insert(3,'inserted')
print(str_list)
str_list.append('Bae')

# 특정 인덱스의 항목 삭제하기
print(str_list.pop(-1))

# 첫 번째 일치된 항목의 인덱스 가져오기
print(str_list.index('a'))

# 리스트에서 특정 요소의 개수 계산하기
print(str_list.count('is'))

# 리스트의 순서를 반전하기
str_list.reverse()
print(str_list)

# 리스트를 오름차순으로 정렬하기
str_list.sort()
print(str_list)
```

(a) 프로그램

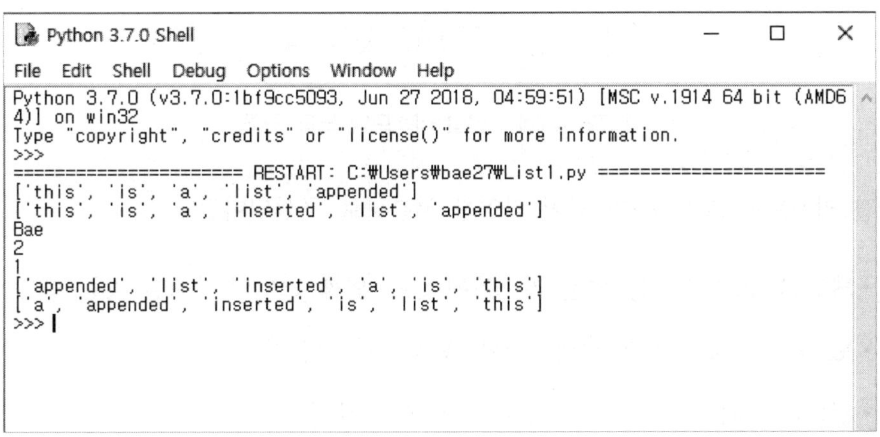

(b) 실행 결과

| 그림 4.1 | Python 리스트 메서드 사용 예와 실행 결과

4-2 연결 리스트

연결 리스트(linked list)는 각 노드가 데이터와 포인터를 가지고 한 줄로 연결되어 있는 방식으로 데이터를 저장하는 자료구조이다. 연결 리스트는 데이터를 담고 있는 노드(node)와 각 노드를 연결하는 링크(link)로 구성 된다. 정적인 자료구조인 배열과 달리 동적인 자료구조이다. 연결리스트는 메모리가 필요하면 할당하고, 필요 없으면 해제하는 방식으로 메모리 관리가 가능하기 때문에 배열처럼 여분의 공간을 마련할 필요가 없어 메모리를 절약할 수 있는 이점이 있다.

연결 리스트는 배열과 달리 메모리에 연속적으로 할당되지 않고 메모리상에 임의로 할당되고 흩어진 각 요소는 링크(link)에 의해 연결된다. 연결 리스트는 각 노드별로 링크의 개수와 링크의 연결 상태에 따라 단순 연결 리스트, 환형 연결 리스트, 이중 연결 리스트, 이중 환형 연결 리스트 등이 있다.

연결 리스트는 노드라 부르는 항목들의 리스트이다. 노드들은 그림 4.2와 같이 2 부분: 값 부분과 링크 부분을 가지고 있다. 노드의 값 부분은 정수와 같은 기본 자료형일 수도 있고 또는 자료구조와 같은 다소의 다른 자료형일 수도 있다. 링크 부분은 리스트에서 다음 항목의 주소를 저장하는데 사용되는 포인터이다. Python의 연결 리스트 자료구조의 노드는 데이터와 노드를 연결하는 링크로 구성되어 있기 때문에 그림 4.3과 같은 self.data, self.next로 구성된 클래스로 구현되어진다.

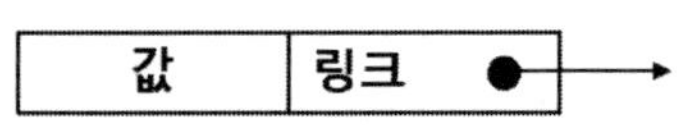

그림 4.2 연결 리스트의 노드 구조

연결 리스트는 그림 4.4와 같이 다양한 부분들로 구성되어진다.

- **헤드(Head)**: 헤드는 연결 리스트에서 첫 번째 노드의 주소를 갖는 포인터이다.
- **노드들**: 연결 리스트 내의 항목들을 노드라 부른다.
- **값**: 데이터는 연결 리스트의 각 노드에 저장된다.
- **링크**: 노드의 링크 부분은 다른 노드들의 참조를 저장하기 위하여 사용된다. 다음 또는 이전 노드들의 주소를 저장하기 위하여 사용된다.

```
class Node:
    def __init__(self, data, n=None):
        self.data = data
        self.next = n
```

▌그림 4.3▐ 연결 리스트 노드의 Python 클래스 구조

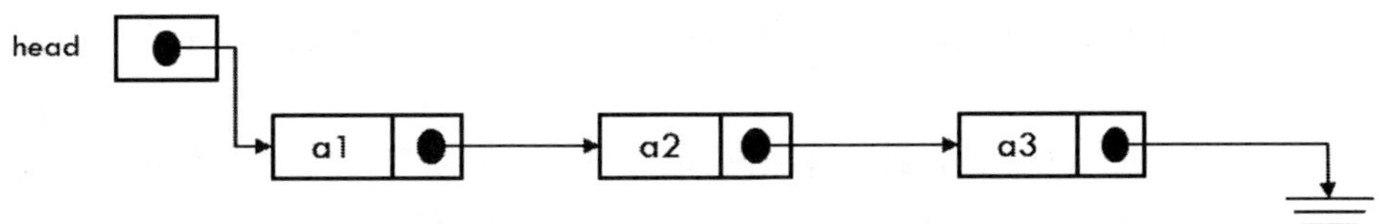

▌그림 4.4▐ 연결 리스트의 예

(1) Python으로 단순 연결 리스트 구현

연결 리스트의 노드는 데이터가 연결 리스트에 저장된 곳이다. 데이터와 함께 각 노드에는 포인터가 있으며, 이는 연결 리스트의 다음 노드에 대한 참조이다. 그림 4.5는 Python으로 구현된 간단한 연결 리스트의 Node 클래스의 구조를 보여준다.

```
class Node:
    # 전달된 데이터가 없으면 데이터와 링크의 디폴트값은 none이다.
    def __init__(self, data=None, link=None):
        self.data = data
        self.link = link

    # Node의 데이터 필드를 갱신하는 메서드
    def updateData(self, data):
        self.data = data

    # Node의 링크 필드를 설정하는 메서드
    def setLink(self, node):
        self.link = node

    # Node의 데이터 필드를 반환하는 메서드
```

```
    def getData(self):
        return self.data

    # 다음 Node의 주소를 반환하는 메서드
    def getNextNode(self):
        return self.link
```

그림 4.5 Python으로 구현된 간단한 연결 리스트의 Node 클래스 구조

노드는 단일 데이터로 초기화되며 포인터는 기본적으로 없음으로 설정된다. 또한 노드의 데이터를 갱신하는 방법, 새 노드로 포인터를 재설정하는 방법, 저장된 데이터를 반환하는 방법, 그리고 다음 노드(객체 노드가 가리키는 노드)를 반환하는 방법 등 몇 가지 유용한 메서드들을 추가한다.

(2) 연결 리스트 클래스의 기본 메서드들

연결 리스트 상에서 다양한 기본 연산들을 수행할 수 있고, 이들 중 많은 연산들은 리스트 운행을 요구한다. 연결 리스트 클래스에서 구현 가능한 기본 연산(메서드)들은 다음과 같다.

연결 리스트에 어떤 요소를 삽입한다. 이 연산은 연결 리스트를 생성하기 위하여 사용되어진다.

- 연결 리스트의 다양한 항목들을 출력한다.
- 연결 리스트에서 어떤 요소를 검색한다.
- 연결 리스트에서 어떤 요소를 삭제한다.
- 연결 리스트를 반전한다.

(3) Python으로 연결 리스트 구현

Python의 연결 리스트는 클래스로 정의하고 메서드를 호출하여 그 자료구조를 액세스하는 것이 편리하다. 따라서 연결 리스트의 크기와 공백 여부를 알려주는 메서드, 항목을 탐색, 삽입, 삭제하는 메서드 등과 같은 메서드들을 클래스 내에 정의할 수 있다.

- length(self): 연결 리스트의 크기 즉, 항목의 개수를 반환한다.
- is_empty(self): 연결 리스트의 항목이 없는지의 여부를 반환한다.
- isPresent(self, data): 연결 리스트에서 특정 항목을 검색하여 발견되면 true(1)를 반환하고, 아니면 false(0)를 반환한다.
- addToStart(self, data): 새 노드를 연결 리스트의 앞에 삽입한다.
- addToEnd(self, data): 새 노드를 연결 리스트의 끝에 삽입한다.
- remove(self, item): 연결 리스트로부터 특정 항목을 제거한다.
- print_list(self): 연결 리스트 항목의 값을 출력

그림 4.6은 구현한 연결 리스트의 Python 프로그램과 실행 결과를 보여준다.

```
class LinkedList:
    def __init__(self):
        self.head = None

    # 연결 리스트가 empty이면 참을 반환하는 메서드
    def isEmpty(self):
        if self.head is None:
            return True
        else:
            return False

    # 연결 리스트의 앞에 요소를 추가하는 메서드
    def addToStart(self, data):
        tempNode = Node(data)
        tempNode.setLink(self.head)
        self.head = tempNode
        del tempNode

    # 연결 리스트의 끝에 요소를 추가하는 메서드
    def addToEnd(self, data):
        start = self.head
        tempNode = Node(data)
```

```
        while start.getNextNode():
            start = start.getNextNode()
        start.setLink(tempNode)
        del tempNode
        return True

    # 연결 리스트를 디스플레이하는 메서드
    def display(self):
        start = self.head
        if start is None:
            print("Empty List!!!")
            return False

        while start:
            print(str(start.getData()), end=" ")
            start = start.link
            if start:
                print("-->", end=" ")
        print()

    # 연결 리스트의 길이를 반환하는 메서드
    def length(self):
        start = self.head
        size = 0
        while start:
            size += 1
            start = start.getNextNode()
        return size

    # 연결 리스트에서 특정 항목을 검색하는 메서드
    def isPresent(self, data):
        start = self.head
        while start != None:
            if start.getData() == data:
                return True
            start = start.getNextNode()
```

```
        return False

    # 수신된 데이터의 인덱스를 반환하는 메서드
    def index(self, data):
        start = self.head
        position = 1

        while start:
            if start.getData() == data:
                return position
            else:
                position += 1
                start = start.getNextNode()

    # 연결 리스트로부터 특정 항목을 제거하는 메서드
    def remove(self, item):
        start = self.head
        previous = None
        found = False

        # 리스트에서 요소 검색
        while not found:
            if start.getData() == item:
                found = True
            else:
                previous = start
                start = start.getNextNode()

        # 만일 previous가 None이면 그 데이터는 첫 번째 위치에서 발견
        if previous is None:
            self.head = start.getNextNode()
        else:
            previous.setLink(start.getNextNode())
        return found
```

```
    # 주어진 위치의 요소를 반환하는 메서드
    def atIndex(self, position):
        start = self.head
        position = int(position)
        pos = 1
        while pos != position:
            start = start.getNextNode()
            pos += 1

        data = start.getData()
        return data

    # 수신된 위치의 요소를 반환하고 삭제하는 메서드
    def removePosition(self, position):
        data = self.atIndex(position)
        self.remove(data)
        return data

    # 연결 리스트를 반전하는 메서드
    def reverse(self):
        start = self.head
        tempNode = None
        previousNode = None

        while start:
            tempNode = start.getNextNode()
            start.setLink(previousNode)
            previousNode = start
            start = tempNode

        self.head = previousNode
        return True

# 노드 클래스
class Node:
    # 전달된 데이터가 없으면 데이터와 링크의 디폴트값은 none이다.
```

```
    def __init__(self, data=None, link=None):
        self.data = data
        self.link = link

    # Node의 데이터 필드를 갱신하는 메서드
    def updateData(self, data):
        self.data = data

    # Node의 링크 필드를 설정하는 메서드
    def setLink(self, node):
        self.link = node

    # Node의 데이터 필드를 반환하는 메서드
    def getData(self):
        return self.data

    # 다음 Node의 주소를 반환하는 메서드
    def getNextNode(self):
        return self.link

# 메인 메서드
# 연결 리스트 생성
myList = LinkedList()

# 연결 리스트 앞에 요소들을 추가
myList.addToStart(5)
myList.addToStart(4)
myList.addToStart(3)
myList.addToStart(2)
myList.addToStart(1)


myList.display()

# 연결 리스트의 끝에 요소들을 추가
myList.addToEnd(12)
```

```
myList.addToEnd(13)
myList.addToEnd(3)
myList.display()

# 연결 리스트의 길이 출력
print(myList.length())

# 특정 인덱스의 요소 출력
print(myList.atIndex(5))

# 요소 삭제
print(myList.remove(12))

# 특정 위치의 요소 삭제
myList.removePosition(2)

myList.display()

# 연결 리스트 반전
myList.reverse()
myList.display()
```

(a) 프로그램

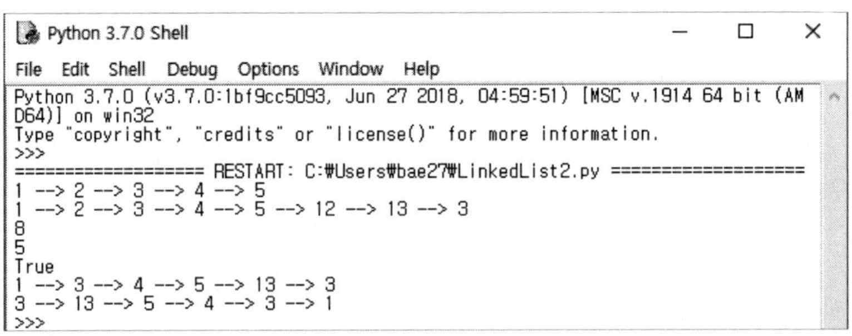

(b) 실행 결과

▎그림 4.6▎ Python으로 구현된 연결 리스트의 예와 실행 결과

4-3 스택

스택은 데이터의 삽입과 삭제가 저장소의 맨 윗부분(top)에서만 일어나는 자료구조이다. 스택은 LIFO(Last-In First-Out) 원칙에 따라 삽입되고 제거되는 객체들의 컨테이너이다. 스택은 연속으로 저장된 데이터 구조를 가지고 있고, 맨 위 요소에 대한 포인터를 가지고 있는 배열이나 연결 리스트로 구현할 수 있다. 스택은 함수의 콜 스택, 문자열을 역순으로 출력하거나 연산자 후위표기법 등에 사용된다.

스택 S는 다음 두 가지 메서드를 제공하는 추상 자료 형이다.

- push(*o*): 스택의 맨 위에 객체 *o*를 삽입한다.
- pop(): 스택의 맨 위에 있는 객체 즉, 가장 최근에 삽입된 객체를 제거하고 반환한다. 만일 스택이 비어 있으면 오류가 발생한다.

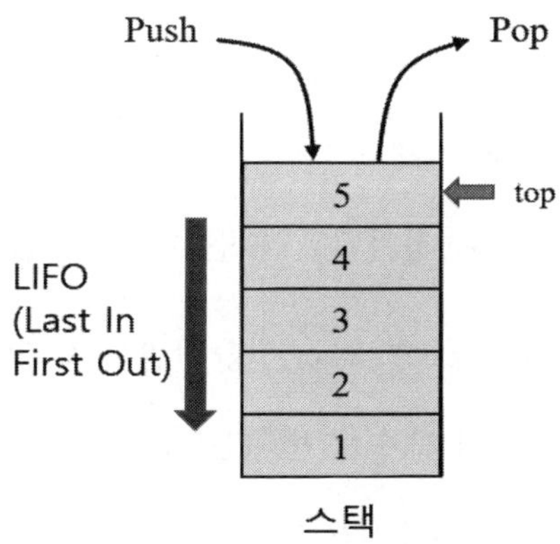

그림 4.7 스택 자료구조

(1) 스택 관련 메서드

스택 클래스가 갖는 메서드들: push(*o*)와 pop()을 위한 배열 기반 알고리즘 구조는 다음과 같다.

알고리즘 4-1 스택의 push(o)와 pop() 메서드를 위한 배열 기반 알고리즘

```
Algorithm push(o)
        if size() == N then
            Indicate that a stack-full error has occurred
        t ← t+1;
        S[t] ← o;

Algorithm pop()
        if isEmpty() then
            Indicate that a stack-empty error has occurred
        e ← S[t];
        S[t] ← null;
        t ← t-1;
        return e;
```

(2) Python으로 스택 구현

스택 추상 자료형은 클래스로 정의되고, 다음 메서드들을 지원한다.

- empty(): 스택이 비어 있으면 true(1)를 반환하고, 아니면 false(0)를 반환한다.
- size(): 스택 내의 항목의 개수를 반환한다.
- peek(): 스택의 맨 위에 있는 항목에 대한 값을 반환한다.
- push(item): 스택의 맨 위에 항목 item을 추가한다.
- pop(): 스택의 맨 위에 있는 항목을 제거하고 반환한다.

그림 4.8은 리스트 자료구조를 사용하여 구현한 스택 Python 프로그램의 구조와 실행 결과를 보여준다. 여기서 sys 모듈은 Python 인터프리터가 제공하는 변수와 함수를 직접 제어할 수 있게 해주는 모듈이다.

```
from sys import maxsize

# 스택을 생성하는 메서드, 스택의 크기는 0으로 초기화한다.
def createStack():
    stack = []
    return stack

# 스택 크기가 0이면 스택은 비어있다.
def isEmpty(stack):
    return len(stack) == 0

# 스택에 어떤 항목을 추가하는 메서드
def push(stack, item):
    stack.append(item)
    print(item + " pushed to stack ")

# 스택으로부터 어떤 항목을 제거하기 위한 메서드
def pop(stack):
    if (isEmpty(stack)):
        return str(-1)
    return stack.pop()

# 항목 제거 없이 스택으로부터 top을 반환하는 메서드
def peek(stack):
    if (isEmpty(stack)):
        return str(-1)
    return stack[-1]

# 상기 메서드를 테스트하기 위한 메인 프로그램
stack = createStack()
push(stack, str(10))
push(stack, str(20))
push(stack, str(30))
print(pop(stack) + " popped from stack")
```

(a) 프로그램

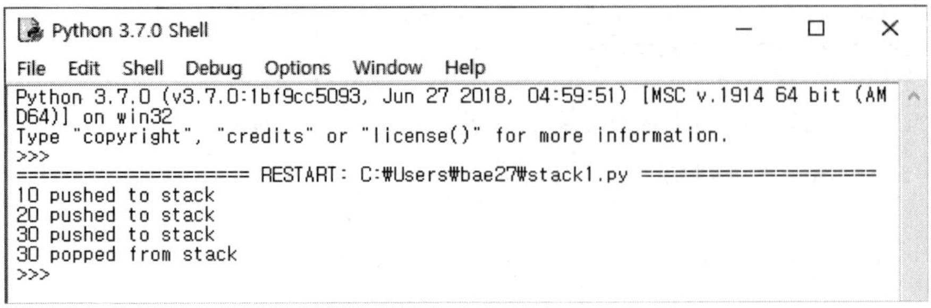

```
Python 3.7.0 Shell
File Edit Shell Debug Options Window Help
Python 3.7.0 (v3.7.0:1bf9cc5093, Jun 27 2018, 04:59:51) [MSC v.1914 64 bit (AM
D64)] on win32
Type "copyright", "credits" or "license()" for more information.
>>>
===================== RESTART: C:\Users\bae27\stack1.py =====================
10 pushed to stack
20 pushed to stack
30 pushed to stack
30 popped from stack
>>>
```

(b) 실행 결과

▌그림 4.8▌ 리스트로 구현된 스택 Python 프로그램과 실행 결과

4-4 큐

큐는 FIFO(First-In First-Out) 원칙에 따라 삽입되고 제거되는 객체들의 컨테이너이다. 큐에 먼저 삽입된 항목은 먼저 제거될 것이다. 그것은 FCFS(First-Come-First-Served)로 알려져 있다. 큐의 추상 자료 형은 다음 두 가지 기본 메서드를 지원한다.

- enqueue(o): 큐의 끝에 객체 o를 삽입한다.
- dequeue(): 큐의 맨 앞부분에 있는 객체를 제거하고 반환한다. 만일 큐가 비었으면 오류가 발생한다.

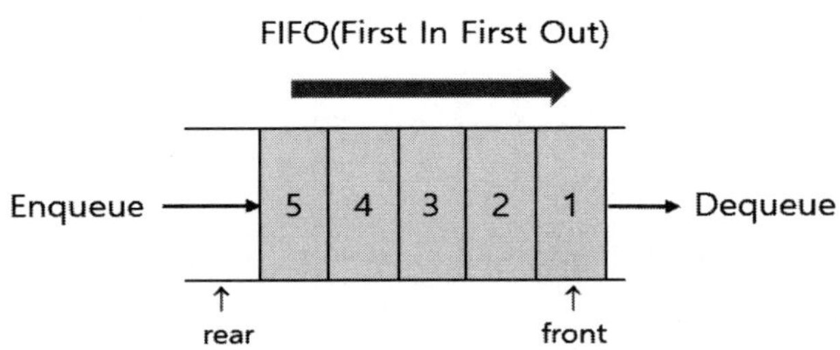

큐

▌그림 4.9▌ 큐 자료구조

환형 큐는 고정된 크기의 큐를 양 끝이 연결된 것처럼 사용할 수 있게 해주는 자료 구조이다. 환형 방식으로 큐 Q를 사용하면 환형 큐는 $f \le r$인 정상(normal) 구성이거나 $r < f$인 완전히 싸인(wrapped around) 구성일 수 있다. 여기서 변수 f는 큐가 비어있

지 않는 한 큐에서 첫 번째 항목을 저장한 Q의 셀에 대한 인덱스이고, r은 Q에서 다음 가용 배열 셀에 대한 인덱스를 나타낸다. 그리고 큐 항목을 저장하고 있는 셀들은 음영으로 강조되었다.

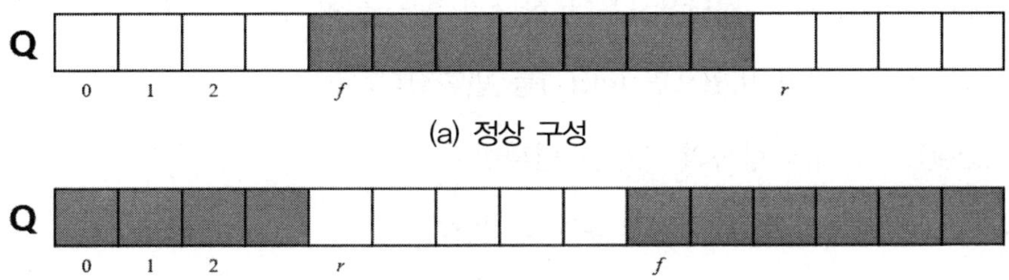

(a) 정상 구성

(b) 완전히 싸인 구성

▌그림 4.10▐ 환형 큐 Q에서 배열의 구성

(1) 큐 관련 메서드

환형 큐 클래스가 갖는 메서드들: enqueue(o)와 dequeue()을 위한 배열 기반 알고리즘 구조는 다음과 같다.

알고리즘 4-2 환형 큐의 enqueue(o)와 dequeue() 메서드를 위한 배열 기반 알고리즘

```
Algorithm enqueue(o)
        if size() == N-1 then
             throw a QueueFullException
        Q[r] ← o;
        r ← (r+1) mod N;

Algorithm dequeue()
        if isEmpty() then
             throw a QueueEmptyException
        temp ← Q[f];
        Q[f] ← null;
        f ← (f+1) mod N;
        return temp;
```

(2) Python으로 큐 구현

큐 추상 자료형은 클래스로 정의되고, 다음 메서드들을 지원한다.

- enqueue(data): 큐의 후단에 하나의 항목을 추가한다.
- dequeue(): 큐의 전단으로부터 하나의 항목을 제거하고 반환한다.
- isEmpty(): 큐가 비었으면 true(1)를 반환한다.
- size(): 큐 내의 항목의 개수를 반환한다.
- show(): 큐 내의 모든 항목들을 출력한다.

그림 4.11은 리스트 자료구조를 사용하여 구현한 큐 Python 프로그램의 구조와 실행 결과를 각각 보여준다.

```
class Queue:

    # 큐 클래스 생성자
    def __init__(self):
        # 큐를 초기화
        self.queue = list()

    # 큐에 데이터 요소 삽입
    def enqueue(self, data):
        # check for duplicate entry
        if data not in self.queue:
            self.queue.insert(0, data)
            return True
        else:
            return False

    # front로부터 첫 번째 데이터 요소 제거
    def dequeue(self):
        # 큐에 데이터가 있는를 검사
        if len(self.queue) > 0:
            return self.queue.pop()
```

```
        else:
            return False

    # 큐가 비었는지를 검사
    def isEmpty(self):
        if len(self.queue) > 0:
            return False
        else:
            return True

    # 큐 내의 요소의 개수를 반환
    def size(self):
        return len(self.queue)

    # 큐 전체를 출력
    def show(self):
        print(self.queue)

myQueue = Queue()
print(myQueue.enqueue(10))
print(myQueue.enqueue(5))
print(myQueue.enqueue("Hello"))
print(myQueue.size())
print(myQueue.isEmpty())
myQueue.show()
print(myQueue.dequeue())
myQueue.show()
```

(a) 프로그램

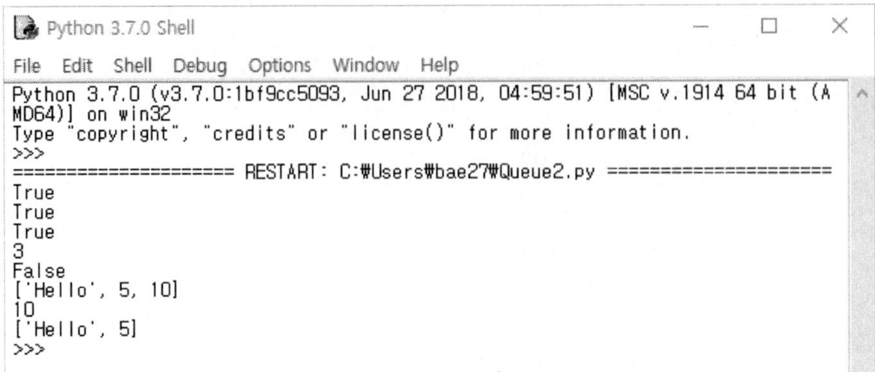

(b) 실행 결과

▌그림 4.11▐ 리스트로 구현된 큐 Python 프로그램과 실행 결과

연습문제

4.1 연결 리스트의 장 · 단점을 기술하시오.

4.2 다음 Python 스택 코드를 실행했을 때, 그 결과를 보이시오.

```
class Stack:
    #리스트 생성자
    def __init__(self):
        self.stack = list()
    #스택에 항목을 추가
    def push(self,data):
        #항목의 중복 여부 검사
        if data not in self.stack:
            self.stack.append(data)
            return True
        return False
    #스택으로부터 최근 항목을 삭제
    def pop(self):
        if len(self.stack)<=0:
            return ("Stack Empty!")
        return self.stack.pop()
    #스택의 크기를 반환
    def size(self):
        return len(self.stack)

myStack = Stack()
print(myStack.push(5))
print(myStack.push(6))
print(myStack.push(9))
print(myStack.push(5))
```

```
print(myStack.push(3))
print(myStack.size())
print(myStack.pop())
print(myStack.pop())
print(myStack.pop())
print(myStack.pop())
print(myStack.size())
print(myStack.pop())
```

4.3 다음 Python 큐 코드를 실행했을 때, 그 결과를 보이시오

```
class Queue:
    def __init__(self):
        self.queue = list()
    # 항목을 큐에 삽입
    def addToQueue(self,value):
        if value not in self.queue:
            self.queue.insert(0,value)
            return True
        return False
    # 큐로부터 항목을 삭제
    def removefromQueue(self):
        if len(self.queue)>0:
            return self.queue.pop()
        return ("No elements in Queue!")

MySuperHero = Queue()
MySuperHero.addToQueue("Thor")
MySuperHero.addToQueue("Iron man")
MySuperHero.addToQueue("Hulk")
MySuperHero.addToQueue("Doctor Strange")
MySuperHero.addToQueue("Vision")
print(MySuperHero.removefromQueue())
print(MySuperHero.removefromQueue())
```

CHAPTER 05

Python의 고급 자료구조

자료구조는 데이터를 보다 빠르고 쉽게 액세스하고 수정할 수 있도록 효율적이고 체계적인 방식으로 데이터를 저장하고 관리한다. Python의 기본 자료구조는 리스트, 연결 리스트, 스택, 큐 등이 있었다. 그리고 이 장에서는 다양한 문제에 대한 효율적인 알고리즘을 기술하거나 구현하기 위하여 복잡하게 구성되고 다양한 형식의 값들을 저장하는 Python의 고급 자료구조로 트리, 힙(Heap), 우선순위 큐, 서로소 집합 등에 대하여 살펴본다.

5-1 트리(Tree)

트리는 계층적 관계(부모-자식 관계)를 표현하기 위하여 사용되는 비선형 자료구조이다. 각 노드는 간선으로 다른 노드와 연결되어진다. 그리고 트리는 노드들의 어떤 주어진 쌍 사이에 정확히 하나의 경로가 존재하는 무향 그래프로 정의될 수 있다.

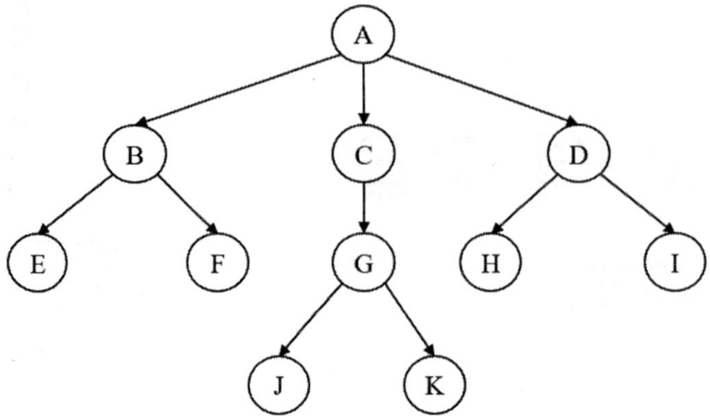

▌그림 5.1▐ 루트 트리의 예

루트 트리(rooted tree)는 트리의 루트라 부르는 특별한 노드를 갖는 연결 비순환 그래프이고 모든 간선은 루트로부터 직접 또는 간접적으로 시작되어진다. 그리고 순서화된 루트 트리는 각 내부 정점의 자식들이 순서화된 루트 트리이다. 루트 트리의 내부 정점이 m개 이하의 자식을 가지면 이를 m-ary 트리라 한다. 만일 m = 2인 루트 트리를 이진 트리(binary tree)라고 한다. 그림 5.1은 3-ary 트리의 예를 보여준다.

루트 트리는 요소들을 계층적으로 저장하는 추상자료형이다. 맨 위에 요소인 루트를 제외한 트리의 각 요소는 부모(parent) 요소와 0개 또는 그 이상의 자식(children) 요소를 갖는다.

트리는 다음과 같은 중요한 속성을 가지고 있다.

- n 노드를 갖는 트리는 정확이 n-1 간선을 가진다. 여기서 $|V(T)|$와 $|E(T)|$는 트리 T의 정점의 개수와 간선의 개수를 각각 나타낸다.

$$T = (V, E),\ |E(T)| = |V(T)| - 1$$

- 만일 어떤 트리에 하나의 간선이 추가되면, 결과 그래프는 정확히 하나의 순환(cycle)을 포함한다.
- 만일 어떤 트리로부터 하나의 간선이 제거되면, 결과 그래프는 더 이상 연결되지 않는다.

트리와 관련된 중요한 용어들은 그림 5.2와 같다. 동일한 부모의 자식인 두 개 노드들은 형제(siblings)이다. 자식이 없는 노드는 외부(external) 또는 리프(leaf)이고 하나 또는 그 이상의 자식이 있는 노드는 내부(internal)이다. 어떤 노드의 조상(ancestor)은 그 노드의 부모의 조상이다. 역으로, u가 v의 조상이면 노드 v는 노드 u의 자손(descendent)이다. 경로(path)는 간선들로 연결되어진 노드들의 순서화된 리스트이다. 노드의 단계(level)는 노드와 루트 사이의 간선의 수로 정의되고, 노드의 깊이(depth)는 루트에서 어떤 노드에 도달하기 위해 거쳐야 하는 간선의 수를 나타내고, 그리고 트리의 높이(height)는 루트 노드에서 가장 먼 외부노드까지의 간선의 수를 나타낸다.

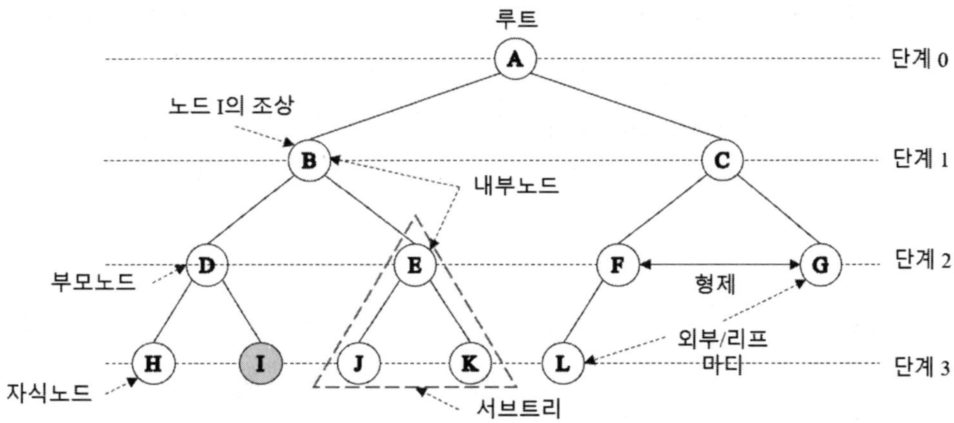

▌그림 5.2▐ 트리 구조와 관련 용어들

(1) 이진 트리

이진 트리는 각 노드가 왼쪽 자식과 오른쪽 자식으로 일컬어지는 기껏 두 개의 자식을 가질 수 있는 트리 형태이다. 이진 트리는 정렬된 배열에서와 같이 검색이 빠르며 링크된 목록에서와 같이 삽입 또는 삭제 작업이 빠르기 때문에 정렬된 배열과 링크된 목록의 모든 이점을 가지고 있다. 이진 트리가 갖는 속성은 다음과 같다.

- 이진 트리의 단계 i상의 노드들의 최대 개수는 2^i이고, 여기서 $i \geq 1$이다.
- 깊이(depth) k의 이진 트리에서 노드의 최대 개수는 $2^{k+1}-1$이고, 여기서 $k \geq 1$이다.
- N 노드들을 갖는 완전 이진 트리의 높이는 $\lg N$이다.
- 순회는 전위(Pre-order), 중위(In-order) 아니면 후위(Post-order)로 이루어진다. 이것을 깊이우선 순회, 대칭우선 순회, 너비우선 순회라고도 한다.

이진 트리의 일반적인 종류들은 다음과 같다.

- 전 이진 트리(Full Binary Tree): 이진 트리는 모든 노드에 0 또는 두 개의 자식이 있는 경우 전 이진 트리이다. 전 이진 트리는 리프 노드를 제외한 모든 노드에 두 개의 자식이 있는 이진 트리라고 말할 수 있다.
- 완전 이진 트리(Complete Binary Tree): 마지막 단계를 제외하고 모든 단계에서 노드가 완전히 채워져 있는 이진 트리이다. 마지막 레벨은 꽉 차 있지 않아도 되지만 노드가 왼쪽에서 오른쪽으로 채워져야 한다.
- 포화 이진 트리(Perfect Binary Tree): 이진 트리는 모든 내부 노드에 두 개의 자식노드가 있고, 모든 리프노드가 같은 단계에 있는 완벽한 이진 트리이다.
- 균형 이진 트리(Balanced Binary Tree): 왼쪽 및 오른쪽 서브트리의 높이는 최대 한 개 차이가 나고, 왼쪽 서브트리의 균형이 맞고, 오른쪽 서브트리의 균형이 맞으면 균형 이진 트리이다.

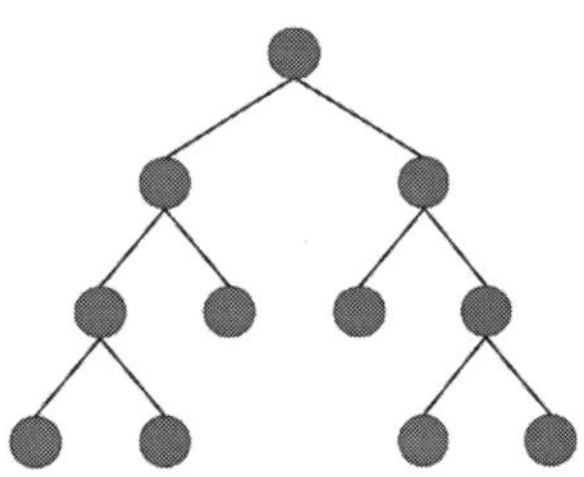

(a) 전 이진 트리 (b) 완전 이진 트리 (c) 포화 이진 트리 (d) 균형 이진 트리

| 그림 5.3 | 이진 트리의 종류

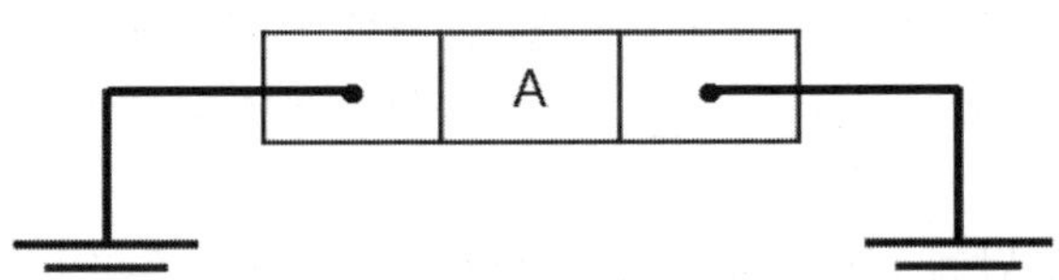

| 그림 5.4 | 이진 트리의 노드의 구조

그림 5.4는 데이터로 'A'가 저장되고 둘 다 널(null)을 가리키는 왼쪽 자식(lchild)과 오른쪽 자식(rchild)을 갖는 이진 트리에서 노드의 구조를 보여준다. 그리고 Python의 이진 트리의 노드는 그림 5.5와 같은 클래스로 구현되어진다.

```
class Tree(object):
    class Node(object):
        def __init__(self, v, l=None, r=None):
            self.value = v
            self.lChild = l
            self.rChild = r

    def __init__(self):
        self.root = None
```

| 그림 5.5 | 이진 트리 노드의 Python 클래스 구조

그림 5.6은 리스트 자료구조를 사용하여 이진 트리를 생성하는 간단한 Python 프로그램의 예와 실행 결과를 보여준다.

```
class node:
     def __init__(self, val, left=None, right=None):
         self.left=left
         self.val=val
         self.right=right

#이진 트리에 요소를 추가

#루트노드 생성
root=node(4)

#루트노드의 왼쪽 자식 노드를 추가
root.left=node(1)

#루트노드의 오른쪽 자식 노드를 추가
root.right=node(5)

#이진 트리에 다른 요소를 추가
root.left.left=node(7)
root.left.right=node(3)
```

```
root.right.right=node(6)

#이진 트리 노드로부터 값을 판독

#루트노드
print("루트 노드: ", root.val)

#이진 트리의 왼쪽 자식
print("루트 노드의 왼쪽 자식: ", root.left.val)

#이진 트리의 오른쪽 자식
print("루트 노드의 오른쪽 자식: ", root.right.val)

#다른 이진 트리 노드들로부터 값을 판독
print("다른 노드", root.left.left.val)
print("다른 노드", root.left.right.val)
print("다른 노드", root.right.right.val)
```

(a) 프로그램

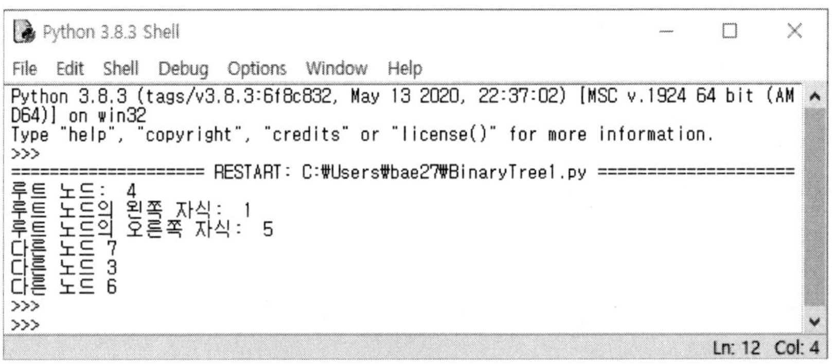

(b) 실행 결과

ǀ그림 5.6ǀ 이진 트리를 생성하는 Python 프로그램과 실행 결과

Binarytree는 이진 트리를 생성, 시각화, 검사 및 조작하기 위한 간단한 API를 제공하는 Python 라이브러리이다. Binarytree 라이브러리는 이진 트리를 직접 구현하는데 도움을 주고, 힙 및 이진 검색 트리도 지원한다. 이 모듈은 Python의 표준 유틸리티 모듈로 사전에 설치되지 않는다. 따라서 터미널에 'pip install binarytree'를 입력하여 binarytree

모듈을 설치해야한다.

Binarytree 모듈 상에서 사용할 수 있는 이진 트리 관련 클래스와 메서드들은 다음과 같다.

- Node(): 이진 트리에서 특정 노드의 구조를 나타내는 노드 생성 클래스이다.
- build(): 리스트를 이진 트리로 변환하는 메서드이다.
- tree(): 무작위 이진 트리를 생성하고 그것의 루트노드를 반환한다.
- bst(): 무작위 이진 검색 트리를 생성하고 그것의 루트 노드를 반환한다.
- heap(): 무작위 maxheap을 생성하고 그것의 루트노드를 반환한다. Minheap()을 생성하기 위하여 is_max 속성을 False로 설정해야 한다.

그림 5.7은 Binarytree 모듈을 사용하여 리스트로부터 이진 트리를 생성하는 Python 프로그램의 예와 실행 결과를 보여준다.

```
# 주어진 리스트로부터 이진 트리 생성
from binarytree import build

# 노드의 리스트
nodes =[3, 6, 8, 2, 11, None, 13]

# 이진 트리 구축
binary_tree = build(nodes)
print('리스트로부터 이진 트리 :\n', binary_tree)

# 이진 트리로부터 노드의 리스트 얻기
print('\n이진 트리로부터 리스트 :',  binary_tree.values)
```

(a) 프로그램

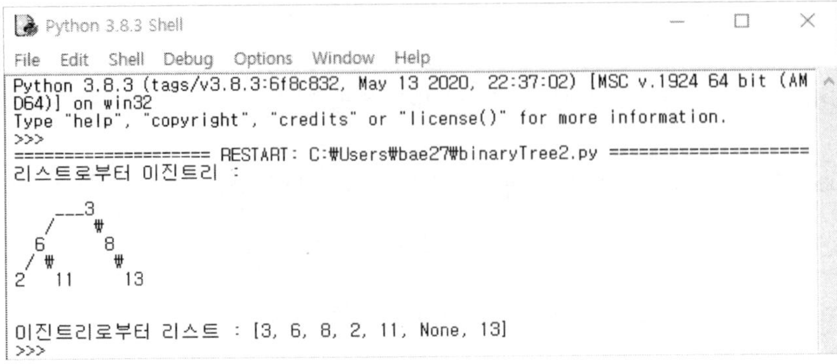

(b) 실행 결과

| 그림 5.7 | Binarytree 모듈을 사용한 Python 프로그램과 실행 결과

(2) 이진 검색 트리

이진 검색 트리는 정렬된 숫자 목록을 신속하게 유지할 수 있는 데이터 구조이다. 각 트리 노드에는 최대 두 개의 하위 노드가 있으므로 이진 트리이다. 숫자의 존재 여부를 검색하는 데 사용할 수 있으므로 검색 트리라고 한다. 이진 검색 트리를 일반 이진 트리와 구분하는 속성은 다음과 같다.

- 왼쪽 서브트리의 모든 노드가 루트 노드보다 작다.
- 오른쪽 서브트리의 모든 노드는 루트 노드보다 크다.
- 각 노드의 서브트리도 상기 두 속성을 만족한다.

그림 5.8은 아홉 개의 노드들로 구성된 이진 검색 트리의 예를 보여준다. 루트 노드의 값인 8 보다 작은 값을 갖는 노드들로 좌측 서브트리가 구성되고, 8 보다 큰 값을 갖는 노드들로 우측 서브트리가 구성된다.

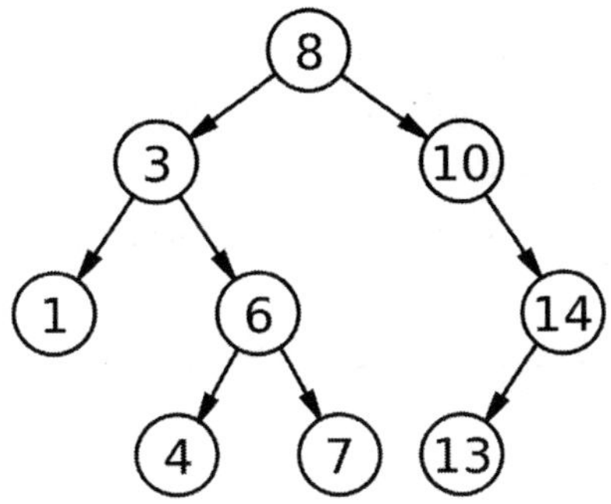

▌그림 5.8▌ 이진 검색 트리의 예

그림 5.9는 리스트 자료구조를 사용하여 이진 검색 트리를 구축하는 Python 프로그램과 실행 결과를 각각 보여준다. 여기서 이진 검색 트리를 구축하는 Node() 클래스는 이진 검색 트리의 속성에 맞게 노드를 삽입하는 insert() 메서드를 포함한다. Node() 클래스의 'root = Node(12)'에 의해 루트 노드의 값은 12가 되고, 그리고 insert() 메서드에 의해 삽입되는 노드의 값이 부모 노드의 값 보다 작으면 좌측 서브트리에 위치되고, 크면 우측 서브트리에 위치되어진다. 그리고 PrintTree() 메서드에서는 구축된 이진 검색 트리를 중위(In-order) 순회하면서 노드를 출력한다.

```
class Node:

    def __init__(self, data):
        self.left = None
        self.right = None
        self.data = data

    def insert(self, data):
        # 새로운 값을 부모 노드의 값과 비교
        if self.data:
            if data < self.data:
                if self.left is None:
                    self.left = Node(data)
                else:
                    self.left.insert(data)
            elif data > self.data:
```

```
                if self.right is None:
                    self.right = Node(data)
                else:
                    self.right.insert(data)
        else:
            self.data = data

    # 트리 출력
    def PrintTree(self):
        if self.left:
            self.left.PrintTree()
        print( self.data),
        if self.right:
            self.right.PrintTree()

root = Node(12)
root.insert(6)
root.insert(14)
root.insert(3)

root.PrintTree()
```

(a) 프로그램

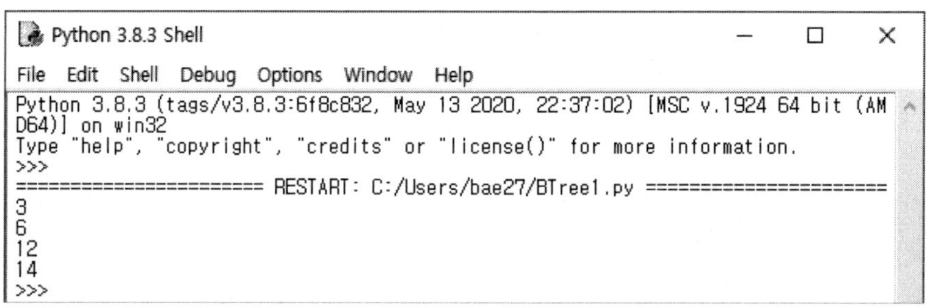

(b) 실행 결과

| 그림 5.9 | 이진 검색 트리를 구축하는 Python 프로그램과 실행 결과

그림 5.10은 binarytree 모듈의 bst() 메서드를 사용하여 다양한 이진 검색 트리를 구축하는 Python 프로그램과 실행 결과를 보여준다.

```
from binarytree import bst

# 어떤 높이를 갖는 랜덤 이진 검색 트리 생성
root1 = bst()
print('어떤 높이의 이진 검색 트리 : \n', root1)

# 주어진 높이의 랜덤 이진 검색 트리 생성
root2 = bst(height = 3)
print('주어진 높이의 이진 검색 트리 : \n', root2)

# 주어진 높이의 랜덤 포화 이진 검색 트리 생성
root3 = bst(height = 3, is_perfect = True)
print('주어진 높이의 포화 이진 검색 트리 : \n', root3)
```

(a) 프로그램

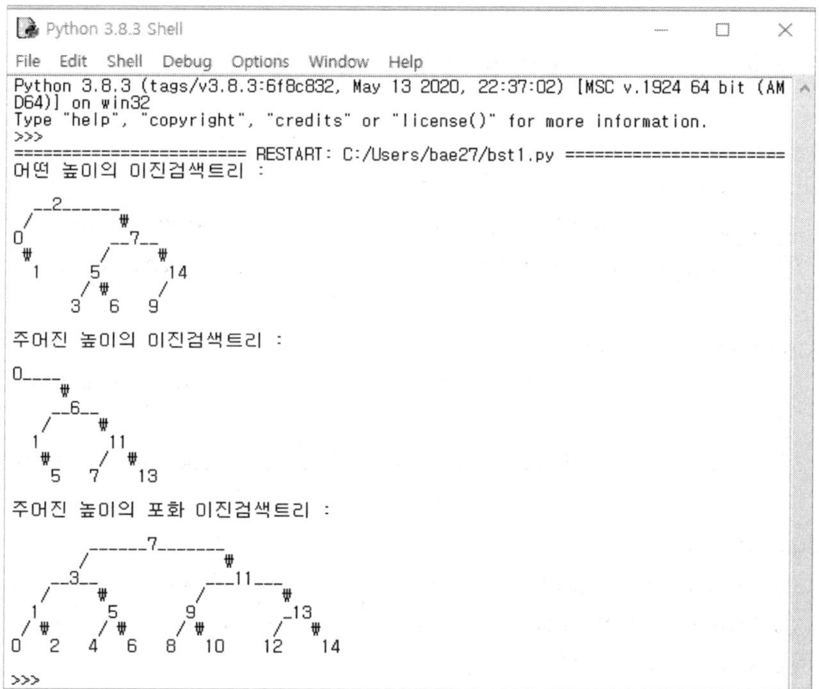

(b) 실행 결과

| 그림 5.10 | Binarytree 모듈의 bst() 메서드에 의한 이진 검색 트리의 구축 예와 실행 결과

(3) 이진 트리 운행

순회는 트리의 모든 노드를 방문하는 프로세스이며 해당 값도 인쇄 할 수 있다. 모든 노드는 간선을 통해 연결되므로 항상 루트 노드에서 시작한다. 즉, 트리의 노드에 무작위로 액세스 할 수 없고, 트리를 순회하는데 사용하는 세 가지 방법: 전위 순회(Pre-order), 중위 순회(In-order), 후위 순회(Post-order)가 있다.

- **전위 순회**: 이 순회 방법에서는 루트 노드를 먼저 방문한 다음 왼쪽 하위트리를 방문하고 마지막으로 오른쪽 하위트리를 방문한다.
- **중위 순회**: 이 순회 방법에서는 왼쪽 하위트리를 먼저 방문한 다음 루트와 나중에 오른쪽 하위트리를 방문한다. 이진 검색트리가 중위 순회되면 출력은 정렬된 키 값을 오름차순으로 정렬한다.
- **후위 순회**: 이 순회 방법에서는 먼저 왼쪽 하위트리를 방문한 다음 오른쪽 하위트리를 방문하고 마지막으로 루트 노드를 방문한다.

알고리즘 5-1 이진 트리 순회 알고리즘들: 전위, 중위, 후위

```
Algorithm Preorder(tree)
   ① Visit the root.
   ② Traverse the left subtree, i.e., call Preorder(left-subtree).
   ③ Traverse the right subtree, i.e., call Preorder(right-subtree)

Algorithm Inorder(tree)
   ① Traverse the left subtree, i.e., call Inorder(left-subtree)
   ② Visit the root.
   ③ Traverse the right subtree, i.e., call Inorder(right-subtree)

Algorithm Postrder(tree)
   ① Traverse the left subtree, i.e., call Preorder(left-subtree)
   ② Traverse the right subtree, i.e., call Preorder(right-subtree)
   ③ Visit the root.
```

그림 5.11의 이진 트리를 순회를 위한 알고리즘들: 전위, 중위, 후위의 노드 방문 순서는 다음과 같다.

- 전위: -/×+313+-952+×3-746
- 중위: 3+1×3/9-5+2-3×7-4+6
- 후위: 31+3×95-2+/374-×6+-

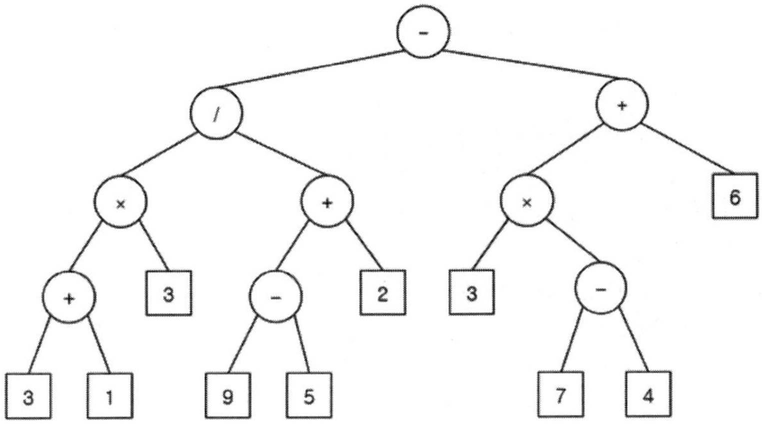

❙그림 5.11❙ 수식을 표현하는 이진 트리

그림 5.12는 리스트 자료구조를 사용하여 이진 검색 트리를 구축하고, 그리고 구축된 이진 검색 트리를 전위, 중위, 후위 순회하는 Python 프로그램과 실행 결과를 각각 보여준다.

```
class Node:

    def __init__(self, data):
        self.left = None
        self.right = None
        self.data = data

    def insert(self, data):
# 새로운 값을 부모 노드의 값과 비교
        if self.data:
            if data < self.data:
                if self.left is None:
                    self.left = Node(data)
```

```
                else:
                    self.left.insert(data)
            elif data > self.data:
                if self.right is None:
                    self.right = Node(data)
                else:
                    self.right.insert(data)
        else:
            self.data = data

# 트리 출력

def traverseInOrder(root):
    if root:
        traverseInOrder(root.left)
        print(root.data)
        traverseInOrder(root.right)
def traversePreOrder(root):
    if root:
        print(root.data)
        traversePreOrder(root.left)
        traversePreOrder(root.right)

def traversePostOrder(root):
    if root:
        traversePostOrder(root.left)
        traversePostOrder(root.right)
        print(root.data)

root = Node(27)
root.insert(14)
root.insert(35)
root.insert(10)
root.insert(19)
root.insert(31)
root.insert(42)
```

```
print("이진 트리의 전위순회:")
traversePreOrder(root)
print("이진 트리의 중위순회:")
traverseInOrder(root)
print("이진 트리의 후위순회:")
traversePostOrder(root)
```

(a) 프로그램

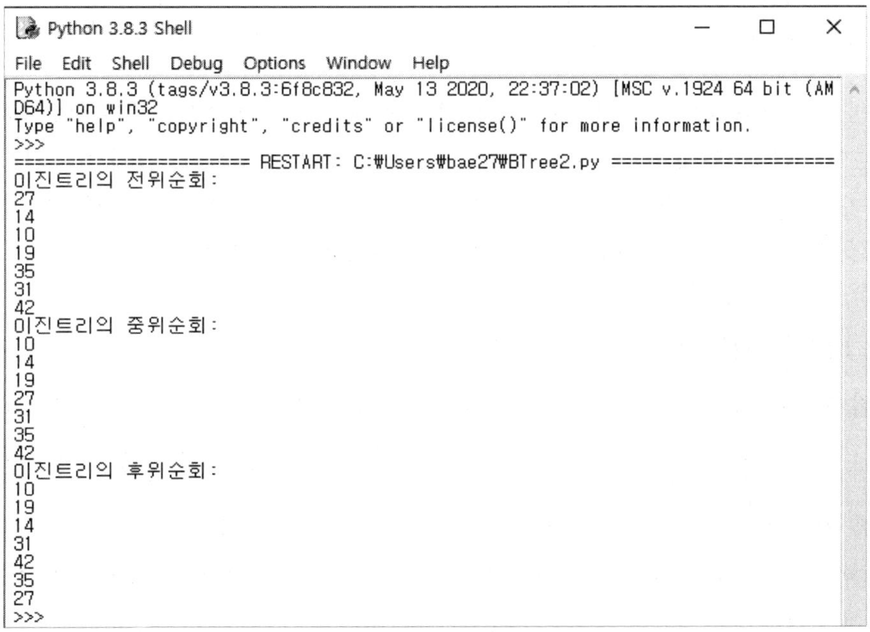

(b) 실행 결과

| 그림 5.12 | 이진 검색 트리를 순회하는 Python 프로그램과 실행 결과

5-2 힙(Heap)

힙(heap)은 최댓값 및 최솟값을 찾아내는 연산을 빠르게 처리하기 위해 고안된 완전이진 트리(complete binary tree)를 기본으로 한 자료구조(tree-based structure)로서 다음과 같은 힙 속성을 만족한다.

- A가 B의 부모 노드이면, A의 키값과 B의 키값 사이에는 대소 관계가 성립한다.

힙에는 두 가지 종류가 있으며, 부모노드의 키값이 자식노드의 키값보다 항상 큰 힙을 '최대 힙', 부모노드의 키값이 자식노드의 키값보다 항상 작은 힙을 '최소 힙'이라고 부른다.

- 최대 힙(max heap): 각 노드의 키는 항상 해당 자식 노드보다 크고 루트 노드의 키는 다른 모든 노드 중에서 가장 크다.
- 최소 힙(min heap): 키는 항상 자식 노드보다 작으며 루트 노드의 키는 다른 모든 노드 중에서 가장 작다.

각 노드의 자식노드의 최대 개수는 힙의 종류에 따라 다르지만, 대부분의 경우는 자식노드의 개수가 최대 두 개인 이진 힙(binary heap)을 사용한다. 힙에서는 가장 높은(혹은 가장 낮은) 우선순위를 가지는 노드가 항상 루트노드에 위치하는 특징이 있으며, 이를 응용하면 우선순위 큐와 같은 추상적 자료형을 구현할 수 있다.

(1) 배열을 사용한 최대 힙 구현

그림 5.13은 배열(array)를 사용한 최대 힙의 구현을 보여준다. 만일 그림 5.13의 배열에서 i-번째 인덱스를 고려해 보면, 그것은 부모 노드는 $\left\lfloor \frac{(i-1)}{2} \right\rfloor$ 인덱스에 있고, 왼쪽 자식은 $(2 \times i+1)$ 인덱스에 있고, 그리고 오른쪽 자식은 $(2 \times i+2)$ 인덱스에 있다. 예를 들어 값 10은 배열의 3-번째 인덱스에 있고, 그것의 부모 노드인 15는 배열의 $\left\lfloor \frac{(3-1)}{2} \right\rfloor = 1$ 인덱스에 있고, 왼쪽 자식은 $(2 \times 3+1) = 7$ 인덱스에 있고, 그리고 오른쪽 자식은 $(2 \times 3+2) = 8$ 인덱스에 있다.

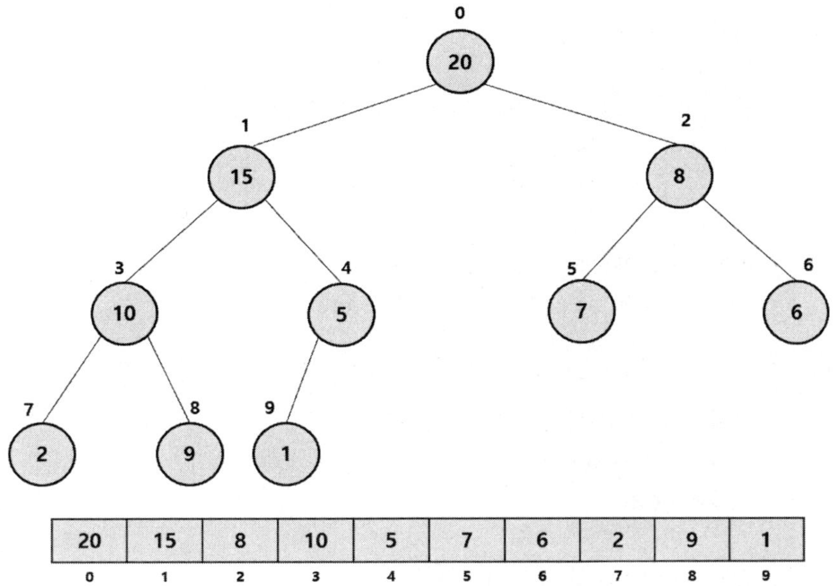

▌그림 5.13▐ 최대 힙의 예와 배열을 사용한 구현

최대 힙 생성 알고리즘의 구조는 다음과 같다.

알고리즘 5-2 최대 힙 생성 알고리즘

```
입력: 항목들의 리스트 arr, 힙 크기 n
출력: 최대 힙

buildHeap(arr, n)
단계 1 : 힙의 끝에 새로운 노드를 생성한다.
단계 2 : 그 노드에 새로운 값을 할당한다.
단계 3 : 이 자식 노드의 값과 부모 노드의 값을 비교한다.
단계 4 : 만일 부모의 값이 자식의 값 보다 작으면, 그것들을 서로 교환한다.
단계 5 : 힙 속성을 가질 때 까지 단계 3과 4를 반복한다.
```

그림 5.14는 리스트 자료구조를 사용하여 최대 힙을 구축하는 Python 프로그램과 실행 결과를 보여준다.

```
def heapify(arr, n, i):

    largest = i # largest를 루트로 초기화
    l = 2 * i + 1 # left = 2*i + 1
    r = 2 * i + 2 # right = 2*i + 2

    # 만일 왼쪽 자식이 루트 보다 크면
    if l < n and arr[l] > arr[largest]:
        largest = l

    # 만일 오른쪽 자식이 루트 보다 크면
    if r < n and arr[r] > arr[largest]:
        largest = r

    # 만일 largest가 루트가 아니면
    if largest != i:
        arr[i], arr[largest] = arr[largest], arr[i]
        # 영향을 받는 하위 트리를 재귀적으로 힙으로 만든다.
        heapify(arr, n, largest)

# 주어진 배열로부터 최대 힙 구축을 위한 함수
def buildHeap(arr, n):

    # 마지막 리프가 아닌 노드의 인덱스
    startIdx = n // 2 - 1

    # 마지막 리프가 아닌 노드로부터 역순회를 수행하고 각 노드를 힙으로 만든다.
    for i in range(startIdx, -1, -1):
        heapify(arr, n, i)

# 힙에서 특정 노드를 삭제하고 힙 순서 유지
def deleteNode(array, num):

    size = len(array)
    i = 0
    for i in range(0, size):
        if num == array[i]:
            break
```

```
    array[i], array[size-1] = array[size-1], array[i]
    array.remove(size-1)

    for i in range((len(array)//2)-1, -1, -1):
        heapify(array, len(array), i)

# 힙의 배열 표현을 출력
def printHeap(arr, n):

    print("힙의 배열 표현:")

    for i in range(n):
        print(arr[i], end = " ")
    print();

if __name__ == '__main__':

    arr = [ 1, 3, 5, 4, 6, 13, 10, 9, 8, 15, 17 ]
    n = len(arr)

    buildHeap(arr, n)
    printHeap(arr, n)
    deleteNode(arr, 10)
    printHeap(arr, n-1);
```

(a) 프로그램

```
Python 3.8.3 Shell
File Edit Shell Debug Options Window Help
Python 3.8.3 (tags/v3.8.3:6f8c832, May 13 2020, 22:37:02) [MSC v.1924 64 bit (AM
D64)] on win32
Type "help", "copyright", "credits" or "license()" for more information.
>>>
====================== RESTART: C:\Users\bae27\Heap1.py ======================
힙의 배열 표현:
17 15 13 9 6 5 10 4 8 3 1
힙의 배열 표현:
17 15 13 9 6 5 1 4 8 3
>>>
```

(b) 실행 결과

❙그림 5.14❙ 리스트를 사용한 최대 힙 구축의 예

(2) Heapq-힙 큐 알고리즘

Python에서 heapq 모듈을 이용하여 힙 자료구조를 사용할 수 있다. Heapq는 내장 모듈이므로 따로 설치가 필요하지 않고, 기본적으로 최소 힙 구조를 가지고 있다. 요소가 푸시 또는 팝 될 때마다 힙 구조는 유지된다. heap[0] 요소는 매번 가장 작은 요소를 반환한다. Heapq 클래스에서 제공하는 힙 상의 연산들은 같다.

- heapify(iterable): 이 함수는 iterable을 힙 데이터 구조로 변환하는데 사용된다.
- heappush(heap, ele): 이 함수는 매개변수에 언급된 요소를 힙에 삽입하는 데 사용된다. 순서는 조정되므로 힙 구조가 유지된다.
- heappop(heap): 이 함수는 힙 에서 가장 작은 요소를 제거하고 반환하는 데 사용된다.
- heappushpop(heap, ele): 이 함수는 푸시와 팝 연산의 기능을 하나의 문장으로 결합하여 효율성을 높인다. 이 연산 후에 힙 순서가 유지된다.
- heapreplace(heap, ele): 이 함수는 요소를 먼저 팝하고 요소를 푸시한다. 즉, 푸시 된 값보다 큰 값을 반환 할 수 있다. heappushpop()과 반대로 푸시된 요소에 관계없이 원래 가장 작은 값을 힙에서 반환한다.
- nlargest(k, iterable, key = fun): 이 함수는 iterable에서 k개의 가장 큰 요소를 반환한다. key가 제공되는 경우 iterable의 각 요소에서 비교키를 추출하는데 사용되는 하나의 인수 함수를 지정한다.
- nsmallest(k, iterable, key = fun): 이 함수는 iterable에서 k개의 가장 작은 요소를 반환한다. key가 제공되는 경우 iterable의 각 요소에서 비교키를 추출하는데 사용되는 하나의 인수 함수를 지정한다.

그림 5.15는 heapq 내장 모듈을 사용하여 최소 힙을 구축하는 Python 프로그램과 실행 결과를 보여준다.

```
import heapq as hq

heap = [78, 34, 78, 11, 45, 13, 99]
print("리스트(원시 힙): ", heap)

hq.heapify(heap)
print("힙 생성: ", heap)

hq.heappush(heap, 22)
print("힙에 항목 추가: ", heap)

out = hq.heappop(heap)
print("최솟값: ", out)
print("힙 출력: ", heap)
```

(a) 프로그램

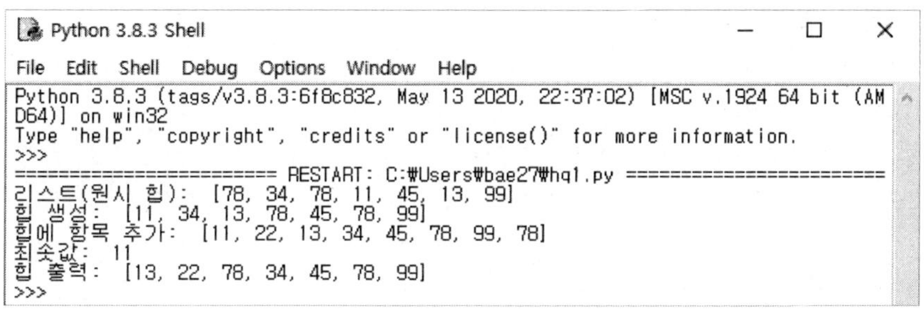

(b) 실행 결과

▌그림 5.15▐ Heapq 내장 모듈을 사용한 최소 힙 구축의 예

Python의 heapq 내장 모듈은 기본적으로 최소 힙을 구축한다. 그러나 각 값에 -1을 곱하여 최대 힙으로 사용할 수 있다. 그림 5.16은 heapq 내장 모듈을 사용하여 최대 힙을 구축하는 Python 프로그램과 실행 결과를 보여준다.

```
from heapq import heappop, heappush, heapify

# 빈 힙 생성
heap = []
heapify(heap)

# 항목에 -1을 곱하여 heappush 함수를 사용하여 힙에 항목을 추가
heappush(heap, -1 * 10)
heappush(heap, -1 * 30)
heappush(heap, -1 * 20)
heappush(heap, -1 * 40)
heappush(heap, -1 * 11)
heappush(heap, -1 * 99)

# 최대 항목의 값을 출력
print("힙의 최댓값 : "+str(-1 * heap[0]))

# 힙의 항목들을 출력
print("힙 항목들 : ")
for i in heap:
    print(-1 * i, end = ' ')
print("\n")

element = heappop(heap)

# 힙의 항목들을 출력
print("힙 항목들 : ")
for i in heap:
    print(-1 * i, end = ' ')
```

(a) 프로그램

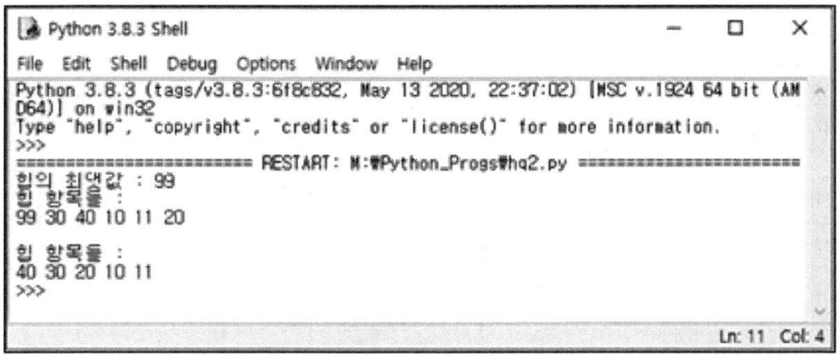

(b) 실행 결과

| 그림 5.16 | Heapq 내장 모듈을 사용한 최대 힙 구축 예

5-3 우선순위 큐

보통 큐와 마찬가지로 우선순위 큐(PQ: Priority Queue)는 전단(front)과 후단(rear)을 가지고, 항목들은 전단으로부터 제거된다. 그러나 PQ에서 항목들은 키 값에 의해 정렬되어진다. 항목들은 순서를 유지하기 위하여 적절한 위치에 삽입되어진다. PQ는 요소가 삽입되는 시점에 제공되는 관련된 키를 가지는 항목들의 컨테이너이다. 키들은 제거되어질 항목을 선택하기 위하여 사용되는 '우선순위'를 결정한다. 따라서 우선순위 큐는 다음 특성을 가진 큐의 확장이다.

- 모든 항목에는 관련 우선순위가 있다.
- 우선순위가 높은 항목이 우선순위가 낮은 항목보다 먼저 큐에서 제거된다.
- 두 항목의 우선순위가 같다면 대기열의 순서에 따라 서비스된다.
- 우선순위 큐는 항목을 PQ에 삽입하고, 제거하는 연산 등을 지원하다.
- insertItem(k, e): 키 k를 갖는 항목 e를 PQ에 삽입한다.
- removeItem(): PQ로부터 최소키 또는 최대키를 갖는 항목을 제거하고 반환한다.

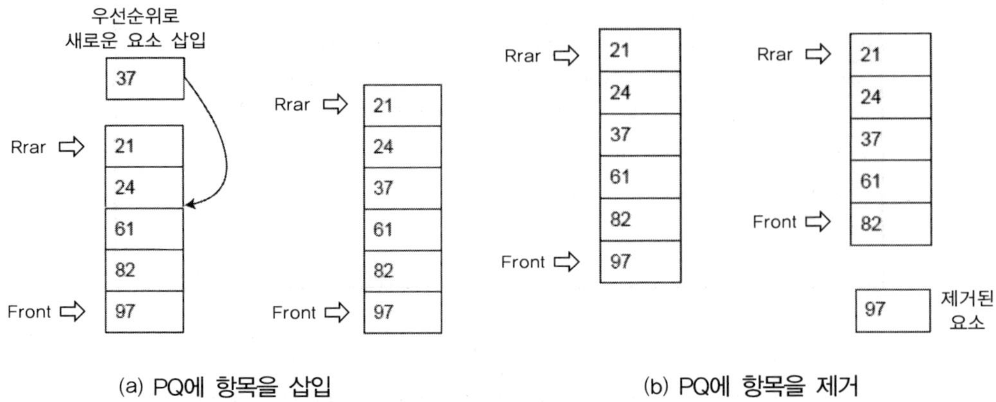

| 그림 5.17 | PQ에서 항목의 삽입과 제거 연산

(1) Python 큐를 사용한 우선순위 큐 구축

그림 5.18은 Python의 큐 자료구조를 사용하여 최댓값 우선순위 큐를 구축하는 프로그램과 실행 결과를 보여준다. 여기서 우선순위 큐 클래스 PriorityQueue(object)는 다음과 같은 메서드들을 포함한다.

- isEmpty(): PQ가 비어있는지 검사하는 함수
- insert(selfr data): PQ에 데이터를 삽입하는 함수
- delete(self): PQ로부터 우선순위에 기초하여 데이터를 제거하는 함수

```
# 우선순위 큐의 간단한 구현

class PriorityQueue(object):
    def __init__(self):
        self.queue = []

    def __str__(self):
        return ' '.join([str(i) for i in self.queue])

    # PQ가 공백인지 검사
    def isEmpty(self):
```

```
        return len(self.queue) == 0

    # PQ에 어떤 항목을 삽입
    def insert(self, data):
        self.queue.append(data)

    # PQ로부터 우선순위에 기초하여 어떤 항목을 꺼냄
    def delete(self):
        try:
            max = 0
            for i in range(len(self.queue)):
                if self.queue[i] > self.queue[max]:
                    max = i
            item = self.queue[max]
            del self.queue[max]
            return item
        except IndexError:
            print()
            exit()

if __name__ == '__main__':
    myQueue = PriorityQueue()
    myQueue.insert(12)
    myQueue.insert(1)
    myQueue.insert(14)
    myQueue.insert(7)
    print(myQueue)
    while not myQueue.isEmpty():
        print(myQueue.delete())
```

(a) 프로그램

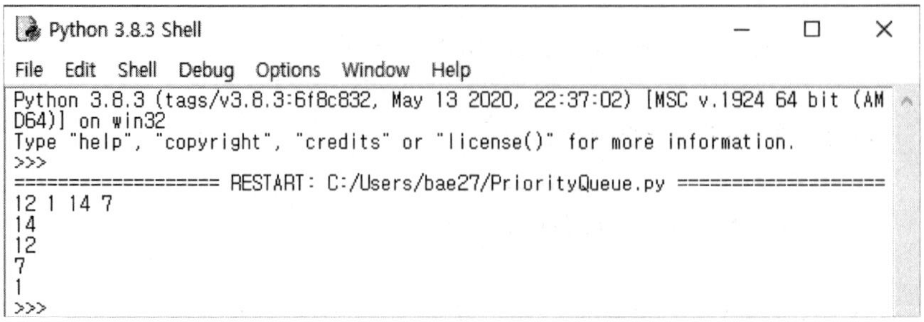

(b) 실행 결과

▌그림 5.18▐ Python 큐 자료구조를 사용한 우선순위 큐 구축의 예

(2) PriorityQueue 클래스를 사용한 우선순위 큐 구축

내장된 데이터 구조 또는 Python의 표준 라이브러리와 함께 제공되는 데이터 구조를 사용하여 Python에서 Priority Queue를 구현하는 방법에 대한 몇 가지 옵션: 정렬된 리스트를 사용하는 방법, heapq 모듈을 사용하는 방법, 그리고 queue.PriorityQueue 클래스를 사용하는 방법 등이 있다.

Python은 우선순위 큐 데이터 구조의 내장 모듈을 제공한다. queue.PriorityQueue 클래스는 항목의 순서를 유지해야 하므로 새 항목을 큐에 넣을 때마다 정렬 메커니즘이 필요하다. Python은 이진 힙을 사용하여 우선순위 큐를 구현하여 이 문제를 해결한다. 그리고 항목 삽입을 위하여 우선순위 큐는 put()를 사용하고, get()는 우선순위 큐로부터 최고 우선순위 항목을 제거한다. 그림 5.19는 우선순위 큐 자료구조를 위한 내장 모듈인 queue.PriorityQueue 클래스를 사용하여 우선순위 큐를 구축하는 Python 프로그램과 실행 결과를 보여준다.

```
from queue import PriorityQueue

q = PriorityQueue()

q.put((4, 'Study'))
q.put((2, 'Code'))
q.put((5, 'Program'))
q.put((1, 'Algorithm'))
```

```
q.put((3, 'Python'))

while not q.empty():
    next_item = q.get()
    print(next_item)
```

(a) 프로그램

```
Python 3.8.3 Shell
File Edit Shell Debug Options Window Help
Python 3.8.3 (tags/v3.8.3:6f8c832, May 13 2020, 22:37:02) [MSC v.1924 64 bit (AM
D64)] on win32
Type "help", "copyright", "credits" or "license()" for more information.
>>>
======================= RESTART: C:/Users/bae27/PQ2.py =======================
(1, 'Algorithm')
(2, 'Code')
(3, 'Python')
(4, 'Study')
(5, 'Program')
>>>
```

(b) 실행 결과

| 그림 5.19 | Python의 queue.PriorityQueue 내장 모듈을 사용한 우선순위 큐 구축의 예

5-4 집합

Python은 집합(sets)에 대한 자료 형을 포함한다. 집합은 중복 원소가 없고 비 순서화된 유일한 원소들의 모음이다. 순서가 없는 컬렉션이기 때문에 집합은 원소 위치나 삽입 순서를 기록하지 않는다. 따라서 집합은 인덱싱, 슬라이싱 또는 기타 시퀀스와 유사한 동작을 지원하지 않는다. Python에 정의된 모든 집합은 집합 클래스의 인스턴스이다. 리스트와 비교하여, 집합에 원소가 포함되는지 여부를 확인하기 위해 고도로 최적화된 방법을 가지기 때문에 집합이 유리하다. 기본 용도에는 멤버쉽 검사 및 중복 원소 제거가 포함된다. 집합 개체는 합집합, 교집합, 차집합 및 대칭차집합과 같은 수학 연산도 지원한다. Python에서 집합의 구문은 다음과 같이 중괄호로 작성되어진다.

```
some_set = {"item 1", "item 2", "item 3",....., "item n" }
```

Python의 집합에서 수행되는 연산들은 표 5-1과 같다.

표 5-1 Python의 집합 관련 연산들

메서드	설 명
A.union(B), A | B	집합 A와 B의 합집합을 반환한다.
A.intersection(B), A & B	집합 A와 B의 교집합을 반환한다.
A.difference(B), A - B	집합 A와 B의 차집합을 반환한다.
A.symmetric_difference(B) A ^ B	집합 A와 B의 대칭차집합(집합 A나 B에 속하지만 동시에 둘 다에 속하지 않는 요소들)을 반환한다.
A.issubset(B), A <= B	집합 A가 집합 B의 부분집합이면 참을 반환한다.
A.issuperset(B), A >= B	집합 B가 집합 A의 부분집합이면 참을 반환한다.
A < B	집합 A가 집합 B의 진부분집합(A <= B and A != B)이면 참을 반환한다.
A > B	집합 B가 집합 A의 진부분집합(A >= B and A != B)이면 참을 반환한다.

그림 5.20은 Python의 집합 클래스 인스턴스들을 생성하고, 집합 관련 다양한 연산들을 사용한 프로그램과 실행 결과를 보여준다.

```
numbers = {1, 2, 3, 4, 5, 6, 7, 8, 9, 10}
even = {2, 4, 6, 8, 10}
odd = {1, 3, 5, 7, 9}

print("숫자:", numbers)
print("짝수:", even)
print("홀수:", odd)

print("숫자 안에 1:", 1 in numbers)
print("짝수, 숫자의 부분 집합:", even.issubset(numbers))
print("숫자, 홀수의 상위 집합:", numbers.issuperset(odd))
print("짝수 | 홀수:", even | odd)
print("짝수 & 홀수:", even & odd)
print("수 - 짝수:", numbers - even)
```

(a) 프로그램

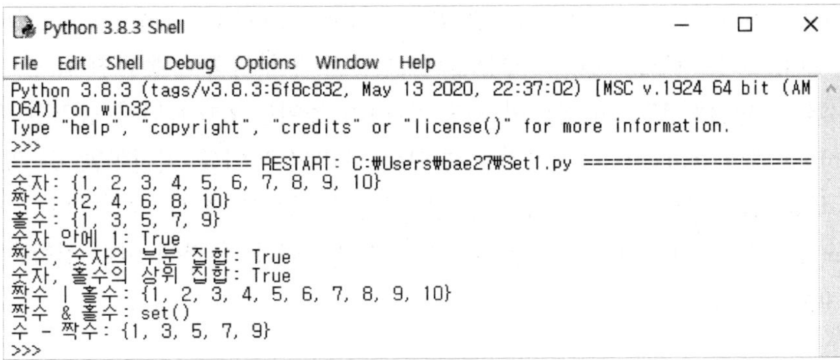

```
Python 3.8.3 Shell
File  Edit  Shell  Debug  Options  Window  Help
Python 3.8.3 (tags/v3.8.3:6f8c832, May 13 2020, 22:37:02) [MSC v.1924 64 bit (AM
D64)] on win32
Type "help", "copyright", "credits" or "license()" for more information.
>>>
======================= RESTART: C:\Users\bae27\Set1.py =======================
숫자: {1, 2, 3, 4, 5, 6, 7, 8, 9, 10}
짝수: {2, 4, 6, 8, 10}
홀수: {1, 3, 5, 7, 9}
숫자 안에 1: True
짝수, 숫자의 부분 집합: True
숫자, 홀수의 상위 집합: True
짝수 | 홀수: {1, 2, 3, 4, 5, 6, 7, 8, 9, 10}
짝수 & 홀수: set()
수 - 짝수: {1, 3, 5, 7, 9}
>>>
```

(b) 실행 결과

| 그림 5.20 | Python의 집합 관련 연산을 사용한 프로그램과 실행 결과

(1) 서로소 집합

서로소 집합(disjoint sets)은 공통 원소가 없는 두 집합이다. 서로소 집합 자료구조는 서로소 부분 집합들로 나눠진 원소들에 대한 정보를 저장하고 조작하는 자료구조이다.

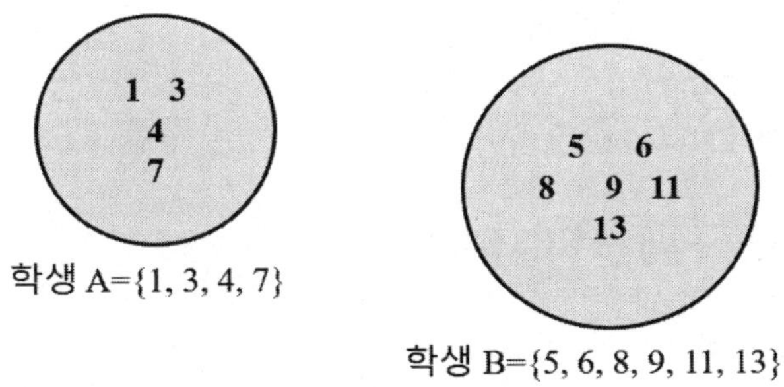

$$\boldsymbol{A} \cap \boldsymbol{B} = \emptyset$$

| 그림 5.21 | 서로소 집합의 예

서로소 집합 자료 구조는 다수의 유용한 연산을 제공한다. 다음과 같은 세 가지 연산들을 활용하여 많은 분할 문제들을 해결 할 수 있다.

- Find(x): 원소 x가 속한 집합을 반환한다.
- Union(x, y): 두 개의 집합 x와 y를 하나의 집합으로 합친다.
- MakeSet(x): 원소 x만을 가지는 집합을 만든다.

원소 x와 y가 속한 트리의 루트를 결정하기 위하여 Find()를 사용한다. 만일 그 루트들이 다르면, 그 트리들은 하나의 루트를 다른 루트에 부착하여 통합된다. 만일 항상 x를 y의 자식을 만들어 간단히 통합이 되면, 트리의 높이는 $O(n)$ 만큼 증가할 수 있다. 순위(rank)에 의한 Union()을 사용하여 통합된 트리의 높이를 최적화할 수 있다. 순위에 의한 Union()은 더 짧은 트리를 더 긴 트리의 루트에 항상 부착된다. 순위에 의한 Union()을 구현하기 위하여 각 원소는 순위와 관련된다. 초기에 어떤 집합은 하나의 원소와 0순위를 갖는다.

만일 두 개의 집합을 통합하고 트리 둘 다 같은 순위를 가진다면, 통합된 결과 집합의 순위는 하나 더 커진다. 트리 둘 다 다른 순위를 갖는다면, 두 개의 집합 중에 더 큰 순위가 통합된 결과 집합의 순위가 된다.

알고리즘 5-3 서로소 집합의 순위를 사용한 Union()의 알고리즘

```
입력: 서로소 집합 x, y
출력: 서로소 집합 x, y의 합집합

Union(x, y)
   xRoot = Find(x)
   yRoot = Find(y)

   // x와 y는 이미 동일한 집합이다.
   if xRoot == yRoot
       return

   // x와 y는 동일한 집합이 아니므로 통합한다.
   if xRoot.rank < yRoot.rank
      xRoot.parent = yRoot
   else if xRoot.rank > yRoot.rank
      yRoot.parent = xRoot
   else
      xRoot.parent = yRoot
      yRoot.rank   = yRoot.rank + 1
```

그림 5.22는 서로소 집합을 구축하는 과정을 보여주고, Union(2, 4), Union(5, 2), Union(3, 1), Union(2, 3), Union(2, 6)을 수행한다. 각 단계마다 하위 트리를 선택하여 상위 트리에 연결해야한다. 순위가 같은 트리가 두 개인 경우에만 결과 순위가 높아진다. 여기서 rank[i]는 루트가 i인 서브 트리의 높이를 나타낸다.

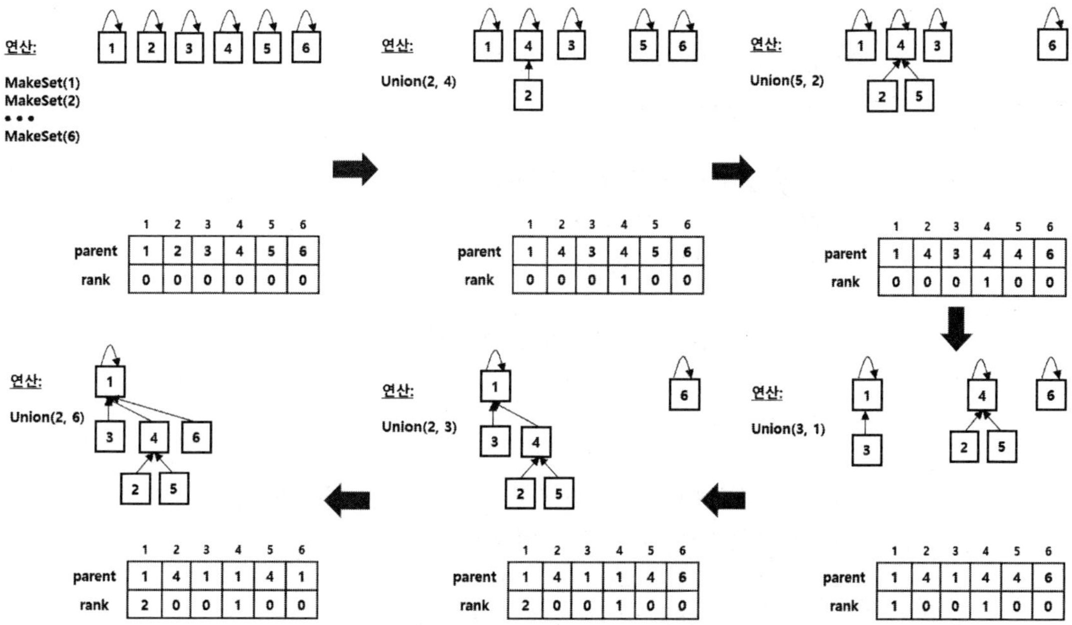

▌그림 5.22▐ 서로소 집합 클래스에서 순위를 사용한 Union()의 실행

그림 5.23은 리스트 자료구조를 사용하여 Fnd()와 Union() 메서드들을 갖는 서로소 집합 자료구조를 구축하는 Python 프로그램과 실행 결과를 보여준다.

```
# 서로소 집합 자료구조 구축을 위한 Python 프로그램

class DisjSet:
    def __init__(self, n):
        # n 원소들의 집합을 생성하고 초기화하는 생성자
        self.rank = [1] * n
        self.parent = [i for i in range(n)]
```

```
    # 주어진 원소 x의 집합을 찾는다.
    def Find(self, x):

        if (self.parent[x] != x):
            self.parent[x] = self.find(self.parent[x])
        return self.parent[x]

    # x와 y로 표현되는 3개의 집합을 합친다.
    def Union(self, x, y):

        # x와 y의 현재 집합을 찾는다.
        xset = self.find(x)
        yset = self.find(y)

        # 만일 그것들이 이미 동일한 집합이면
        if xset == yset:
            return

        # 만일 순위가 다르면 더 작은 순위를 갖는 항목을
        # 더 큰 순위를 갖는 항목 아래에 넣는다.
        if self.rank[xset] < self.rank[yset]:
            self.parent[xset] = yset

        elif self.rank[xset] > self.rank[yset]:
            self.parent[yset] = xset

        # 만일 순위가 같다면 y를 x 아래로 이동시킨다.
        else:
            self.parent[yset] = xset
            self.rank[xset] = self.rank[xset] + 1

obj = DisjSet(5)
obj.Union(0, 2)
obj.Union(4, 2)
obj.Union(3, 1)
```

```
DSi = obj.Find(0)
DSj = obj.Find(1)
DSk = obj.Find(4)
print('항목 0, 1, 4의 서로소 집합들: ', DSi, DSj, DSk)
print('\n')

if DSk == DSi:
    print('예')
else:
    print('아니오')
if DSj == DSk:
    print('예')
else:
    print('아니오')
```

(a) 프로그램

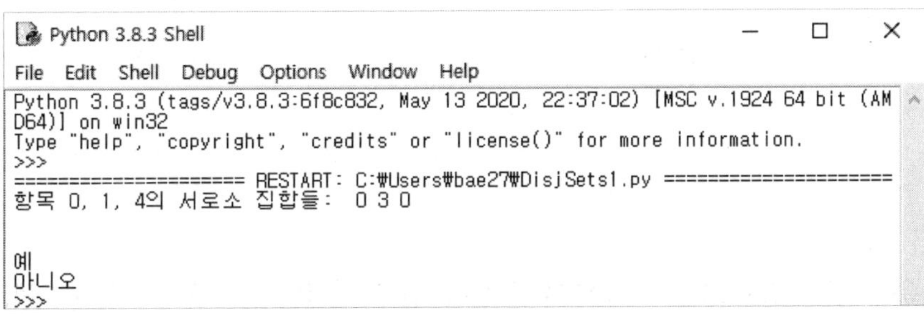

(b) 실행 결과

| 그림 5.23 | 리스트 자료구조를 사용한 서로소 집합 클래스 구축 예

연습문제

5.1 다음 이진 트리를 전위, 중위, 후위 순회할 때. 노드 방문 순서를 각각 쓰시오.

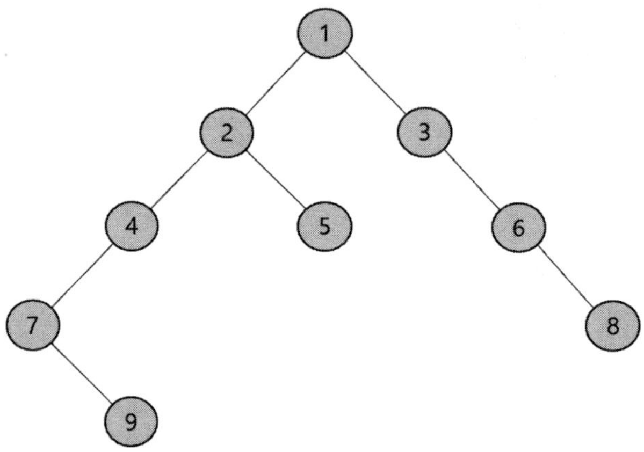

5.2 다음은 힙 자료구조를 사용하여 구현한 힙 정렬 Python 프로그램과 실행 결과이다. 다음 사항에 답하시오.

```
def heapify(arr, n, i):
    largest = i
    l = 2 * i + 1
    r = 2 * i + 2

    if l < n and arr[i] < arr[l]:
        largest = l

    if r < n and arr[largest] < arr[r]:
```

```
        largest = r

    if largest != i:
         arr[i],arr[largest] = arr[largest],arr[i]
           heapify(arr, n, largest)

def heapSort(arr):
    n = len(arr)

    for i in range(n // 2 - 1, -1, -1):
        heapify(arr, n, i)

    for i in range(n-1, 0, -1):
        arr[i], arr[0] = arr[0], arr[i]
        heapify(arr, i, 0)

arr = [ 12, 11, 13, 5, 6, 7]
heapSort(arr)
n = len(arr)
print ("정렬된 배열: ")
for i in range(n):
    print ("%d" %arr[i])
```

(a) 프로그램

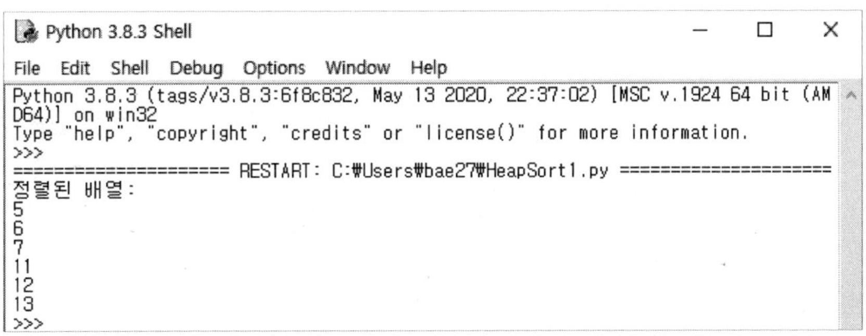

(b) 실행 결과

(1) 최소 힙을 만들고, 힙 정렬이 수행되는 과정을 보이시오.

(2) 상기 Python 프로그램을 heapq 모듈을 사용한 Python 힙 정렬 프로그램으로 변환하고, 그 실행 결과를 보이시오.

CHAPTER

재현식 (Recurrence Equations)

6-1 개요

재현식(재귀식, 점화식) 또는 재귀 관계는 재귀 및 초기값을 사용하여 일련의 값을 정의하는 방정식이다. 재현식은 선형 또는 비선형, 동질 또는 비동질일 수 있으며, 1차 또는 고차일 수도 있다. 이 장에서는 다양한 종류의 재현식을 해결하고, 점근적 한계를 찾고, 주어진 수열에 의해 만족되는 재귀 관계를 찾는다. 그리고 점근적 한계 계산을 위하여 사용되는 도사 정리에 대하여 설명한다.

분할정복법으로 설계된 재귀 알고리즘(recursive algorithms)의 시간 복잡도는 재현식으로 표현되어진다. 1장에서 알고리즘 1-2의 이분 검색의 최악 경우 시간 복잡도는 재현식으로 표현할 수 있다. 입력 크기가 n인 리스트 alist에서 키 x를 찾을 때 x와 중간 인덱스 값 alist[mid]와 한 번 비교하면, 가능 해 공간의 크기가 절반인 $\frac{n}{2}$으로 줄어든다. 따라서 이분 검색의 최악 경우 시간복잡도는 다음과 같은 재현식으로 표현할 수 있다.

$$W(n) = W\left(\frac{n}{2}\right) + 1$$

이와 같이 재현식으로 표현된 시간복잡도로부터 입력 크기 n에 대한 다항식(차수)을 찾는 것을 재귀적을 푼다고 한다.

6-2 지능적 추측

재귀 관계는 자신의 항으로 정의된 수식이다. 재현식이 좋은 이유는 다음과 같다.

- 많은 자연 함수들은 다음과 같이 재귀 관계로 표현되어진다.

$$a_n = a_{n-1} + 1,\, a_1 = 1 \rightarrow a_n = n \text{ (다항식)}$$

$$a_n = 2a_{n-1},\, a_1 = 1 \rightarrow a_n = 2^{n-1} \text{ (지수)}$$

$$a_n = n \times a_{n-1},\, a_1 = 1 \rightarrow a_n = n! \text{ (계승)}$$

- 계산 문제의 해답을 찾는 만큼 재귀 관계를 찾는 것은 쉽고, 재현식은 해결할 수 있다.

재귀는 수학적 귀납법이다. 귀납법은 재현식을 해결하는 유용한 도구를 제공하여 해결책을 추측하고 귀납법으로 증명한다. 지능적 추론은 일반적으로 아래의 4단계로 진행되어진다.

❶ 재현식의 몇 개의 초기값을 계산한다.

❷ 일반성을 찾는다.

❸ 적절한 일반적인 형식을 추측한다.

❹ 수학적 귀납법으로 증명한다.

예제 6-1 다음 재현식의 해를 구하시오.

$$T_n = 2 \times T_{n-1} + 1,\ T_0 = 0$$

먼저 n의 값에 따른 재현식의 값을 표로 만들고, 그리고 해가 $T_n = 2^n - 1$이라는 것을 추측한다.

n	0	1	2	3	4	5	6	7
T_n	0	1	3	7	15	31	63	127

귀납법으로 $T_n = 2^n - 1$을 증명한다.

❶ $T_0 = 2^0 - 1 = 0$이므로 참이다.

❷ $T_{n-1} = 2^{n-1} - 1$이 참이라 가정한다.

❸ $T_n = 2 \times T_{n-1} + 1 = 2 \times (2^{n-1} - 1) + 1 = 2^n - 1$이다.

따라서 $T_n = 2^n - 1$이 성립한다.

예제 6-2 다음 재현식의 해를 구하시오.

$$T(n) = \begin{cases} 0 & \mathrm{if}\, n = 0 \\ 3\,T\left(\frac{n}{2}\right) + n & otherwise \end{cases}$$

먼저 약간의 2의 거듭제곱에 대한 재현식의 값을 표로 만든다.

n	1	2	4	8	16	32
$T(n)$	1	5	19	65	211	665

첫 번째를 제외한 표에서 각 항은 이전 항으로부터 계산되어진다. 예를 들어, $T(16) = 3 \times T(8) + 16 = 3 \times 65 + 16 = 211$이다. 이 표의 순서에서는 분명한 패턴인 규칙성을 찾을 수 없다. $T(n)$의 값에 대한 더 많은 히스토리를 유지한다면 해결책이 나타날 것이다. $T(2) = 5$로 작성하는 대신에 $T(2) = 3 \times 1 + 2 = 5$로 작성하는 것이 더 유용하다. 그러면 $T(4) = 3 \times T(2) + 4 = 3 \times (3 \times 1 + 2) + 4 = 3^2 \times 1 + 3 \times 2 + 4$이다. n이 2의 거듭제곱인 경우에 이 방법을 계속 적용한다.

n	$T(n)$
$2^0 = 1$	1
2^1	$3 \times 1 + 2$
2^2	$3^2 \times 1 + 3 \times 2^2$
2^3	$3^2 \times 1 + 3^2 \times 2 + 3 \times 2^2 + 2^3$
2^4	$3^4 \times 1 + 3^3 \times 2 + 3^2 \times 2^2 + 3 \times 2^3 + 2^4$
2^5	$3^5 \times 1 + 3^4 \times 2 + 3^3 \times 2^2 + 3^2 \times 2^3 + 3 \times 2^4 + 2^5$

이제 패턴은 다음과 같이 정의할 수 있다.

$$
\begin{aligned}
T(2^k) &= 3^k 2^0 + 3^{k-1} 2^1 + \cdots + 3^1 2^{k-1} + 3^0 2^k \\
&= \sum_{i=0}^{k} 3^{k-i} 2^i = 3^k \sum_{i=0}^{k} \left(\frac{2}{3}\right)^i
\end{aligned}
$$

등비수열의 합에 의해 $T(n)$에 대한 패턴은 아래와 같이 구할 수 있다.

$$
\begin{aligned}
T(n = 2^k) &= \frac{3^k \times \left(1 - \left(\frac{2}{3}\right)^{k+1}\right)}{1 - \left(\frac{2}{3}\right)} \\
&= 3^{k+1} - 2^{k+1}
\end{aligned}
$$

$n = 2^k$이므로 $k = \lg n$이다. 따라서

$$T(n) = T(2^{\lg n}) = 3^{\lg n + 1} - 2^{\lg n + 1} = 3n^{\lg 3} - 2n$$

이다. n이 2의 거듭제곱일 때, 조건 점근적 기호를 사용하여 $T(n) \in \Theta(n^{\lg 3} \mid n\text{은 2의 거듭제곱이다})$라고 결론짓는다.

6-3 동질 1차 재현식(Homogeneous Linear Recurrence)

수열 $\{t_n\}$에 대해 $t_{n+2} = t_{n+1} + t_n$과 같은 형태를 일반화시킨 재현식이다. 여기서 a_i는 상수 계수를 나타낸다.

$$a_0 t_n + a_1 t_{n+1} + \cdots + a_k t_{n+k} = f(n)$$

$f(n) = 0$일 경우, 다음 형식의 재현식을 동질 1차(선형) 재현식이라 한다.

$$a_0 t_n + a_1 t_{n+1} + \cdots + a_k t_{n+k} = 0 \tag{6.1}$$

이 재현식은 $t_{n-i}t_{n-j}, t_{n-i}^2$ 형식의 항을 포함하지 않기 때문에 선형이고, t_{n-i}의 선형 조합이 0과 같기 때문에 동질이고, 그리고 a_i는 상수이기 때문에 상수 계수를 갖는다.

피보나치 수열을 위한 재현식의 예를 고려한다.

$$f_n = f_{n-1} + f_{n-2}$$

이 재현식은 식 (6.1)의 모양으로 쉽게 적합시킬 수 있다.

$$f_n - f_{n-1} - f_{n-2} = 0$$

따라서 이 피보나치 수열은 $k = 2. a_0 = 1, a_1 = a_2 = -1$과 같은 상수 계수를 갖는 동질 1차 재현식에 부합한다.

만일 f_n과 g_n이 식 (6.1)을 만족하면, $\sum_{i=0}^{k} a_i f_{n-i} = 0$이고 $\sum_{i=0}^{k} a_i g_{n-i} = 0$이다. 임의의 상수 c와 d에 대해 $t_n = cf_n + dg_n$이라 두면, t_n 역시 식 (6.1)의 해이다.

$$\begin{aligned}
& a_0 t_n + a_1 t_{n-1} + \cdots + a_k t_{n-k} \\
&= a_0(cf_n + dg_n) + a_1(cf_{n-1} + dg_{n-1}) + \cdots + a_k(cf_{n-k} + dg_{n-k}) \\
&= c(a_0 f_n + a_1 f_{n-1} + \cdots + a_k f_{n-k}) + d(a_0 g_n + a_1 g_{n-1} + \cdots + a_k g_{n-k}) \\
&= c \times 0 + d \times 0 \\
&= 0
\end{aligned}$$

이 규칙은 여러 해들의 선형 조합으로 일반화한다.

식 (6.1) 형태의 재현식을 해결하는 것은 $t_n = x^n$ 형태의 해를 찾는 것이다.

$$t_n = x^n$$

$$a_0 x^n + a_1 x^{n-1} + \cdots + a_k x^{n-k} = 0$$

$x = 0$이면, 이 수식은 만족된다. 그리고 이 수식을 저차 항으로 묶어내면 $x^{n-k}\left(a_0 x^k + a_1 x^{k-1} + \cdots + a_k\right) = 0$이 된다. 따라서 $a_0 x^k + a_1 x^{k-1} + \cdots + a_k = 0$이면, 이 수식은 만족된다. x에 대한 k차 수식을 재현식 (6.1)의 특성방정식이라 부르고, 다음 수식을 특성다항식이라 부른다.

$$p(x) = a_0 x^k + a_1 x^{k-1} + \cdots + a_k$$

k차 다항식 $p(x)$는 정확히 k 근들을 갖기 때문에 그것은 k 단항식들의 곱으로 인수분해될 수 있다. 여기서 r_i는 복소수일 수 있는 $p(x) = 0$의 해들이다.

$$p(x) = \prod_{i=1}^{k} (x - r_i)$$

보조정리 6-1

동질 1차 재현식, $a_0 t_n + a_1 t_{n-1} + \cdots + a_k t_{n-k} = 0$이라 두자. 만일 r_1이 특성방정식 $a_0 r^k + a_1 r^{k-1} + \cdots + a_k = 0$의 해이면, $t_n = r_1^n$은 그 재현식의 해이다.

증명:
$$\begin{aligned} & a_0 r_1^n + a_1 r_1^{n-1} + \cdots + a_k r_1^{n-k} \\ &= r_1^{n-k}\left(a_0 r_1^k + a_1 r_1^{k-1} + \cdots + a_k\right) \\ &= r_1^{n-k} \times 0 \\ &= 0 \end{aligned}$$

그러므로 r_1^n은 그 재현식의 해이다.

정리 6-1

동질 1차 재현식 $a_0x^n + a_1x^{n-1} + \cdots + a_kx^{n-k} = 0$에 대한 특성방정식은 $a_0x^k + a_1x^{k-1} + \cdots + a_k = 0$이고, 이 특성방정식이 k개의 서로 다른 해 $r_1, r_2, \cdots, r_k$를 가진다면, 이 재현식의 유일한 해는 $t_n = c_1r_1^n + c_2r_2^n + \cdots + c_kr_k^n$이다. 여기서 c_i 항은 임의의 상수이다.

예제 6-1 다음 재현식의 해를 구하시오.

$$t_n = \begin{cases} n & \text{if } n = 0 \text{ or } n = 1 \\ 5t_{n-1} - 6t_{n-2} & otherwise \end{cases}$$

풀이: $t_n = x^n$이라 두면,

$$t_n - 5t_{n-1} + 6t_{n-2} = x^n - 5x^{n-1} + 6x^{n-2} = 0$$

이다.

r이 $x^n - 5x^{n-1} + 6x^{n-2}$의 근이라면 $t_n = r^n$은 그 재현식의 해가 된다.

$$x^n - 5x^{n-1} + 6x^{n-2} = x^{n-2}(x^2 - 5x + 6) = 0$$

특성방정식, $x^2 - 5x + 6 = 0$의 해는 $x_1 = 2, x_2 = 3$이다.

따라서 재현식의 일반해는 다음과 같다.

$$t_n = 2^n, t_n = 3^n$$

2^n과 3^n이 재현식의 해가 맞는지 증명하기 위하여 재현식의 좌변을 2^n과 3^n으로 각각 치환하면

$$2^n - 5 \cdot 2^{n-1} + 6 \cdot 2^{n-2} = 2 \cdot 2^{n-1} - 5 \cdot 2^{n-1} + 3 \cdot 2^{n-1} = 0$$

이고,

$$3^n - 5 \cdot 3^{n-1} + 6 \cdot 3^{n-2} = 3 \cdot 3^{n-1} - 5 \cdot 3^{n-1} + 2 \cdot 3^{n-1} = 0$$

이다.

따라서 2^n과 3^n은 이 재현식의 해들 이다.

정리 6-1에 의해 $t_n = c_1 2^n + c_2 3^n$도 이 재현식의 해가 된다.

초기 전제조건을 적용하여 c_1과 c_2의 값을 결정한다.

$$t_0 = c_1 2^0 + c_2 3^0 = 0$$

$$t_1 = c_1 2^1 + c_2 3^1 = 1$$

상기 연립방정식을 풀면, $c_1 = -1, c_2 = 1$이므로 재현식의 일반해는

$$t_n = 3^n - 2^n$$

이다.

예제 6-2 다음 재현식을 푸시오.

$$a_n = \begin{cases} 2 & n = 0 \\ 3 & n = 1 \\ 7a_{n-1} - 10a_{n-2} & otherwise \end{cases}$$

풀이: $a_n = x^n$이라 두면,

$$a_n - 7a_{n-1} + 10a_{n-2} = 0$$

$$x^n - 7x^{n-1} + 10x^{n-2} = 0,$$

$$x^{n-2}(x^2 - 7x + 10) = 0$$

이다.

특성방정식은 $x^2 - 7x + 10 = 0$이고, x에 대해 풀면 $(x-2)(x-5) = 0$이므로 특성방정식의 해는 $x_1 = 2, x_2 = 5$이다.

그러므로 재현식의 해는 다음과 같은 형식을 가질 것이다.

$$a_n = c_1 2^n + c_2 5^n$$

c_1과 c_2를 결정하기 위하여 두 개의 미계수를 갖는 두 개의 방정식을 얻기 위하여 $n=0$과 $n=1$의 초기 전제조건을 사용한다.

$$c_1 2^0 + c_2 5^0 = 2$$

$$c_1 2^1 + c_2 5^1 = 3$$

이 연립방정식을 풀면, $c_1 = \frac{7}{3}$이고 $c_2 = -\frac{1}{3}$이다. 따라서 재현식의 일반해는 다음과 같다.

$$a_n = \frac{7}{3}2^n - \frac{1}{3}5^n$$

예제 6-3 피보나치 수열을 생성하는 재현식의 해를 구하시오.

$$f_n = \begin{cases} 0 & n=0 \\ 1 & n=1 \\ f_{n-1} + f_{n-2} & n>1 \end{cases}$$

풀이 : $f_n = x^n$이라 두면.

$$x^n - x^{n-1} - x^{n-2} = 0$$

$$x^{n-2}(x^2 - x - 1) = 0$$

특성방정식, $x^2 - x - 1 = 0$의 해는 $x_1 = \frac{1+\sqrt{5}}{2}$, $x_2 = \frac{1-\sqrt{5}}{2}$이다.

정리 6-1에 의해 재현식의 일반해는 다음과 같다.

$$f_n = c_1\left(\frac{1+\sqrt{5}}{2}\right)^n + c_2\left(\frac{1-\sqrt{5}}{2}\right)^n$$

$$n=0, f_0 = c_1 + c_2 = 0$$

$$n=1, f_1 = c_1\left(\frac{1+\sqrt{5}}{2}\right)+c_2\left(\frac{1-\sqrt{5}}{2}\right)=1$$

$$c_1 = \frac{1}{\sqrt{5}}, c_2 = -\frac{1}{\sqrt{5}}$$

따라서 $f_n = \frac{1}{\sqrt{5}}\left[\left(\frac{1+\sqrt{5}}{2}\right)^n - \left(\frac{1-\sqrt{5}}{2}\right)^n\right]$이다.

다른 해를 구하기 위하여 $p(x) = a_0x^k + a_1x^{k=1} + \cdots + a_k$를 재현식의 특성다항식이라 하고, r을 다중근(multiple root)이라 하자. 다중근의 정의에 의해 $p(x) = (x-r)^2q(x)$이다. 모든 $n \geq k$에 대해 n-차 다항식을 고려한다.

$$u_n(x) = a_0x^n + a_1x^{n-1} + \cdots + a_kx^{n-k}$$

$$v_n(x) = a_0nx^n + a_1(n-1)x^{n-1} + \cdots + a_k(n-k)x^{n-k}.$$

$$v_n(x) = x \cdot u'_n(x)$$

$$u_n(x) = x^{n-k}p(x) = x^{n-k}(x-r)^2q(x) = (x-r)^2\{x^{n-k}q(x)\}.$$

함수 곱 미분 계산 공식을 사용하여 x에 대한 $u_n(x)$의 미분은 다음과 같다.

$$u'_n(x) = 2(x-r)x^{n-k}q(x) + (x-r)^2[x^{n-k}q(x)]'.$$

그러므로 $u'_n(r) = 0$이고, 모든 $n \geq k$에 대해 $v_n(r) = r \cdot u'_n(r) = 0$를 내포한다.

따라서 $a_0nr^n + a_1(n-1)r^{n-1} + \cdots + a_k(n-k)r^{n-k} = 0$이다.

정리 6-2

r을 동질 1차 재현식에 대한 특성다항식의 근이 m 다중근이라고 하면, 다음 항들은 그 재현식에 대한 모든 별개 해들이다.

$$t_n = r^n, t_n = nr^n, t_n = n^2r^n, \cdots, t_n = n^{m-1}r^n$$

따라서 이 해들의 각 항들은 재현식의 일반해에 포함된다.

만일 $r_1, r_2, \cdots, r_l$ 이 특성다항식의 l개의 별개 근이고 그것들의 배수가 각각 $m_1, m_2, \cdots, m_l$ 이면, 식 (6.1)에 대한 일반해는 다음과 같다.

$$t_n = \sum_{i=1}^{l} \sum_{j=0}^{m_i - 1} c_{ij} n^j r_i^n$$

예제 6-4 다음 재현식의 해를 구하시오.

$$a_n = \begin{cases} 1 & n = 0 \\ 2 & n = 1 \\ 2a_{n-1} - a_{n-2} & n \geq 2 \end{cases}$$

풀이: $a_n - 2a_{n-1} + a_{n-2} = 0$이고 $a_n = x^n$이라 두면,

$$x^n - 2x^{n-1} + x^{n-2} = 0$$

이고

$$x^{n-2}(x^2 - 2x + 1) = 0$$

이다.

특성방정식 $x^2 - 2x + 1 = 0$의 해는 $(x-1)^2 = 0$이다.

정리 6-2를 이용하여 이 재현식의 일반해를 구한다.

$$a_n = c_1 n^0 1^n + c_2 n^1 1^n = c_1 + c_2 n.$$

상기 일반해에 초기 전제조건을 사용하여 일반해의 미계수 값을 구한다.

$$a_0 = c_1 + c_2 \cdot 0 = 1$$

$$a_1 = c_1 + c_2 \cdot 1 = 2$$

상기 연립방정식에 의해 $c_1 = 1, c_2 = 1$이므로 재현식의 일반해는 다음과 같다.

$$a_n = n + 1$$

예제 6-5 다음 재현식의 해를 구하시오.

$$t_n = 5t_{n-1} - 7t_{n-2} + 3t_{n-3} \; if \; n > 2$$

$$t_0 = 1, t_1 = 2, t_2 = 3$$

풀이: $t_n - 5t_{n-1} + 7t_{n-2} - 3t_{n-3} = 0$

$t_n = x^n$이라 두면,

$$x^n - 5x^{n-1} + 7x^{n-2} - 3x^{n-3} = 0$$

$$x^{n-3}(x^3 - 5x^2 + 7x - 3) = 0$$

특성방정식, $x^3 - 5x^2 + 7x - 3 = (x-3)(x-1)^2 = 0$

정리 6-2를 이용하여 이 재현식의 일반해를 구한다.

$$t_n = c_1 3^n + c_2 1^n + c_3 n 1^n$$

상기 일반해에 초기 전제조건을 적용하여 미계수의 값을 구한다.

$$t_0 = c_1 + c_2 = 1$$

$$t_1 = 3c_1 + c_2 + c_3 = 2$$

$$t_2 = 9c_1 + c_2 + 2c_3 = 3$$

상기 연립방정식에 의해 $c_1 = 0, c_2 = 1, c_3 = 1$이므로 재현식의 일반해는 다음과 같다.

$$t_n = n + 1$$

6-4 비동질 1차 재현식(Inhomogeneous Linear Recurrences)

재현식의 선형 조합이 0과 같지 않을 때 그 재현식은 동질이 아니다. 특히, 해들의 어떤 선형 조합이 해가 된다는 것이 더 이상 사실이 아니다. 다음 재현식을 고려한다.

$$a_0 t_n + a_1 t_{n-1} + \cdots + a_k t_{n-k} = b^n p(n) \qquad (6.2)$$

좌변은 앞에서 설명한 동질 1차 재현식과 같지만 우변은 지수 항으로 증가하는 기하 함수인 $b^n p(n)$을 가지고 있다. 여기서 b는 상수이고, $p(n)$은 차수 d의 n에 대한 다항식이다.

예제 6-6 다음 재현식의 해를 구하시오.

$$t_n - 3t_{n-1} = 4^n \ if\, n > 1$$

$$t_0 = 0$$

$$t_1 = 4$$

풀이: 재현식의 n을 $n-1$로 치환하여 우변이 4^{n-1}이 되게 한다.

$$t_{n-1} - 3t_{n-2} = 4^{n-1} \qquad (6.3)$$

재현식의 양변을 4로 나누어 재현식의 우변이 4^{n-1}이 되게 한다.

$$\frac{t_n}{4} - \frac{3t_{n-1}}{4} = 4^{n-1} \qquad (6.4)$$

식 (6.4) - 식 (6.3)을 하면

$$\frac{t_n}{4} - \frac{7t_{n-1}}{4} + 3t_{n-2} = 0$$

양변에 4를 곱하면

$$t_n - 7t_{n-1} + 12t_{n-2} = 0$$

이 방정식은 동질 1차 재현식이다. 따라서 정리 6.1을 사용하여 해를 구한다. 다음 특성 방정식을 풀어서 해를 구한다.

$$x^2 - 7x + 12 = (x-3)(x-4) = 0$$

다음과 같은 일반해를 구한다.

$$t_n = c_1 3^n + c_2 4^n$$

초기 전제조건을 사용하여 일반해의 미계수 값을 구한다.

$$t_0 = c_1 + c_2 = 0$$

$$t_1 = 3c_1 + 4c_2 = 4$$

상기 연립방정식에 의해 $c_1 = -4, c_2 = 4$이므로 일반해는 다음과 같다.

$$t_n = 4^{n+1} - 4(3^n)$$

정리 6-3

비동질 1차 재현식 (6.2)는 다음과 같은 특성방정식을 가진 동질 1차 재현식으로 변환할 수 있다.

$$\left(a_0 x^k + a_1 x^{k-1} + \cdots + a_k\right)(x-b)^{d+1} = 0$$

여기서 d는 $p(n)$의 차수이다.

예제 6-7 다음 재현식의 해를 구하시오.

$$a_n = \begin{cases} 1 & n = 0 \\ 2 & n = 1 \\ 2a_{n-1} - a_{n-2} + 2^n & n \geq 2 \end{cases}$$

풀이: 재현식은 다음과 같이 작성할 수 있다.

$$a_n - 2a_{n-1} + a_{n-2} = 2^n$$

좌변의 동질 1차 재현식에 대응하는 특성방정식은 다음과 같다.

$$x^2 - 2x + 1 = 0$$

우변의 비동질 부분은 $2^n = 2^n n^0$이므로 $b = 2, d = 0$이고, 대응하는 항은 $(x-2)$이다. 정리 6-3을 사용하여 비동질 1차 재현식의 특성방정식을 다음과 같이 구한다.

$$(x^2 - 2x + 1)(x-2) = 0$$
$$(x-1)^2(x-2) = 0$$

정리 6-1과 6-2를 사용하여 재현식의 일반해를 구한다.

$$a_n = c_1 1^n + c_2 n 1^n + c_3 2^n = c_1 + c_2 n + c_3 2^n$$

초기 전제조건을 사용하여 일반해의 미계수 값을 구한다.

$$a_0 = c_1 + c_3 = 1$$
$$a_1 = c_1 + c_2 + 2c_3 = 2$$
$$a_2 = c_1 + 2c_2 + 4c_3 = 7$$

상기 연립방정식에 의해 $c_1 = -3, c_2 = -3, c_3 = 4$이므로 재현식의 일반해는 다음과 같다.

$$a_n = -3 - 3n + 4 \cdot 2^n = 2^{n+2} - 3(n+1)$$

예제 6-8 다음 재현식의 해를 구하시오.

$$t_n = \begin{cases} 0 & n = 0 \\ t_{n-1} + n - 1 & n > 0 \end{cases}$$

풀이: 비동질 1차 재현식은 다음과 같이 쓸 수 있다.

$$t_n - t_{n-1} = n - 1$$

우변의 비동질 부분은 $(n-1) = 1^n(n-1)$이므로 $b = 1, d = 1$이다.

정리 6-3을 사용하여 비동질 1차 재현식의 특성방정식을 구하면 다음과 같다.

$$(x-1)(x-1)^2 = (x-1)^3 = 0$$

정리 6-2에 의해 재현식의 일반해는 다음과 같다.

$$t_n = c_1 1^n + c_2 n 1^n + c_3 n^2 1^n = c_1 + c_2 n + c_3 n^2$$

초기 전제조건을 사용하여 일반해의 미계수 값을 구한다.

$$t_0 = c_1 = 0$$

$$t_1 = c_1 + c_2 + c_3 = 0$$

$$t_2 = c_1 + 2c_2 + 4c_3 = 1$$

상기 연립방정식에 의해 $c_1 = 0, c_2 = -\frac{1}{2}, c_3 = \frac{1}{2}$이다.

따라서 재현식의 일반해는 다음과 같다.

$$t_n = -\frac{1}{2}n + \frac{1}{2}n^2 = \frac{n(n-1)}{2}.$$

6-5 변수 변경

재현식을 해결하는 방법에는 여러 가지가 있다. 이를 수행하는 한 가지 방법은 변수의 변경이다. 도메인 변환을 사용하여 재귀 관계 인수인 변수를 변경하여 복잡한 재현식을 해결할 수 있다.

예제 6-9 다음 재현식의 해를 구하시오.

$$T(n) = \begin{cases} 1 & n = 1 \\ T\left(\frac{n}{2}\right) + 1 & n > 1, n\text{은 2의 거듭제곱이다.} \end{cases}$$

풀이: $n = 2^k, k = lg\,n$이라 두고,

n을 2^k으로 치환하면 재현식은 다음과 같이 된다.

$$T(2^k) = T\left(\frac{2^k}{2}\right) + 1$$

$$= T(2^{k-1}) + 1$$

$t_k = T(2^k)$이라 두면.

$$t_k = t_{k-1} + 1$$

$$t_k - t_{k-1} = 1$$

특성방정식은 $(x-1)^2 = 0$이다.

따라서 일반해는 다음과 같다.

$$\begin{aligned} t_k &= c_1 1^k + c_2 k 1^k \\ &= c_1 + c_2 k \end{aligned}$$

$$T(2^k) = c_1 + c_2 k$$

$2^k = n, k = lg\,n$이므로 $T(n) = c_1 + c_2\,lg\,n$이다.

초기 전제조건으로부터 다음과 같은 연립방정식을 만든다.

$$c_1 + c_2\,lg\,1 = 1$$

$$c_1 + c_2\,lg\,2 = 2$$

이 방정식으로부터 일반해의 미계수 값을 계산하면, $c_1 = 1, c_2 = 1$이다.

따라서 재현식의 일반해는 다음과 같다.

$$T(n) = lg\,n + 1$$

예제 6-10 다음 재현식의 해를 구하시오.

$$T(n) = \begin{cases} 5 & n = 1 \\ 5\,T\left(\frac{n}{3}\right) + 5 & n = 3^k, k \geq 0 \end{cases}$$

풀이: $n = 3^k, k = log_3 n$이라 두고,

n을 3^k으로 치환하면 재현식은 다음과 같이 된다.

$$T(3^k) = 5T\left(\frac{3^k}{3}\right) + 5$$
$$= 5T(3^{k-1}) + 5$$

$t_k = T(3^k)$이라 두면.

$$t_k - 5t_{k-1} = 5 \text{ 이다.}$$

정리 6-3에 의해 특성방정식은 $(x-5)(x-1) = 0$이고,

정리 6-2에 의해 재현식의 일반해는 다음과 같다.

$$t_k = c_1 5^k + c_2 1^k$$
$$T(n) = c_1 5^{\log_3 n} + c_2$$

초기 전제조건으로부터 다음과 같은 연립방정식을 만든다.

$$T(1) = c_1 + c_2 = 5$$
$$T(3) = 5c_1 + c_2 = 30$$

이 방정식으로부터 일반해의 미계수 값을 계산하면, $c_1 = \frac{25}{4}, c_2 = -\frac{5}{4}$이다.

따라서 재현식의 일반해는 다음과 같다.

$$T(n) = \frac{25}{4} n^{\log_3 5} - \frac{5}{4}$$

예제 6-11 다음 재현식의 해를 구하시오.

$$T(n)=\begin{cases}0 & n=1\\ 4T\left(\frac{n}{2}\right)+n^2 & n\geq 2, n\text{은 2의 거듭제곱이다.}\end{cases}$$

풀이 : $n=2^k, k=lg\,n$이라 두고,

n을 2^k으로 치환하면 재현식은 다음과 같이 된다.

$$\begin{aligned}T(2^k)&=4T\left(\frac{2^k}{2}\right)+(2^k)^2\\&=4T(2^{k-1})+4^k\end{aligned}$$

$t_k = T(2^k)$이라 두면. $t_k - 4t_{k-1} = 4^k$이다.

정리 6-3에 의해 특성방정식은 $(x-4)^2=0$이고 일반해는 다음과 같다.

$$t_k = c_1 4^k + c_2 k 4^k$$

$T(n)$에 대한 재현식의 일반해는 다음과 같다.

$$T(n) = c_1 n^2 + c_2 n^2\,lg\,n$$

초기 전제조건으로부터 다음과 같은 연립방정식을 만든다.

$$\begin{aligned}T(1)&=c_1=0\\T(2)&=4c_1+4c_2=4\end{aligned}$$

이 방정식으로부터 일반해의 미계수 값을 계산하면, $c_1=0, c_2=1$이다.

따라서 재현식의 일반해는 다음과 같다.

$$T(n)=n^2\lg n$$

6-6 치환 방법

치환을 사용하여 재현식의 해를 구할 수 있다. 여기서 치환 방법은 반복 방법, 역 치환, 반복 치환으로도 알려져 있다. 치환은 귀납의 반대되는 개념이다. 즉, n에서 시작하여 역으로 치환을 진행한다. 이것은 초기 추측을 사용하여 일련의 문제에 대한 근사해를 개선하는 시퀀스를 생성하여 재귀 관계를 해결하는 기법과 절차이다.

예제 6-12 다음 재현식의 해를 구하시오.

$$T(n) = 2T\left(\frac{n}{2}\right) + 2$$

풀이: n 대신에 $n/2$를 대입하면,

1-번째 반복($k=1$), $T(n) = 2T\left(\frac{n}{2}\right) + 2$

$$= 2T\left(\frac{n}{2}\right) + 2 \cdot 1$$

2-번째 반복($k=2$), $T\left(\frac{n}{2}\right) = 2T\left(\frac{n}{4}\right) + 2$

$$T(n) = 2\left(2T\left(\frac{n}{4}\right) + 2\right) + 2$$

$$= 4T\left(\frac{n}{4}\right) + 4 + 2$$

$$= 4T\left(\frac{n}{4}\right) + 2(2+1)$$

3-번째 반복($k=3$), $T(n) = 4\left(2T\left(\frac{n}{8}\right) + 2\right) + 4 + 2$

$$= 8T\left(\frac{n}{8}\right) + 8 + 4 + 2$$

$$= 8T\left(\frac{n}{8}\right) + 2(4+2+1)$$

4-번째 반복($k=4$), $T(n) = 8\left(2T\left(\frac{n}{16}\right)+2\right)+8+4+2$

$$= 16T\left(\frac{n}{16}\right)+16+8+4+2$$

$$= 16T\left(\frac{n}{16}\right)+2(4+3+2+1)$$

5-번째 반복($k=5$), $T(n) = 16\left(2T\left(\frac{n}{32}\right)+2\right)+16+8+4+2$

$$= 32T\left(\frac{n}{32}\right)+32+16+8+4+2$$

$$= 32T\left(\frac{n}{32}\right)+2(16+8+4+2+1)$$

k에 대한 $T(n)$의 일반 형식은 다음과 같다.

$$T(n) = 2^k T\left(\frac{n}{2^k}\right)+2\left(\sum_{i=0}^{k-1} 2^i\right)$$

$\sum_{i=0}^{k-1} 2^i = 2^k - 1$이므로

$$T(n) = 2^k T\left(\frac{n}{2^k}\right)+2(2^k-1)$$

$$= 2^k T\left(\frac{n}{2^k}\right)+2^{k+1}-2$$

$T(1) = C$ 라면,

$T\left(\frac{n}{2^k}=1\right)= C$는 $\frac{n}{2^k}=1$을 내포하므로 $n=2^k, k=lg\,n$이다.

따라서 재현식의 일반해는 다음과 같다.

$$T(n) = nT(1)+2n-2$$

$$= Cn+2n-2$$

$$= n(C+2)-2$$

만일 $C = 0$이면 $T(n) = 2n - 2 = 2(n-1)$이다.

예제 6-13 다음 재현식의 해를 구하시오.

$$t_n = \begin{cases} 1 & n = 1 \\ t_{n-1} + n & n > 1 \end{cases}$$

풀이: $t_n = t_{n-1} + n$

$$t_{n-1} = t_{n-2} + (n-1)$$
$$t_{n-2} = t_{n-3} + (n-2)$$
$$\vdots$$
$$t_2 = t_1 + 2$$
$$t_1 = 1$$

각 식을 이전 식으로 치환하면 다음과 같다.

$$\begin{aligned} t_n &= t_{n-1} + n \\ &= t_{n-2} + (n-1) + n \\ &= t_{n-3} + (n-2) + (n-1) + n \\ &\quad \cdots \\ &= t_1 + 2 + 3 + \cdots + (n-2) + (n-1) + n \\ &= 1 + 2 + 3 + \cdots + (n-1) + n \\ &= \sum_{i=1}^{n} i = \frac{n(n+1)}{2} \end{aligned}$$

6-7 도사정리(Master Theorem)

이 장에서 특성방정식, 변수변경, 치환 방법들을 사용하여 다수의 재현식을 해결하였다. 그리고 $T(n) = aT\left(\frac{n}{b}\right) + n^c$ 형태의 다수의 재현식도 해결하였다. 재현식 $T(n) = aT\left(\frac{n}{b}\right) + n^c$에 대한 일반적인 해결책을 갖는 것이 좋다. 도사정리는 다음과 같은 형식의 재귀 관계를 해결하는 공식이다.

$$T(n) = aT\left(\frac{n}{b}\right) + n^c \quad a \ge 1, b \ge 1, c > 0$$

$$T(n) = \begin{cases} \Theta\left(n^{\log_b a}\right) & a > b^c \\ \Theta\left(n^c \log_b n\right) & a = b^c \\ \Theta\left(n^c\right) & a < b^c \end{cases}$$

예제 6-14 다음 재현식의 해를 도사정리로 구하시오.

$$T(n) = 8T\left(\frac{n}{4}\right) + 5n^2 \quad n > 1\text{이고}, n\text{은 } 4\text{의 거듭제곱이다.}$$
$$T(1) = 3$$

풀이 : 도사정리에 의해, $a = 8,\ b = 4,\ c = 2$이므로 $8 < 4^2$이다.

따라서 $T(n) \in \Theta\left(n^2\right)$이다.

예제 6-15 다음 재현식의 해를 도사정리로 구하시오.

$$T(n) = 5T\left(\frac{n}{2}\right) + n^2$$

풀이 : 도사정리에 의해, $a = 5,\ b = 2,\ c = 2$이므로 $5 > 2^2$이다.

따라서 $T(n) \in \Theta\left(n^{\lg 5}\right)$이다.

연습문제

6.1 다음 재현식의 해를 도사정리로 구하시오.

(1) $T(n) = 16T\left(\frac{n}{4}\right) + n$

(2) $T(n) = 4T\left(\frac{n}{2}\right) + n^2$

(3) $T(n) = 3T\left(\frac{n}{4}\right) + n\log n$

6.2 다음 재현식의 해를 구하시오.

(1) $a_n = 3a_{n-1} - 2a_{n-2} + 3; a_0 = a_1 = 1$

(2) $a_n = a_{n-1} + n(n-1); a_0 = 3$

(3) $a_n = \frac{a_{n-2}}{4}$ for $n \geq 2; a_0 = 4, a_1 = 1$

(4) $t(m) = \begin{cases} 0 & if\ m = 0 \\ 2t(m-1)+1 & otherwise \end{cases}$

(5) $T(n) = \begin{cases} 1 & n = 0 \\ 4 & n = 1 \\ 8\,T(n-1) - 15\,T(n-2) & n > 1 \end{cases}$

(6) $T(n) = \begin{cases} 2 & n = 1 \\ T\left(\frac{n}{2}\right) + 7n & n > 1 \end{cases}$

CHAPTER 07

분할정복법

7-1 개요

분해는 복잡한 문제를 쪼개서 해결 가능한 크기의 작은 문제들의 집합으로 바꾸는 기술이다. 작은 문제는 규모가 작고 이해하기 쉽기 때문에 쉽게 해결할 수 있다.

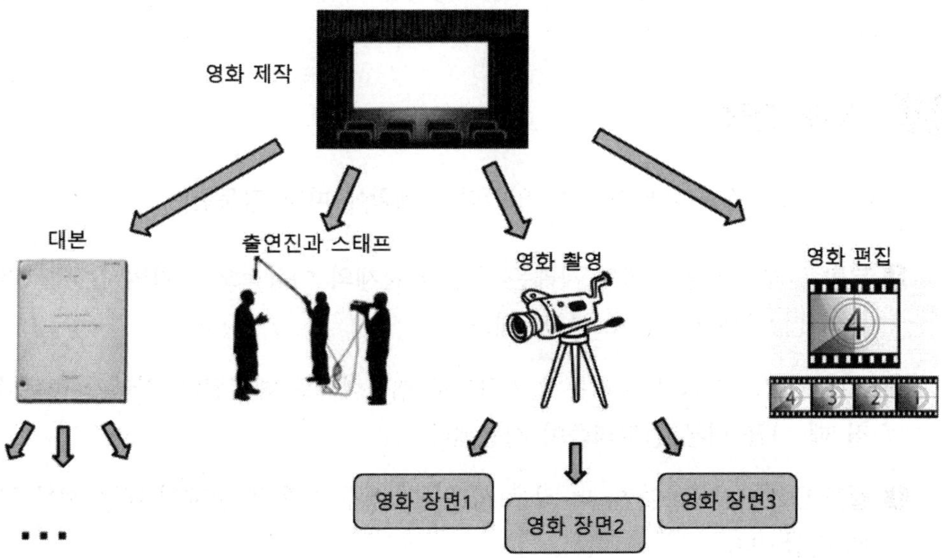

▌그림 7.1▐ 영화 제작 문제의 분해

분해의 비유로 영화 제작에 대해 생각해 보면, 영화를 제작하는 것을 그림 7.1과 같이 분류해 보면 매우 큰 문제라는 것을 알 수 있다. 큰 문제는 상단에 표시된다. 그 다음 네 개의 하위 문제로 분류된다. 우리는 모두를 즐겁게 해야 하므로 좋은 대본이 필요하고, 출연진과 스태프 문제를 해결해야 하고, 멋진 사운드 효과를 원하므로 영화를 편집해야 하고, 그리고 실제로 영상이 필요하므로 영화를 촬영해야 한다.

그러면 이러한 각 문제가 보다 다루기 쉬운 문제로 분류되어야 한다는 것을 알 수 있다. 여기서는 영화가 각 장면을 촬영하는 것으로 나누어진다. 각 작은 문제가 다른 작은 문제에 대한 해답과 어떻게 결합되어 전체 문제에 대한 해답을 구성하는지 확인할 수 있다.

분할정복법(Divide-and-Conquer method)은 복잡하고 큰 문제를 두 개 이상의 작은 문제들로 분해함으로서, 작은 문제의 해답을 먼저 얻고, 원래 문제의 해답을 작은 문제들의 해답들을 통합하여 구하는 방법이다. 분할된 작은 문제도 해답을 얻지 못할 정도로 크다면, 그 보다 더 작은 문제로 나눌 수 있다. 이렇게 문제를 나누는 과정은 해답을 바로 구할 수 있을 만큼 충분히 작아질 때 까지 계속된다.

분할정복법은 문제의 맨 상위 문제의 해답을 아래로 내려가면서 작은 문제에 대한 해답을 구함으로써 얻는 하향식(top-down) 접근 방식을 사용한다. 따라서 분할정복법 알고리즘을 개발할 때 하향식 접근 방식을 사용하는 재귀 프로시저를 일반적으로 사용한다.

7-2 설계 전략

분할정복 알고리즘은 다음과 같은 일반적인 계획에 따라 작동한다.

❶ **분할 단계**: 어떤 문제의 사례는 동일한 문제의 이상적으로 거의 같은 크기의 다수의 더 작은 사례들로 분할된다.

❶ **정복 단계**: 더 작은 사례는 일반적으로 재귀적으로 해결된다. 사례가 충분히 작아질 때 가끔 다른 알고리즘이 사용된다.

❶ **결합 단계**: 필요하다면, 더 작은 사례들의 해들은 원래 문제에 대한 해를 얻기 위해 결합된다.

분할정복 기법은 어떤 문제가 두 개의 더 작은 문제들로 나누어지는 경우, 지금까지 가장 널리 발생하는 사례를 표현한 그림 7.2로 설명되어진다.

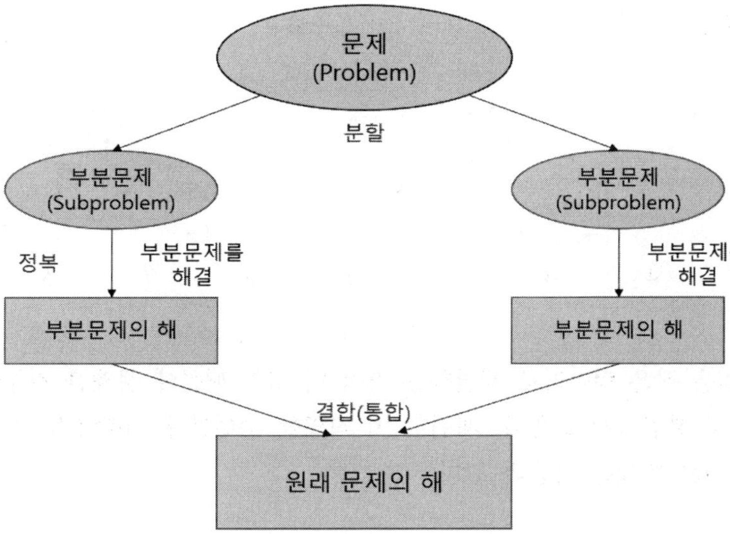

그림 7.2 일반적인 경우의 분할정복 기법

분할정복법은 큰 문제를 훨씬 쉽게 해결할 수 있는 많은 작은 문제들로 나눌 수 있다. 분할정복법의 간단한 예는 다음과 같다.

여덟 개의 숫자가 있다고 가정하고, 그것을 전부 합한 결과값을 구하고 싶다.

4 + 6 + 3 + 2 + 8 + 7 + 5 + 1

먼저 문제를 여덟 개의 동일한 하위 문제로 나눈다. 덧셈으로 개별 숫자들을 분할한다.

4 6 3 2 8 7 5 1

그리고 한 번에 두 개의 숫자를 더한다.

```
   10        5        15        7
   ↑+        ↑+       ↑+        ↑+
4     6   3     2   8     7   5     2
```

그런 다음, 여덟 개 숫자에 대한 결과인 네 개의 숫자를 더한다. 이런 방식으로 4단계를 처리하면 여덟 개 숫자를 더한 결과를 얻을 수 있다.

단계4(최종)					36 ↑+			
단계3			15 ↑+				21 ↑+	
단계2		10 ↑+		5 ↑+		15 ↑+		6 ↑+
단계1	4	6	3	2	8	7	5	1

분할정복법은 작은 덩어리로 해결하는 것이 더 쉽기 때문에 문제를 가능한 한 많은 작은 덩어리로 분할하려고 한다. 재귀로 이 작업을 수행한다. 분할정복 알고리즘을 위한 일반적인 기본 형태는 다음과 같다.

```
Function DC(x)
    if x is sufficiently small or simple then return adhoc(x);
    decompose x into smaller instances ;
    for i ← 1 to l do  y_i←DC(x_i);
    recombine the y_i's to obtain a solution y for x;
    return y;
```

여기서 $adhoc$은 임의의 문제를 해결할 수 있는 기본 하위 알고리즘이라 부르는 간단한 알고리즘이다. 작은 사례에서는 효율적이지만, 큰 사례의 성능에는 관여하지 않는다.

분할정복법이 가치가 있기 위하여 세 가지 조건이 만족해야한다. 재귀 호출을 만드는 것 보다 기본 하위 알고리즘을 사용할 시기에 대한 결정은 신중하게 이루어져야 하고, 사례를 부분사례로 분해하고 부분 해를 상당히 효율적으로 재결합 할 수 있어야 하고, 그리고 부분사례의 크기는 가능한 한 거의 같아야 한다.

크기 n의 어떤 사례는 크기 $\frac{n}{b}$의 a개의 사례들로 분할될 수 있다. 분석을 단순화하기 위하여 크기 n이 b의 거듭제곱이라 가정하면, 실행시간 $T(n)$을 위한 재현식은 다음과 같다.

$$T(n) = aT\left(\frac{n}{b}\right) + f(n) \qquad (7.1)$$

여기서 $f(n)$은 문제를 더 작은 문제들로 분할하고 그리고 그것들의 해들을 결합하는데 드는 시간을 설명하는 함수이다. 식 (7.1)을 일반적인 분할정복 재현식이라 한다. 그것의 해의 증가율 $T(n)$의 차수는 상수 a와 b의 값과 함수 $f(n)$의 증가율의 차수에 분명히 의존한다. 많은 분할정복 알고리즘들의 효율성 분석은 도사정리에 의해 매우 단순화된다.

7-3 계승 문제

수학에서, n!로 표시되는 음이 아닌 정수의 계승은 n 보다 작거나 같은 모든 양의 정수들의 곱이다. 예를 들어 $6! = 6 \times 5 \times 4 \times 3 \times 2 \times 1 = 720$이다. 따라서 계승은 단지 정수와 그 아래의 모든 정수의 곱이다.

양의 정수 n에 대해, n으로부터 시작하여 1씩 감소하는 수들의 곱을 $n! = n \times (n-1) \times (n-2) \times \cdots \times 2 \times 1$로 쓸 수 있다. 그러나 $(n-1) \times (n-2) \times \cdots \times 2 \times 1$은 $(n-1)!$로 쓸 수 있다. 따라서 $n! = n \times (n-1)!$이다. 모든 음이 아닌 정수 n에 대한 n!의 값을 계산하는 다른 사고는 알고리즘 7-1과 같다.

알고리즘 7-1 계승을 구하는 분할정복 알고리즘

```
입력: 음이 아닌 정수, n
출력: n의 계승, n!

factorial(n):
   if n < 2:
      return 1
   else:
      return n * factorial(n-1)
```

분할정복법으로 설계된 n의 계승, n!를 구하는 재귀 알고리즘의 기본 연산은 'n * factorial(n-1)'의 곱셈이다. 따라서 이 알고리즘의 성능, 모든 경우 시간 복잡도는 다음과 같다.

$$\begin{aligned} T(n) &= T(n-1)+1 \\ &= T(n-2)+1+1 \\ &= T(n-3)+1+1+1 \\ &\cdots \\ &= 1+1+1+\cdots+1 = n. \end{aligned}$$

$$T(n) = n.$$

7-4 빠른 정렬

정렬은 오름차순 또는 내림차순으로 요소들을 배열하는 프로세스이다. 정렬은 자료 탐색에 있어 필수적이다. 예를 들어, 입력으로 <5, 2, 4, 1, 3>과 같이 들어오게 된다면 오름차순으로 재배열을 시켜서 출력으로 <1, 2, 3, 4, 5> 값을 가지게 만들어주는 것이다.

빠른 정렬은 분할정복법을 이용하여 정렬을 수행하는 재귀적 알고리즘이다. 빠른 정렬은 배열을 분할할 때 어떤 기준 항목인 피벗(pivot) 보다 작은 항목들은 모두 피벗의 앞부분에 위치시키고, 그 기준 항목 보다 크거나 같은 항목들은 모두 피벗의 뒷부분에 위치시킨다. 항목이 하나뿐인 배열로 분할될 때 까지 이 과정을 반복한다. 그림 7.3은 빠른 정렬에서 분할 단계를 보여준다. 여기서 분할될 구역의 첫 번째 항목이 피벗이 된다고 가정한다.

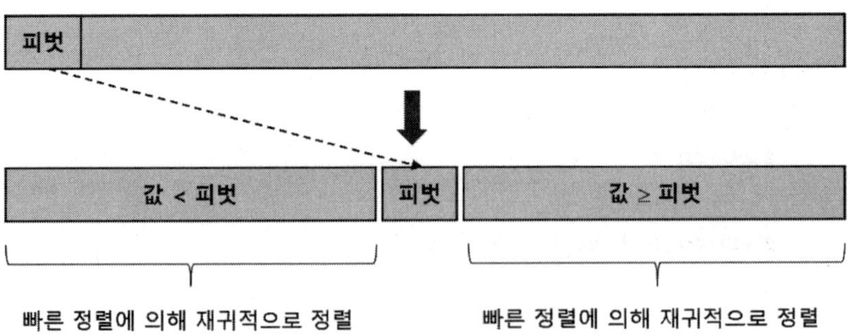

그림 7.3 빠른 정렬의 분할 단계

그림 7.4는 빠른 정렬이 실행되는 과정을 보여준다. 여기서 피벗은 배경색으로 표시되어있다.

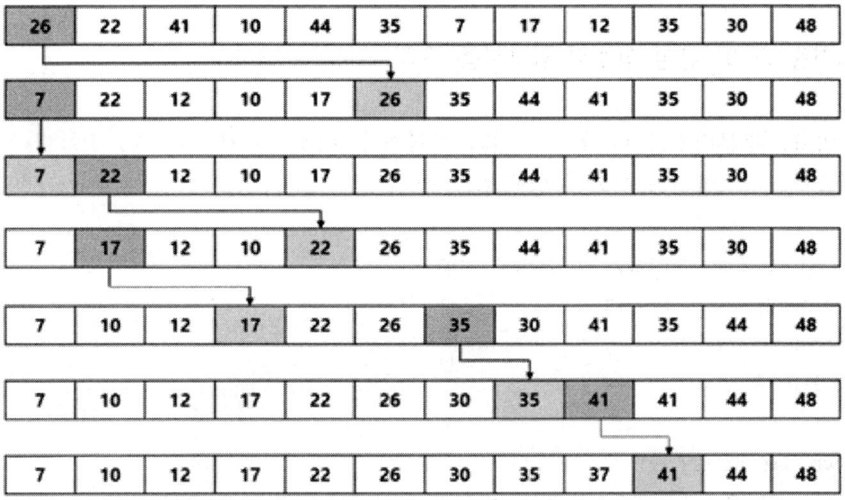

그림 7.4 빠른 정렬 알고리즘의 실행 과정

알고리즘 7-2는 비내림차순으로 n개의 키를 정렬하는 문제에 대한 빠른 정렬 알고리즘의 구조를 보여준다.

알고리즘 7-2 빠른 정렬 알고리즘

```
입력: 양의 정수 n, 키의 리스트 array
출력: 비내림차순으로 정렬된 키의 리스트 array

quick_sort(array, start, end):
    if start ≥ end:
        return

    p = partition(array, start, end)
    quick_sort(array, start, p-1)
    quick_sort(array, p+1, end)
```

리스트의 분할은 partition()에 의하여 수행되어진다. 알고리즘 7-3은 partition() 함수의 알고리즘 구조를 보여준다.

알고리즘 7-3 분할 함수의 알고리즘 구조

```
입력: 부분리스트 array, 2개의 인덱스 start, end
출력: 피벗을 기준으로 분할된 array

partition(array, start, end):
pivot = array[start]
low = start + 1
high = end

while True:
    while low ≤ high and array[high] ≥ pivot:
        high = high - 1
    while low ≤ high and array[low] < pivot:
        low = low + 1
    if low ≤ high:
        array[low], array[high] = array[high], array[low]
    else:
        print(array)
        print()
        break
array[start], array[high] = array[high], array[start]
return high
```

리스트에 있는 항목들을 정렬하는 Python으로 구현된 빠른 정렬 프로그램과 실행 결과는 그림 7.5와 같다.

```
def quick_sort(array, start, end):
    if start >= end:
        return

    p = partition(array, start, end)
    quick_sort(array, start, p-1)
    quick_sort(array, p+1, end)
```

```
def partition(array, start, end):
    pivot = array[start]
    low = start + 1
    high = end

    while True:
        while low <= high and array[high] >= pivot:
            high = high - 1

        while low <= high and array[low] < pivot:
            low = low + 1

        if low <= high:
            array[low], array[high] = array[high], array[low]
        else:
            print(array)
            print()
            break
    array[start], array[high] = array[high], array[start]

    return high

array                                                           =
[29,99,27,41,66,28,44,78,87,19,31,76,58,88,83,97,12,21,44]

quick_sort(array, 0, len(array) - 1)
print(array)
```

(a) 프로그램

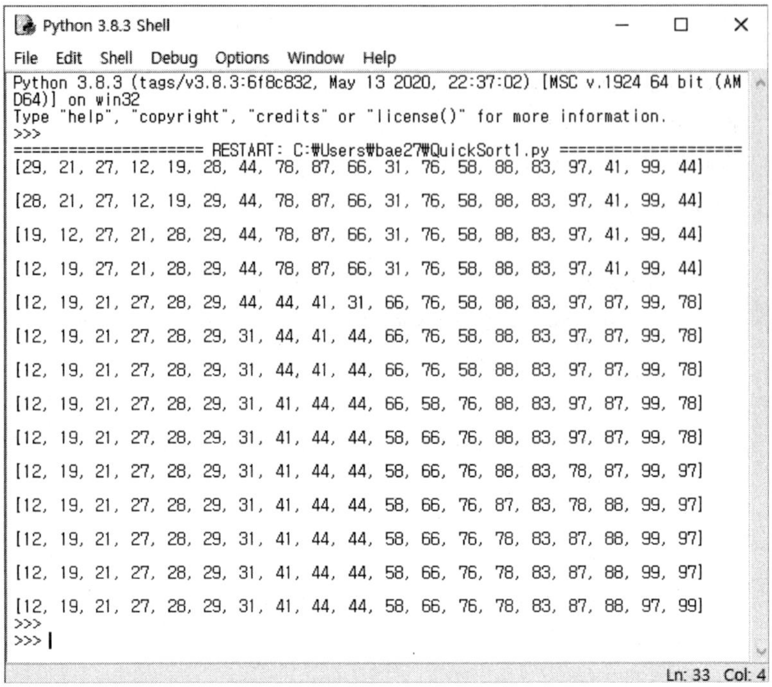

(b) 실행 결과

▌그림 7.5▐ 빠른 정렬 알고리즘의 Python 프로그램과 실행 결과

빠른 정렬 알고리즘의 성능을 분석하면 다음과 같다.

(1) 최악 경우 시간복잡도

빠른 정렬 알고리즘의 기본연산은 partition() 함수에서 리스트의 각 키와 피벗(x)을 비교하는 연산이다. 만일 리스트에 n 키들이 있다면, partition()은 n-1번 키 비교를 수행한다. 만일 피벗이 분할되어질 리스트에서 최소키이면, 분할 위치 값은 첫 번째 인덱스가 되고, 분할된 리스트를 피벗 보다 작은 키들의 빈 구역과 피벗 보다 큰 n-1개의 키들이 있는 구역으로 나누어진다. 만일 피벗이 분할되어질 리스트에서 최대키이면, 분할 위치 값은 마지막 인덱스가 되고, 분할된 리스트는 피벗이 리스트의 최소키인 경우와 마찬가지로 피벗 보다 큰 키들의 빈 구역과 피벗 보다 작은 n-1개 키들이 있는 구역으로 나누어진다. Partition()이 호출될 때 마다 피벗이 최소키(최대키)인 경우에 빠른 정렬 알고리즘의 성능은 최악이 된다. 그림 7.6은 빠른 정렬에서 partition()에 의한 최악 분할의 경우를 보여준다. 여기서 p는 분할 위치(partition point)를 나타낸다.

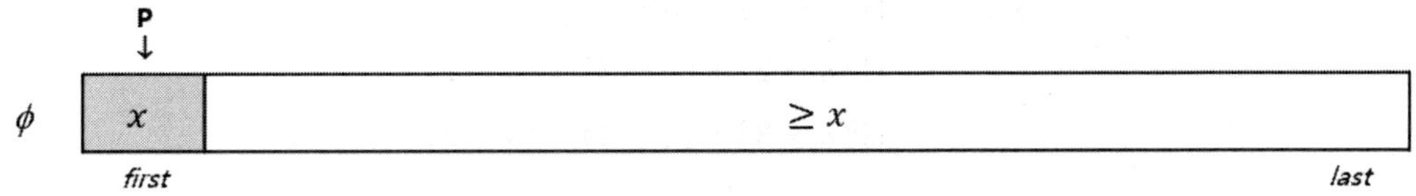

(a) 피벗이 최솟값인 경우

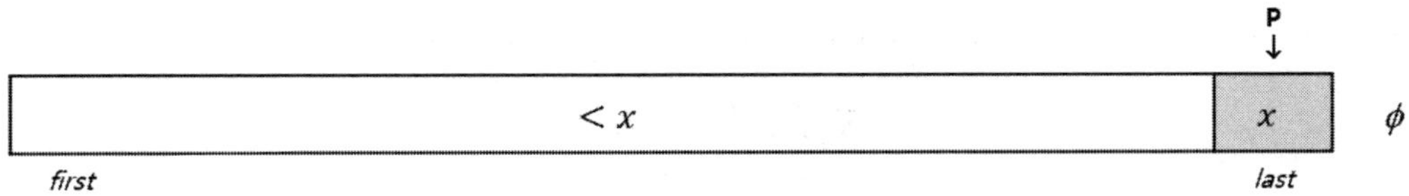

(b) 피벗이 최댓값인 경우

▌그림 7.6▐ 빠른 정렬의 Partition()에 의한 최악 경우 분할

따라서 식 (7.1)에 의해 빠른 정렬의 최악 경우 시간복잡도는 다음과 같다.

$$\begin{aligned} W(n) &= W(0) + W(n-1) + (n-1) \\ &= W(n-1) + (n-1). \end{aligned}$$

$$W(0) = 0.$$

$$\begin{aligned} W(n) &= W(0) + W(n-1) + (n-1) \\ &= W(n-1) + (n-1). \end{aligned}$$

$$W(0) = 0.$$

이 재현식은 6장의 비동질 1차 재현식의 예제 6-8에서 이미 풀었다. 여기서는 치환을 사용하여 이 재현식을 풀면 다음과 같다.

$$\begin{aligned} W(n) &= W(n-1) + (n-1) \\ W(n-1) &= W(n-2) + (n-2) \\ &\vdots \\ W(2) &= W(1) + 1 \\ W(1) &= W(0) + 1 = 1. \end{aligned}$$

각 식을 이전 식으로 치환하면 다음과 같다.

$$
\begin{aligned}
W(n) &= W(n-1)+(n-1) \\
&= W(n-2)+(n-2)+(n-1) \\
&= W(n-3)+(n-3)+(n-2)+(n-1) \\
&\quad \vdots \\
&= W(1)+2+3+\cdots+(n-2)+(n-1) \\
&= 1+2+3+\cdots+(n-2)+(n-1) \\
&= \sum_{i=1}^{n-1} i = \frac{n(n-1)}{2}.
\end{aligned}
$$

(2) 평균 경우 시간복잡도

리스트의 키들은 별개이고 그 키들의 모든 순열은 같은 가능성이 있다고 가정한다. n을 정렬될 리스트 구역 내의 키의 개수라 하고, $A(n)$을 n 크기의 리스트에 대해 수행되는 키 비교 횟수라 한다. 그리고 partition()이 실행될 때 x가 이 서브리스트에서 i번째 위치에 놓인다고 가정한다. Partition()은 $(n-1)$번 키 비교를 수행하고, 그리고 다음에 정렬될 서브리스트들은 $(i-1)$ 키들과 $(n-i)$ 키들을 각각 가지고 있다(그림 7.7).

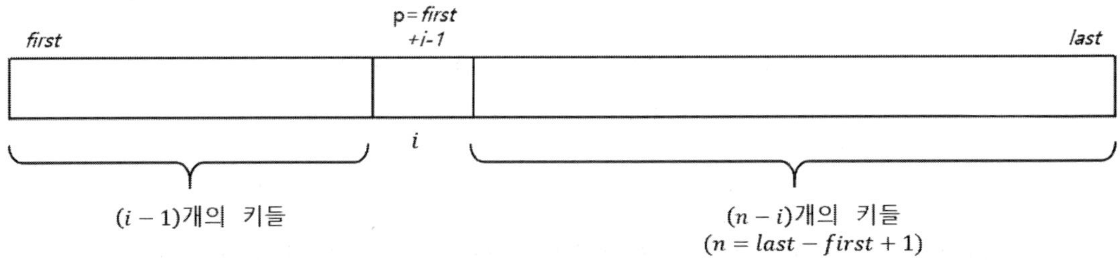

▌그림 7.7▐ 분할 위치에 따른 서브리스트의 키 개수

분할 위치 p에 대한 각 가능 위치는 동일한 확률 $\frac{1}{n}$을 가진다. 그래서 빠른 정렬의 평균 성능에 대한 재현식은 다음과 같다.

$$A(n) = \sum_{p=1}^{n} \frac{1}{n}[A(p-1)+A(n-p)]+(n-1), \quad n \ge 2 \tag{7.2}$$

$$A(1) = A(0) = 0.$$

$\sum_{p=1}^{n}[A(p-1)+A(n-p)]=2\sum_{p=1}^{n}A(p-1)$ 이다.

따라서 이 식을 식 (7.2)에 대입하면,

$$A(n)=\frac{2}{n}\sum_{p=1}^{n}A(p-1)+(n-1)$$

이다.

양변에 n을 곱하면 다음과 같다.

$$nA(n)=2\sum_{p=1}^{n}A(p-1)+n(n-1) \tag{7.3}$$

식 (7.3)에서 n을 $(n-1)$로 대치하면 다음과 같다.

$$(n-1)A(n-1)=2\sum_{p=1}^{n-1}A(p-1)+(n-1)(n-2) \tag{7.4}$$

식 (7.3)에서 식 (7.4)를 빼면,

$$nA(n)-(n-1)A(n-1)=2A(n-1)+2(n-1)$$

이다.

$$\frac{A(n)}{n+1}=\frac{A(n-1)}{n}+\frac{2(n-1)}{n(n+1)}.$$

$a_n=\dfrac{A(n)}{n+1}$이라 두면 다음과 같은 재현식을 얻을 수 있다.

$$a_n=a_{n-1}+\frac{2(n-1)}{n(n+1)},\quad n>0$$

$$a_0=0.$$

$$a_n\approx a_{n-1}+\frac{2}{n},\quad n\geq 1$$

$$a_1=0.$$

$$
\begin{aligned}
a_n &\approx a_{n-1} + \frac{2}{n} \\
&= a_{n-2} + \frac{2}{n-1} + \frac{2}{n} \\
&= a_{n-3} + \frac{2}{n-2} + \frac{2}{n-1} + \frac{2}{n} \\
&\quad \vdots \\
&= a_1 + \frac{2}{2} + \frac{2}{3} + \cdots + \frac{2}{n-1} + \frac{2}{n} \\
&= 0 + \frac{2}{2} + \frac{2}{3} + \cdots + \frac{2}{n-1} + \frac{2}{n} \\
&= 2\sum_{i=2}^{n} \frac{1}{i} \approx 2\,ln\,n.
\end{aligned}
$$

$A(n) = (n+1)a_n$이므로 $A(n)$은 다음과 같다.

$$
\begin{aligned}
A(n) &\approx (n+1)\,2\,ln\,n = (n+1)\,2\,(ln\,2)(lg\,n) \\
&\approx 1.39(n+1)\,lg\,n \in \Theta(n\,lg\,n).
\end{aligned}
$$

7-5 합병 정렬

빠른 정렬처럼 합병 정렬도 분할 정복(divide-and-conquer) 기법을 사용하는 재귀 알고리즘이다. 합병 정렬에서 분할 정복 전략을 사용하는 방법은 빠른 정렬에서 사용하는 방법과는 약간 다르다. 빠른 정렬은 모든 작업은 분할 단계에서 일어나고, 결합 단계에서 아무것도 하지 않는다. 합병 정렬은 반대로 분할 단계에서 거의 아무 것도 하지 않고, 모든 작업은 결합 단계에서 일어난다.

합병 정렬은 입력을 재귀적으로 이등분한다. 각 단계에서 데이터는 이등분된다. 이등분된 부분들은 별개로 정렬되고, 이미 정렬된 결과들은 최종 정렬된 출력으로 마지막에 통합한다(그림 7.8).

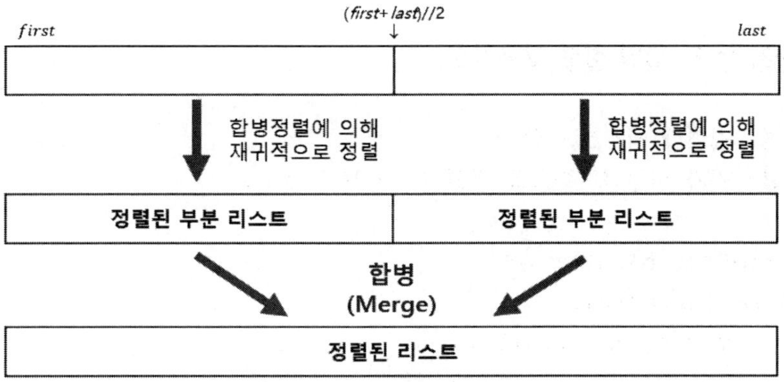

그림 7.8 합병 정렬의 실행 전략

그림 7.9는 합병 정렬이 실행되는 과정을 보여준다.

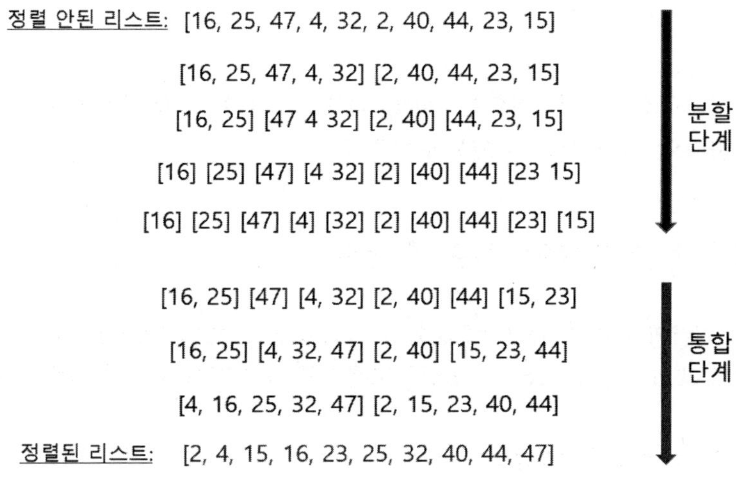

그림 7.9 합병 정렬 알고리즘의 실행 과정

알고리즘 7-4는 비내림차순으로 n개의 키를 정렬하는 문제에 대한 합병 정렬 알고리즘의 구조를 보여준다.

알고리즘 7-4 합병 정렬 알고리즘

입력: 정렬할 리스트, nlist
출력: 키가 비내림차순으로 정렬된 리스트 nlist

```
mergeSort(nlist):
if len(nlist)>1:
    mid = len(nlist)//2
    leftList = nlist[:mid]
    rightList = nlist[mid:]

    mergeSort(leftList)
    mergeSort(rightList)
    merge(nlist, leftList, rightList)
```

정렬된 서브리스트들의 병합은 merge()에 의하여 수행되어진다. 알고리즘 7-5는 merge() 함수의 알고리즘 구조를 보여준다.

알고리즘 7-5 합병 함수의 알고리즘 구조

입력: 정렬된 리스트 leftList와 rightList, 키의 리스트 nlist
출력: leftList와 rightList의 모든 키들을 포함하여 통합 정렬된 리스트 nlist

```
merge(nlist, leftList, rightList):
i=j=k=0
while i < len(leftList) and j < len(rightList):
    if leftList[i] < rightList[j]:
        nlist[k]=leftList[i]
        i=i+1
    else:
        nlist[k]=rightList[j]
        j=j+1
    k=k+1
```

```
while i < len(leftList):
    nlist[k]=leftList[i]
    i=i+1
    k=k+1

while j < len(rightList):
    nlist[k]=rightList[j]
    j=j+1
    k=k+1
```

리스트에 있는 항목들을 정렬하는 Python으로 구현된 합병 정렬 프로그램과 실행 결과는 그림 7.10과 같다.

```
def mergeSort(nlist):
    print("분할 => ",nlist)
    if len(nlist)>1:
        mid = len(nlist)//2
        leftList = nlist[:mid]
        rightList = nlist[mid:]

        mergeSort(leftList)
        mergeSort(rightList)
        merge(nlist, leftList, rightList)

def merge(nlist, leftList, rightList):
        i=j=k=0
        while i < len(leftList) and j < len(rightList):
            if leftList[i] < rightList[j]:
                nlist[k]=leftList[i]
                i=i+1
            else:
                nlist[k]=rightList[j]
                j=j+1
            k=k+1
```

```
        while i < len(leftList):
            nlist[k]=leftList[i]
            i=i+1
            k=k+1

        while j < len(rightList):
            nlist[k]=rightList[j]
            j=j+1
            k=k+1
        print("합병 => ",nlist)

nlist = [14,46,43,27,57,41,45,21,70]
mergeSort(nlist)
print(nlist)
```

(a) 프로그램

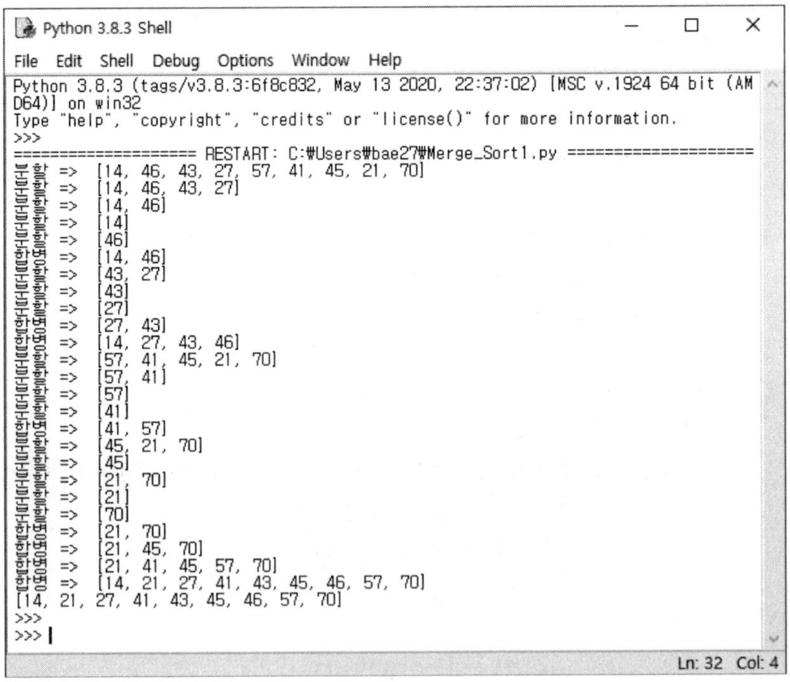

```
Python 3.8.3 (tags/v3.8.3:6f8c832, May 13 2020, 22:37:02) [MSC v.1924 64 bit (AMD64)] on win32
Type "help", "copyright", "credits" or "license()" for more information.
>>>
==================== RESTART: C:\Users\bae27\Merge_Sort1.py ====================
분할 =>  [14, 46, 43, 27, 57, 41, 45, 21, 70]
분할 =>  [14, 46, 43, 27]
분할 =>  [14, 46]
분할 =>  [14]
분할 =>  [46]
합병 =>  [14, 46]
분할 =>  [43, 27]
분할 =>  [43]
분할 =>  [27]
합병 =>  [27, 43]
합병 =>  [14, 27, 43, 46]
분할 =>  [57, 41, 45, 21, 70]
분할 =>  [57, 41]
분할 =>  [57]
분할 =>  [41]
합병 =>  [41, 57]
분할 =>  [45, 21, 70]
분할 =>  [45]
분할 =>  [21, 70]
분할 =>  [21]
분할 =>  [70]
합병 =>  [21, 70]
합병 =>  [21, 45, 70]
합병 =>  [21, 41, 45, 57, 70]
합병 =>  [14, 21, 27, 41, 43, 45, 46, 57, 70]
[14, 21, 27, 41, 43, 45, 46, 57, 70]
>>>
>>>
```

(b) 실행 결과

┃그림 7.10┃ 합병 정렬 알고리즘의 Python 프로그램과 실행 결과

(1) 최악 경우 시간복잡도

합병 정렬 알고리즘의 기본연산은 merge() 프로시저에서 leftList[i]와 rightList[j]를 비교하는 연산이다. 두 입력 리스트 항목의 수를 h와 m이라 가정하면, 인덱스 i는 루프를 빠져나가는 h에 도달한 반면, 다른 인덱스 j는 $m-1$에 도달하여 루프를 빠져나갈 때가 최악 경우이다. 따라서 이 경우의 비교횟수는 다음과 같다.

$$W(h, m) = h + m - 1$$

전체 리스트의 크기가 n이면 합병할 부분리스트의 크기는 $\frac{n}{2}$이고, Merge()의 최악 경우 시간 복잡도는 다음과 같다.

$$\begin{aligned} W\left(\frac{n}{2}, \frac{n}{2}\right) &= \frac{n}{2} + \frac{n}{2} - 1 \\ &= n - 1. \end{aligned}$$

합병 정렬의 최악 경우 시간복잡도, $W(n)$은 다음과 같다.

$$\begin{aligned} W(n) &= W\left(\frac{n}{2}\right) + W\left(\frac{n}{2}\right) + (n-1) \\ &= 2W\left(\frac{n}{2}\right) + (n-1). \end{aligned}$$

따라서 다음과 같은 재현식을 얻는다.

$$W(n) = \begin{cases} 0 & n = 1 \\ 2W\left(\frac{n}{2}\right) + (n-1) & n > 1 \end{cases}$$

이고, n은 2의 거듭제곱이다.

$n = 2^k$이라 두면, 재현식은 다음과 같이 된다.

$$\begin{aligned} W(2^k) &= 2W\left(\frac{2^k}{2}\right) + 2^k - 1 \\ &= 2W(2^{k-1}) + 2^k - 1. \end{aligned}$$

$w_k = W(2^k)$라 두면, 재현식은 다음과 같이 쓸 수 있다.

$$w_k = 2w_{k-1} + 2^k - 1$$

$$w_k - 2w_{k-1} = 2^k - 1.$$

상기 재현식의 특성방정식은 $(x-2)^2(x-1) = 0$이고 일반해는 다음과 같다.

$$w_k = c_1 + c_2 2^k + c_3 k 2^k$$

$$W(2^k) = c_1 + c_2 2^k + c_3 k 2^k$$

$$W(2^k) = c_1 + c_2 n + c_3 n \lg n.$$

초기조건 $W(1) = 0$을 사용하여 초기조건 두 개를 더 구하고, 미계수 값을 계산하면 $c_1 = 1, c_2 = -1, c_3 = 1$이다.

따라서 재현식의 일반해는 다음과 같다.

$$W(n) = n \lg n - (n-1) \in \Theta(n \lg n).$$

7-6 분할정복법을 사용할 수 없는 경우

가능하다면, 다음 두 경우에는 분할정복법의 사용을 피해야 한다.

❶ 크기 n인 사례가 거의 n에 가까운 크기의 두 개 이상의 사례로 분할된다. 이런 형태의 분할정복 알고리즘은 성능이 아주 나쁜 지수시간 복잡도를 갖는다.

❷ 크기 n인 사례가 $\frac{n}{b}$ 크기의 거의 n개 사례로 분할된다. 여기서 b는 상수이다. 이런 형태의 분할정복 알고리즘은 식 (7.1)의 일반적인 분할정복 재현식 $T(n) = aT\left(\frac{n}{b}\right) + f(n)$, $f(n) = n^c$에서 $c < \log_b a$ 이므로 도사정리에 의하여 $\Theta\left(n^{\log_b n}\right)$ 시간 복잡도를 갖는다. 이 경우에 입력 크기 n이 커지면 n에 대한 큰 차수의 시간 복잡도를 갖게 되어 알고리즘의 성능이 나빠진다.

연습문제

7.1 아래 재귀적 알고리즘을 보고 답하시오.

```
Algorithm Min(A[0..n])
  // 입력: 실수 배열 A[0..n-1]
 if n = 1 return A[0]
 else temp ← Min(A[0..n-1])
   if temp ≤ A[n-1] return temp
   else return A[n-1]
```

(1) 이 알고리즘은 무엇을 계산하는가?

(2) 이 알고리즘의 기본 연산에 대한 재현식을 설정하고 그것을 해결하시오.

7.2 하노이 탑(The Towers of Hanoi) 문제를 해결하는 재귀 알고리즘을 설계하고, 그 알고리즘의 시간 복잡도를 계산하고, 그리고 Python 프로그램을 작성하고 실행 결과를 보이시오. 여기서 하노이 탑 문제는 기둥이 세 개 있고 한 기둥에 크기가 작은 원판이 위에 쌓이도록 만들어 한 번에 한 원판 밖에 옮길 수 없다는 것과 큰 원판이 작은 원판 위로 오지 않게 하여 세 기둥을 적절히 이용하여 모든 원판을 마지막 기둥으로 옮기는 일종의 퍼즐이다.

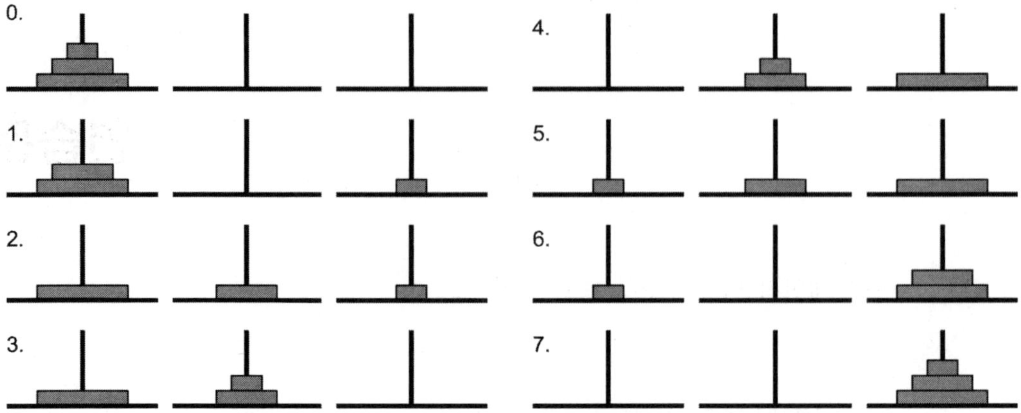
0.
1.
2.
3.
4.
5.
6.
7.

CHAPTER

동적계획법

8-1 개요

분할정복법을 사용하여 문제를 해결하는 동안, 하위 문제가 재귀적으로 동일한 연산이 여러 번 수행되는 경우가 있을 수 있다. 동적계획법은 겹치는 하위 문제들을 갖는 문제 해결을 위한 기법이다. 일반적으로, 그러한 하위 문제들은 재귀에서 동일한 하위 문제가 반복적으로 발생할 때 일어난다. 겹치는 하위 문제를 또 다시 해결하기 보다는 동적계획법(dynamic programming)은 더 작은 하위 문제들을 각각 한 번만 해결하고, 그 결과를 배열에 저장한 다음, 그 결과를 이용하여 원래 문제에 대한 해를 구하는 방법이다. 따라서 동적계획법은 동일한 하위 문제의 반복된 계산의 요구를 피하기 위하여 사용되어진다. 특히 이 방법은 하위 문제의 수가 기하급수적으로 증가할 때 유용하다.

n번째 피보나치 항을 구하는 동적계획 알고리즘은 1부터 n까지의 인덱스를 가지는 배열에서 앞부분 n-1 항을 순서대로 구축하여 n번째 피보나치 항을 구한다. 동적계획법은 작은 하위 문제들을 먼저 해결하고, 그러한 결과들은 더 큰 하위 프로그램의 해를 찾는데 사용되어지고 있는 상향식(bottom-up) 기법이다.

동적계획법은 일반적으로 최적화 문제(optimization problems)에 적용된다. 최적화 문제에는 많은 가능 해들이 있을 수 있다. 각 해는 값을 가지고, 최적 값을 갖는 해를 찾는다.

8-2 설계 절차

동적계획 알고리즘의 개발은 일련의 4단계들로 나눌 수 있다.

❶ 최적해 구조의 특성을 나타낸다.

❷ 최적해의 값을 재귀적으로 정의한다.

❸ 상향식 방식으로 최적해의 값을 계산한다.

❹ 계산된 정보로부터 최적해를 구축한다.

단계 ❶-❸은 어떤 문제에 대한 동적계획 해의 기반을 형성한다. 최적해의 값만 요구된다면 단계 ❹는 생략될 수 있다. 단계 ❹를 수행할 때, 단계 ❸에서 계산하는 동안 추가 정보를 유지하여 최적해를 쉽게 구성할 수 있다.

8-3 이항계수

이항계수(Binomial Coefficient)는 $(x+y)^n$ 형태의 다항식을 전개했을 때, $x^{n-k}y^k$ ($0 \le k \le n$인 정수)의 계수를 의미한다. $C(n,k)$ 또는 $\binom{n}{k}$로 표기하고 "n chooses k"로 읽는 이항계수는 n원소 집합으로부터 k원소의 조합의 개수를 나타낸다.

$$(x+y)^n = \binom{n}{0}x^n + \binom{n}{1}x^{n-1}y + \cdots + \binom{n}{n-1}xy^{n-1} + \binom{n}{n}y^n$$
$$= \sum_{k=0}^{n}\binom{n}{k}x^{n-k}y^k.$$

$$\binom{n}{k} = \frac{n!}{k!\,(n-k)!}.$$

이항계수의 최적해 구조는 다음과 같은 특성을 가지며, 이를 파스칼의 법칙(Pascal's rule)이라고 한다.

$$\binom{n}{k} = \begin{cases} 1 & k=0 \text{ 또는 } k=n \\ \binom{n-1}{k} + \binom{n-1}{k-1} & 0<k<n \end{cases} \tag{8.1}$$

$\binom{n-1}{k-1}$과 $\binom{n-1}{k}$ 계산의 작고 겹치는 문제로 $\binom{n}{k}$를 계산하는 문제를 표현하는 재현식 (8.1)의 특성은 동적계획법으로 해결된다. 이항계수를 해결하는 동적계획 알고리즘의 작성 절차는 다음과 같다.

❶ 이항 계수의 특성으로부터 재귀 관계식을 설정한다.

$$B[i,j]=\begin{cases}1 & j=0\text{ 또는 }j=i \\ B[i-1,j-1]+B[i-1,j] & 0<j<i\end{cases} \tag{8.2}$$

❷ 재현식 (8.2)를 사용하여 $\binom{i}{j}$의 값인 $B[i,j]$를 계산하기 위하여 0에서부터 i까지와 0에서부터 j까지 번호가 붙은 $i+1$ 행과 $j+1$ 열의 배열 B에 이항계수 값을 상향식으로 기록하여 사례를 해결한다.

B	0	1	2	3	···	j-1	j	···	n
0	1								
1	1	1							
2	1	2	1						
3	1	3	3	1					
···									
i-1						B[i-1, j-1]	B[i-1, j]		
i							B[i, j]		
···									
n									

❙그림 8.1❙ 동적계획법으로 이항계수 $\binom{i}{j}$ 계산을 위한 배열 B

이항계수 $\binom{n}{k}$의 값, $B[n,k]$를 계산하기 위하여 배열 B를 행 0에서 시작하여 행 n으로 끝나는 행 단위로 채운다. 각 행 $i\,(0 \le i \le n)$는 $B[i,0]$=1이기 때문에 1로 시작하여 왼쪽에서 오른쪽으로 채워진다. 0에서 k까지의 행은 배열 B의 주대각선: $B[i,i]=1, 0 \le i \le k$에서 1로 끝난다. 이전 행과 이전 열의 요소와 이전 행과 같은 열의 요소의 값을 더하여 다른 엔트리 요소들을 계산한다.

알고리즘 8-1은 이항계수를 구하는 문제를 해결하는 동적계획 알고리즘의 구조를 보여준다.

알고리즘 8-1 이항계수를 구하는 동적계획 알고리즘

입력: 음이 아닌 정수 쌍 $n \ge k \ge 0$

출력: 이항계수 $\binom{n}{k}$의 값

```
binomialCoef(n, k):
C = [[0 for x in range(k+1)] for x in range(n+1)]
for i in range(n+1):
    for j in range(min(i, k)+1):
        if j == 0 or j == i:
            C[i][j] = 1
        else:
            C[i][j] = C[i-1][j-1] + C[i-1][j]
return C[n][k]
```

이항계수 문제를 해결하는 동적계획 알고리즘에 대한 Python 프로그램과 실행 결과는 그림 8.2와 같다.

```
def binomialCoef(n, k):
    C = [[0 for x in range(k+1)] for x in range(n+1)]

    for i in range(n+1):
        for j in range(min(i, k)+1):
            if j == 0 or j == i:
                C[i][j] = 1

            else:
                C[i][j] = C[i-1][j-1] + C[i-1][j]
        print(C[i])
```

```
    print()
    return C[n][k]

n = 9
k = 5
print("C[" + str(n) + "][" + str(k) + "] = " + str(binomialCoef(n,k)))
```

(a) 프로그램

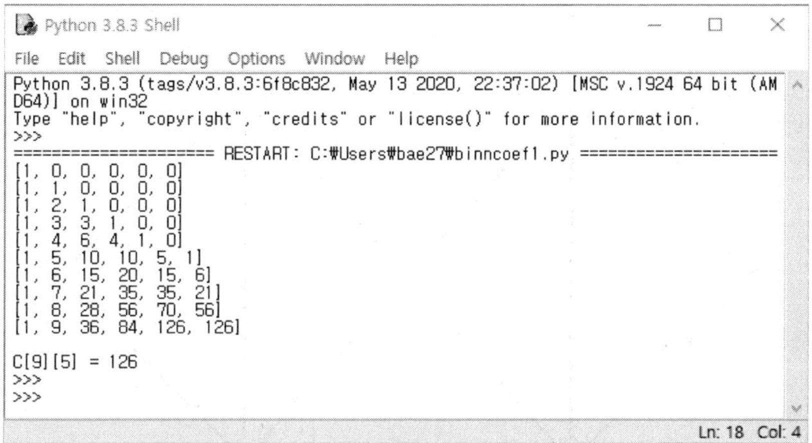

(b) 실행 결과

▌그림 8.2▐ 이항계수를 구하는 Python 프로그램과 실행 결과

알고리즘 8-1의 이항계수를 구하는 동적계획 알고리즘의 기본연산은 'C[i][j] = C[i-1][j-1] + C[i-1][j]'의 덧셈이다. 이 알고리즘의 for j-루프 반복 횟수로부터 계산된 모든 경우 시간복잡도는 다음과 같다.

$$\begin{aligned} T(n,k) &= \sum_{i=2}^{k}\sum_{j=1}^{i-1} 1 + \sum_{i=k+1}^{n}\sum_{j=1}^{k} 1 \\ &= \sum_{i=2}^{k}(i-1) + \sum_{i=k+1}^{n} k \\ &= \frac{k(k-1)}{2} + k(n-k) \in \Theta(nk). \end{aligned}$$

8-4 최단 경로

그래프 이론에서 최단 경로 문제란 두 정점들(또는 노드들) 사이의 가장 짧은 경로를 찾는 문제로서, 가중 그래프에서는 구성하는 간선들의 가중치 합이 최소가 되도록 하는 경로를 찾는 문제이다.

가중 연결 그래프가 주어지면, 어떤 정점으로부터 모든 다른 정점들까지의 거리(최단 경로의 길이)를 찾을 수 있다. 거리 행렬이라 부르는 $n \times n$ 행렬 D에 최단 경로의 길이를 저장한다.

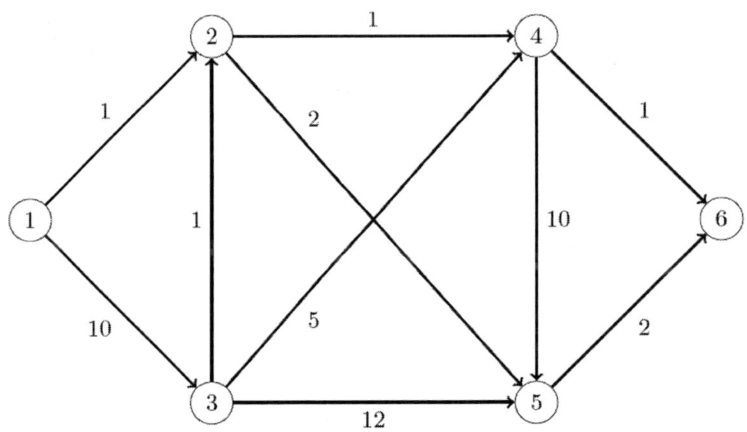

▌그림 8.3▐ 가중 연결 그래프의 예

그림 8.3에서 정점 1에서 정점 5로 가는 경로는 [1, 2, 5], [1, 3, 5], [1, 2, 4, 5], [1, 3, 2, 5], [1, 3, 4, 5], [1, 3, 2, 4, 5]가 있다. 그 길이는 각각 다음과 같이 계산되어진다.

$$length[1,2,5] = 1+2 = 3$$

$$length[1,3,5] = 10+12 = 22$$

$$length[1,2,4,5] = 1+1+10 = 12$$

$$length[1,3,2,5] = 10+1+2 = 13$$

$$length[1,3,4,5] = 10+5+10 = 25$$

$$length[1,3,2,4,5] = 10+1+1+10 = 22.$$

따라서 경로 [1, 2, 5]가 정점 1에서 정점 5로 가는 최단 경로가 된다.

최단 경로 문제는 최적화 문제이다. 최적화 문제의 사례에는 하나 이상의 해답후보가 있을 수 있고, 해답후보는 그것과 관련된 값을 갖고, 그 사례의 해답은 해답후보 중에서 최적인 값이 된다. 따라서 최대화 문제는 해답후보의 값 중에서 최댓값이 최적이고, 최소화 문제는 해답후보의 값 중에서 최솟값이 최적이다. 최단 경로 문제는 최소화 문제이므로 경로들 중에서 길이가 최소인 값이 최적 경로가 된다. 최단 경로 알고리즘의 응용에는 도시 간의 최단 경로를 구하는 문제와 네트워크 또는 장거리통신에서는 최소 지연 경로를 찾는 문제 등이 있다.

플로이드(Floyd)의 알고리즘은 일련의 $n \times n$ 행렬을 통하여 n 정점들을 갖는 가중 그래프의 거리 행렬을 계산한다.

$$D^{(0)}, \dots, D^{(k-1)}, D^{(k)}, \dots, D^{(n)} \tag{8.3}$$

그러한 행렬들의 각각은 그 행렬을 위하여 고려되어진 경로들에 대한 어떤 제한을 갖는 최단 경로들의 길이를 포함한다. 특히, 행렬 $D^{(k)}[i, j]$는 집합 $\{v_1, v_2, \dots, v_k\}$ 에 속하는 정점만을 중간 정점으로 사용하면서 v_i에서 v_j로 가는 최단 경로의 길이이다. 그리고 $D^{(0)} = W$이고 $D^{(n)} = D$이다.

최단 경로 문제를 해결하기 위하여 동적계획법을 적용하는 절차는 다음과 같다.

❶ $D^{(k-1)}$로부터 $D^{(k)}$를 계산하는 재귀 관계식을 설정한다.

$$D^{(k)}[i,j] = minimum(\underbrace{D^{(k-1)}[i,j]}_{\text{경우1}}, \underbrace{D^{(k-1)}[i,k] + D^{(k-1)}[k,j]}_{\text{경우2}})$$

여기서 경우 1은 중간 정점들 $\{v_1, v_2, \dots, v_k\}$ 에서 단지 하나의 정점 v_k를 사용하지 않는(거치지 않는) v_i에서 v_j로의 최단 경로이고, 경우 2는 중간 정점으로 $\{v_1, v_2, \dots, v_k\}$ 내의 정점만 사용하고, v_k를 사용하는(거치는) v_i에서 v_j로의 최단 경로이다. 따라서 $D^{(k)}[i, j]$의 값은 경우 1과 경우 2의 최솟값이 된다.

❷ $k = 1$부터 n까지 ❶에서 설정한 과정을 상향식으로 반복하여 문제의 사례를 해결한다.

알고리즘 8-2는 가중 연결 그래프의 각 정점에서 다른 정점으로 가는 최단 경로를 모두 찾고, 그 길이를 계산하는 동적계획 알고리즘의 구조를 보여준다.

알고리즘 8-2 동적계획법으로 최단 경로를 구하는 Floyd 알고리즘

입력: 가중 유향 연결 그래프와 정점의 개수 n. 그래프는 2차원 배열 adjMatrix로 표현되는데, adjMatrix[i, j]는 정점 i에서 정점 j로 가는 간선의 가중치이다.

출력: 행과 열의 인덱스 범위가 0부터 n-1까지인 2차원 배열 dist와 path. 여기서 dist[i, j]는 정점 i에서 정점 j로 가는 최단 경로 길이가 되고, path[i, j]는 정점 i에서 정점 j로 가는 최단 경로 중간에 놓여 있는 정점들 중에서 가장 큰 인덱스이고, 거치는 정점이 없으면 -1이다.

```
Floyd(adjMatrix, n):
dist = adjMatrix.copy()
path = [[None for x in range(N)] for y in range(N)]
for v in range(N):
    for u in range(N):
        path[v][u] = -1

for k in range(n):
    for v in range(n):
        for u in range(n):
            if (dist[v][k] + dist[k][u] < dist[v][u]):
                dist[v][u] = dist[v][k] + dist[k][u]
                path[v][u] = k
```

알고리즘 8-2의 기본 연산은 for u-루프내의 ‘if (dist[v][k] + dist[k][u] < dist[v][u])’이고, 입력크기는 그래프에서 정점의 개수 n이다. 각 for 루프가 n번 반복되는 세 개의 for 루프가 중첩되어있다. 따라서 모든 경우 시간복잡도는 다음과 같다.

$$T(n) = n \times n \times n = n^3 \in \Theta(n^3).$$

최단 경로 문제를 해결하는 동적계획 알고리즘은 최단 경로의 거리뿐만 아니라 계산된 path 행렬로부터 최단거리를 제공하는 8.2절의 최단 경로를 구축하는 동적계획 알고리즘의 설계 절차의 단계 ❹가 필요하다. 알고리즘 8-3은 8-2의 Floyd 알고리즘에서 계산된 path 행렬 정보로부터 최단 경로를 출력하는 알고리즘이다.

알고리즘 8-3 최단 경로 출력 알고리즘

```
입력: Floyd 알고리즘이 만든 배열 path와 입력 그래프에서 정점 인덱스 u와 v
출력: 정점 u에서 정점 v로 가는 최단 경로 상의 중간 정점들

printPath(path, v, u):
if path[v][u] == v:
   return
printPath(path, v, path[v][u])
print(f"{path[v][u]}", end='')
printPath(path, path[v][u], u)
```

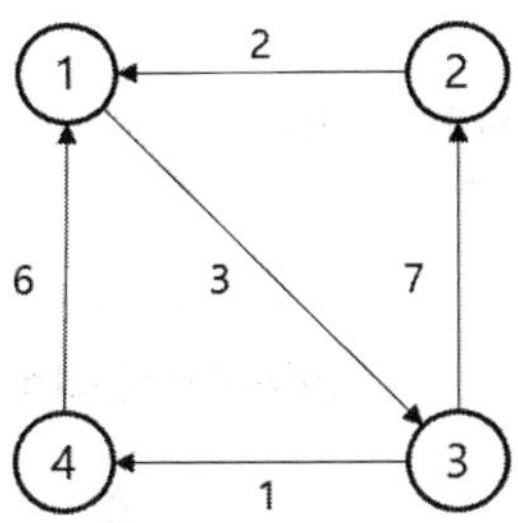

$$W = \begin{bmatrix} 0 & \infty & 3 & \infty \\ 2 & 0 & \infty & \infty \\ \infty & 7 & 0 & 1 \\ 6 & \infty & \infty & 0 \end{bmatrix}$$

| 그림 8.4 | 가중 유향 연결 그래프와 가중치 행렬

그림 8.4의 가중 유향 연결 그래프에서 Floyd 알고리즘을 사용하여 최단 경로를 구하는 과정은 일련의 $n \times n$ 행렬을 거쳐 n 정점들을 갖는 가중 그래프의 거리 행렬을 다음과 같이 계산한다.

$$Dist^{(1)} = \begin{bmatrix} 0 & \infty & 3 & \infty \\ 2 & 0 & 5 & \infty \\ \infty & 7 & 0 & 1 \\ 6 & \infty & 9 & 0 \end{bmatrix}$$

$$Dist^{(2)} = \begin{bmatrix} 0 & \infty & 3 & \infty \\ 2 & 0 & 5 & \infty \\ 9 & 7 & 0 & 1 \\ 6 & \infty & 9 & 0 \end{bmatrix}$$

$$Dist^{(3)} = \begin{bmatrix} 0 & 10 & 3 & 4 \\ 2 & 0 & 5 & 6 \\ 9 & 7 & 0 & 1 \\ 6 & 16 & 9 & 0 \end{bmatrix}$$

$$Dist^{(4)} = \begin{bmatrix} 0 & 10 & 3 & 4 \\ 2 & 0 & 5 & 6 \\ 7 & 7 & 0 & 1 \\ 6 & 16 & 9 & 0 \end{bmatrix}$$

계산된 path 행렬 정보는 다음과 같다.

$$path = \begin{bmatrix} 0 & 3 & 0 & 3 \\ 0 & 0 & 1 & 3 \\ 4 & 0 & 0 & 0 \\ 0 & 3 & 1 & 0 \end{bmatrix}$$

최단 경로 출력 알고리즘으로 정점 1에서 정점 4의 최단 경로는 계산되어진 path 행렬 정보를 이용하여 출력하면 다음과 같다.

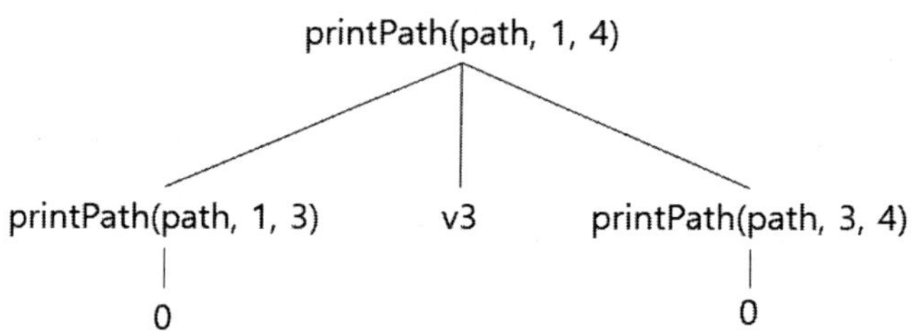

따라서 정점 1에서 정점 4로 가는 최단 경로는 '1 → 3 → 4'이고 거리는 4이라는 것을 확인할 수 있다.

이전에 설명한 그림 8.4의 그래프에서 최단 경로를 계산하는 같은 문제에 대한 Floyd의 동적 계획 알고리즘을 구현한 Python 프로그램과 실행 결과는 그림 8.5와 같다.

```
# 소스 정점 v에서 주어진 정점 u까지의 경로 출력을 위한 함수
def printPath(path, v, u):

    if (path[v][u] == -1):
        return
```

```
    printPath(path, v, path[v][u])
    print(f" -> v{path[v][u]+1}", end='')
    printPath(path, path[v][u], u)

# 플로이드 알고리즘을 실행하는 함수
def Floyd(adjMatrix, N):

    # 비용과 부모 행렬은 최단 경로 정보를 저장한다.

    # 비용을 간선의 가중치와 동일하게 초기화
    dist = adjMatrix.copy()
    path = [[None for x in range(N)] for y in range(N)]

    # 경로를 초기화
    for v in range(N):
        for u in range(N):
            path[v][u] = -1

    # 플로이드 알고리즘을 실행
    for k in range(N):
        for v in range(N):
            for u in range(N):
                # 만일 정점 v에서 정점 u까지의 최단 경로 상에 정점 k가 있다면,
                # dist[v][u], path[v][u]의 값을 갱신한다.
                if dist[v][k] != float('inf') and dist[k][u] != float('inf') \
                          and (dist[v][k] + dist[k][u] < dist[v][u]):
                      dist[v][u] = dist[v][k] + dist[k][u]
                      path[v][u] = k

        print('Dist(%d)' %(k+1), end='')
        print()
        for i in range(0, N):
            for j in range(0,N):
                print("\t{:f}".format(dist[i][j]), end='')
            print()
        print()
    print('Path', end='')
    print()
```

```
    for i in range(0, N):
        for j in range(0,N):
            print("\t{:d}". format(path[i][j]+1), end='')
        print()

    # 정점 1에서 정점 4까지의 최단 경로 출력
    print()
    print("v1", end='')
    printPath(path, 0, 3)
    print(" -> v4")

if __name__ == '__main__':
    # 인접행렬에서 정점의 개수
    N = 4
    M = float('inf')

    # 주어진 인접행렬
    adjMatrix = [
        [0, M, 3, M],
        [2, 0, M, M],
        [M, 7, 0, 1],
        [6, M, M, 0]
    ]
    # 플로이드 알고리즘 실행
    Floyd(adjMatrix, N)
```

(a) 프로그램

```
Python 3.8.3 Shell
File  Edit  Shell  Debug  Options  Window  Help
Python 3.8.3 (tags/v3.8.3:6f8c832, May 13 2020, 22:37:02) [MSC v.1924 64 bit (AM
D64)] on win32
Type "help", "copyright", "credits" or "license()" for more information.
>>>
===================== RESTART: C:\Users\bae27\Floyd2-2.py =====================
Dist(1)
        0.000000        inf     3.000000        inf
        2.000000        0.000000        5.000000        inf
        inf     7.000000        0.000000        1.000000
        6.000000        inf     9.000000        0.000000

Dist(2)
        0.000000        inf     3.000000        inf
        2.000000        0.000000        5.000000        inf
        9.000000        7.000000        0.000000        1.000000
        6.000000        inf     9.000000        0.000000

Dist(3)
        0.000000        10.000000       3.000000        4.000000
        2.000000        0.000000        5.000000        6.000000
        9.000000        7.000000        0.000000        1.000000
        6.000000        16.000000       9.000000        0.000000

Dist(4)
        0.000000        10.000000       3.000000        4.000000
        2.000000        0.000000        5.000000        6.000000
        7.000000        7.000000        0.000000        1.000000
        6.000000        16.000000       9.000000        0.000000

Path
        0       3       0       3
        0       0       1       3
        4       0       0       0
        0       3       1       0

v1 -> v3 -> v4
>>> |
                                                              Ln: 36  Col: 4
```

(b) 실행 결과

▌그림 8.5▐ 최단 경로를 구하는 Floyd 알고리즘의 Python 프로그램과 실행 결과

8-5 최적 이진 검색 트리

이진 검색 트리(BST: Binary Search Tree)는 키 값이 내부 노드에 저장되는 트리이다. 모든 노드가 아래 언급된 속성을 따르는 트리이다.

- 왼쪽 하위 트리의 키 값이 부모 노드 키의 값보다 작다.
- 오른쪽 하위 트리의 키 값이 부모 노드 키의 값보다 크거나 같다.
- 왼쪽 및 오른쪽 하위 트리는 각각 이진 검색 트리이어야 한다.

따라서 이진 검색 트리는 모든 하위트리를 두 개의 세그먼트로 나눈다. 왼쪽 하위트리와 오른쪽 하위트리는 다음과 같이 정의 할 수 있다.

```
left_subtree (keys) < node (key) ≤ right_subtree (keys)
```

많은 응용 분야에서 검색 비용이 매우 중요하다. 따라서 전체 검색 비용이 최대한 작아야 한다. 그리고 균형 이진 검색 트리가 이진 검색 트리보다 더 작은 단계의 수를 가지는 만큼 이진 검색 트리의 검색시간은 균형 이진 검색 트리보다 더 길다. 균형 이진 검색 트리보다 검색비용을 더 줄일 수 있는 한 가지 방법은 최적 이진검색 트리이다.

각 키를 검색하는 빈도나 확률을 알면 트리의 각 노드에 액세스하는데 드는 검색 비용을 쉽게 계산할 수 있다. 최적 이진 검색 트리는 이진 검색 트리이며 최소 검색 비용으로 각 노드를 찾을 수 있다.

예를 들어, 확률 0.1, 0.2, 0.4, 0.3으로 검색되어지는 키 A, B, C, D를 고려해 보자. 그러한 키를 포함하는 14가지 가능한 이진 검색 트리 중에 두 가지를 고려해 보면 그림 8.6과 같다. 여기서 첫 번째 이진 검색 트리(그림 8.6(a))의 성공적인 검색에서 평균 비교 횟수는 $0.1 \times 1 + 0.2 \times 2 + 0.4 \times 3 + 0.3 \times 4 = 2.9$이고, 두 번째 이진 검색 트리(그림 8.6(b))의 성공적인 검색에서 평균 비교 횟수는 $0.1 \times 1 + 0.2 \times 2 + 0.4 \times 2 + 0.3 \times 3 = 2.1$이다.

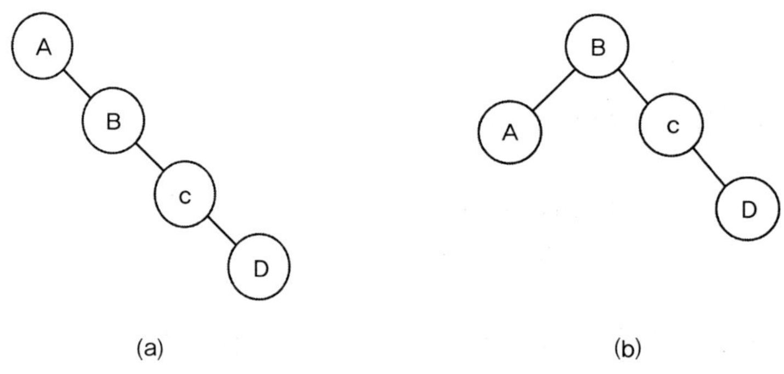

그림 8.6 가능한 이진 검색 트리의 종류

$a_1, a_2, \ldots, a_n$ 을 최소키부터 최대키까지 순서화된 별개의 키라 두고, $p_1, p_2, \ldots, p_n$ 을 그 키들의 검색 확률이라 둔다. 그리고 $A[i, j]$를 키들 $a_i, a_{i+1}, \ldots, a_j$ 로 구성된 이진 검색 트리에서 성공적인 검색으로 만들어진 최소 평균 비교 횟수라 둔다. 여기서 i, j는

$1 \leq i \leq j \leq n$인 정수 인덱스이다. 비록 $A[1,n]$에 관심이 있지만 전형적인 동적계획법에 따라 문제의 모든 더 작은 사례들에 대한 $A[i,j]$의 값을 찾을 것이다. 동적 프로그래밍 알고리즘의 기초를 이루는 재현식을 유도하기 위해 키들 $a_i, \ldots, a_j$ 중에서 루트 a_k를 선택하기 위하여 모든 가능한 방법을 고려할 것이다. 그림 8.7과 같은 이진 검색 트리의 경우, 루트는 키 a_k를 가지고 있고, 왼쪽 하부트리는 최적으로 배열된 키들 $a_i, \ldots, a_{k-1}$을 포함하고, 그리고 오른쪽 하부 트리는 역시 최적으로 배열된 키들 $a_{k+1}, \ldots, a_j$를 포함한다.

$i \leq k \leq j$인 모든 k에 대해 트리 k의 왼쪽 하부 트리들의 평균 검색시간은 그림 8.7에서 보여주고 있다. 여기서 $m \neq k$인 모든 m에 대해, 트리 k에서 키 a_m을 찾는데 실행하는 비교횟수는 그 키가 있는 하부 트리에서 그 키를 찾는데 실행하는 비교 횟수 보다 정확히 하나 더 많다. 따라서 트리 k에 대한 평균 검색시간은 다음과 같이 설정되어진다.

$$A[i,k-1] + p_i + \cdots + p_{k-1} + p_k + A[k+1,j] + p_{k+1} + \cdots + p_j$$
$$= A[i,k-1] + A[k+1,j] + \sum_{m=i}^{j} p_m.$$

따라서 최적 이진 검색 트리를 구하는 동적계획 알고리즘의 기초가 되는 다음과 같은 재현식을 얻을 수 있다.

$$A[i,j] = \min_{i \leq k \leq j}(A[i,k-1] + A[k+1,j]) + \sum_{m=i}^{j} p_m, \quad i < j \qquad (8.2)$$

$$A[i][i] = p_i$$

$$A[i,i-1] = 0, A[j+1,j] = 0$$

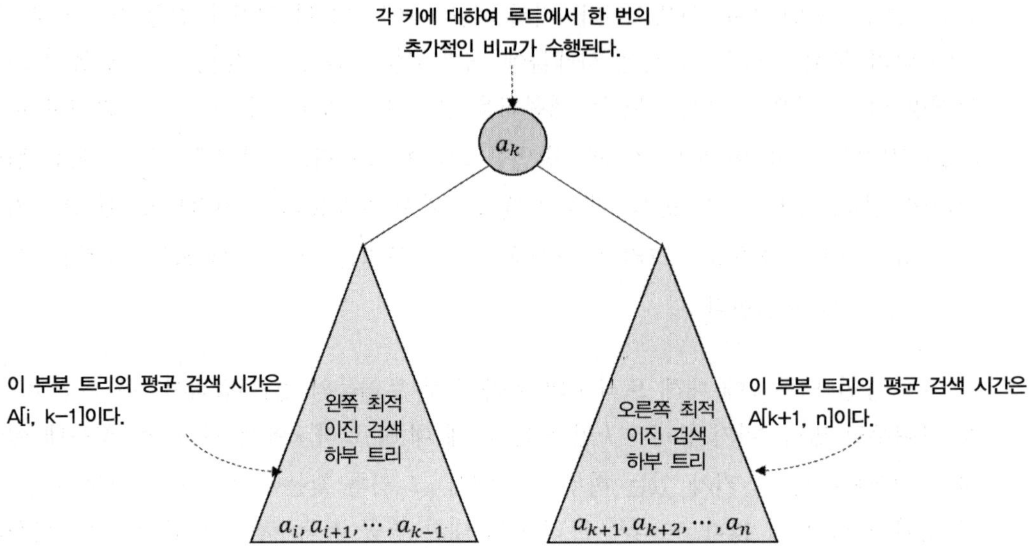

┃그림 8.7┃ 루트 a_k와 두 개의 최적 이진 검색 하부 트리를 갖는 이진 검색 트리

식 (8.2)를 사용하여 해결하고자 하는 가장 큰 사례에 대한 최적 이진 트리의 평균 검색시간은 다음과 같다.

$$A[1,n] = \min_{1 \le k \le n}(A[1,k-1] + A[k+1,n]) + \sum_{m=1}^{n} p_m$$

키의 집합에 대한 최적 이진 검색 트리를 구하는 동적계획 알고리즘의 구조는 알고리즘 8-4와 같다.

알고리즘 8-4 최적 이진 검색 트리를 구하는 동적계획 알고리즘

입력: 키의 개수 n, 각 키를 찾을 확률 p

출력: 최적 이진검색 트리에 대한 평균 검색시간 A[1][n], 최적 이진검색 트리를 구축할 수 있는 배열 R

```
optsearchtree(n, p):
   A=[[0 for x in range(n+1)] for y in range(n+2)]
   R=[[0 for x in range(n+1)] for y in range(n+2)]
```

```
    for i in range(1, n+1):
        A[i][i] = p[i]
        R[i][i] = i
    for diagonal in range(1, n):
        for i in range(1, n-diagonal+1):
            j = i + diagonal
            minval = maxsize
            for k in range(i, j+1):
                if (A[i][k-1] + A[k+1][j]) < minval:
                    minval = A[i][k-1] + A[k+1][j]
                    kmin = k
            R[i][j] = kmin
            p_sum = p[i]
            for m in range(i+1, j+1):
                p_sum = p_sum + p[m]
            A[i][j] = minval + p_sum
    return A, R
```

알고리즘 8-4의 기본 연산은 for k-루프 내의 'if (A[i][k-1] + A[k+1][j]) < minval'이고, 입력크기는 키의 개수 n이다. 최소 비교횟수를 갖는 루트를 찾기 위하여 실행되는 for k-루프의 실행 횟수는 다음과 같다.

$$j-i+1 = i+diagonal-i+1 = diagonal+1.$$

따라서 알고리즘 8-4의 모든 경우 시간복잡도는 다음과 같다.

$$\begin{aligned} T(n) &= \sum_{diagonal=1}^{n-1} \sum_{i=1}^{n-diagonal} (diagonal+1) \\ &= \sum_{diagonal=1}^{n-1} [(n-diagonal) \times (diagonal+1)] \\ &= \sum_{diagonal=1}^{n-1} \left(n \cdot diagonal - diagonal^2 + n - diagonal\right) \\ &= \frac{n^2(n-1)}{2} - \frac{n(n+1)(2n-1)}{6} + n - \frac{n(n-1)}{2} \\ &= \frac{n(n-1)(n-4)}{6} \in \Theta(n^3). \end{aligned}$$

이전에 설명한 예, 확률 0.1, 0.2, 0.4, 0.3으로 검색되어지는 키 A, B, C, D에 최적 이진 검색 트리를 구하는 동적 계획 알고리즘을 적용하면, 평균 검색시간 행렬(A)의 요소는 주대각선과 평행한 대각선을 따라 식 (8.2)에 따라 첫 번째 대각선의 요소는 다음과 같이 계산되어진다.

$$A[1,2] = min\ (A[1,0] + A[2,2], A[1,1] + A[3,2]) + (0.1 + 0.2) = 0.4\ (k = 2\text{인 경우})$$

$$A[2,3] = min\ (A[2,1] + A[3,3], A[2,2] + A[4,3]) + (0.2 + 0.4) = 0.8\ (k = 3\text{인 경우})$$

$$A[3,4] = min\ (A[3,2] + A[4,4], A[3,3] + A[5,4]) + (0.4 + 0.3) = 1.0\ (k = 3\text{인 경우})$$

계산된 값들은 아래 행렬 A와 R의 배경색을 갖는 요소들에 각각 추가되어진다.

A	0	1	2	3	4
1	0	0.1	0.4		
2		0	0.2	0.8	
3			0	0.4	1.0
4				0	0.3
5					0

R	0	1	2	3	4
1	0	1	2		
2		0	2	3	
3			0	3	3
4				0	4
5					0

두 번째 대각선의 요소는 다음과 같이 계산되어진다.

$$A[1,3] = min\ (A[1,0] + A[2,3], A[1,1] + A[3,3], A[1,2] + [4,3]) \\ + (0.1 + 0.2 + 0.4) = 1.1\ (k = 3\text{인 경우})$$

$$A[2,4] = min\ (A[2,1] + A[3,4], A[2,2] + A[4,4], A[2,3] + A[5,4]) \\ + (0.2 + 0.4 + 0.3) = 1.4\ (k = 3\text{인 경우})$$

마지막 세 번째 대각선의 목표 요소는 다음과 같이 계산되어진다.

$$A[1,4] = min(A[1,0] + A[2,4], A[1,1] + A[3,4], A[1,2] + A[4,4], A[1,3] + A[5,4]) \\ + (0.1 + 0.2 + 0.4 + 0.3) = 1.7\ (k = 3\text{인 경우})$$

계산된 마지막 행렬 A와 R의 값은 다음과 같다.

A	0	1	2	3	4
1	0	0.1	0.4	1.1	1.7
2		0	0.2	0.8	1.4
3			0	0.4	1.0
4				0	0.3
5					0

R	0	1	2	3	4
1	0	1	2	3	3
2		0	2	3	3
3			0	3	3
4				0	4
5					0

상기 동일한 예에 대한 최적 이진 검색 트리를 구하는 Python 프로그램은 그림 8.8과 같다.

```
import sys
import numpy as np

def optsearchtree(n, p):
    A=[[0 for x in range(n+1)] for y in range(n+2)]
    R=[[0 for x in range(n+1)] for y in range(n+2)]
    for i in range(n+1):
        A[i][i] = p[i]
        R[i][i] = i
    for dia in range(1, n):
        for i in range(1, n-dia+1):
            j = i + dia
            A[i][j] = sys.maxsize
            p_sum = 0
            for m in range(i, j+1):
                p_sum += p[m]
            for k in range(i, j+1):
                q = A[i][k-1] + A[k+1][j] + p_sum
                if q < A[i][j]:
                    A[i][j] = q
                    R[i][j] = k
    print(A[1][n], sep='\n')
    print()
    return A, R
```

```
keys=[None, 'A', 'B', 'C', 'D']
prob=[0.0, 0.1, 0.2, 0.4, 0.3]
x, y=optsearchtree(4, prob)
arr = np.array(x)
a = arr[1:5, 1:5]
print(a)
print()
arr = np.array(y)
b = arr[1:5, 1:5]
print(b)
```

| 그림 8.8 | 최적 이진 검색 트리를 구하는 Python 프로그램

최적 이진 검색 트리를 구축하기 위하여 Treenode 자료형을 사용하는 Python 프로그램과 실행과정은 그림 8.9와 같다. 여기서 생성된 이진 트리의 결과는 그 생성된 트리의 전위 순회(Preorder) 결과를 보여준다.

```
class treenode:
     def __init__(self, key):
         self.key = key
         self.left = None
         self.right = None

     def tree(self, i, j, R, keys):
          k = R[i][j]
          if k == 0:
              return
          else:
               node = treenode(keys[k])
               print(k, keys[k])
               node.left = self.tree(i, k-1, R, keys)
               node.right = self.tree(k+1, j, R, keys)
               return node
```

(a) 프로그램

```
Python 3.8.3 Shell
File  Edit  Shell  Debug  Options  Window  Help
Python 3.8.3 (tags/v3.8.3:6f8c832, May 13 2020, 22:37:02) [MSC v.1924 64 bit (AM
D64)] on win32
Type "help", "copyright", "credits" or "license()" for more information.
>>>
================== RESTART: C:\Users\bae27\optsearchtree1.py ==================
1.7

[[0.1 0.4 1.1 1.7]
 [0.  0.2 0.8 1.4]
 [0.  0.  0.4 1. ]
 [0.  0.  0.  0.3]]

[[1 2 3 3]
 [0 2 3 3]
 [0 0 3 3]
 [0 0 0 4]]

3 C
2 B
1 A
4 D
>>>
                                                              Ln: 21  Col: 4
```

(b) 실행 결과

| 그림 8.9 | 최적 이진 검색 트리를 구축하는 Python 프로그램과 실행 결과

그림 8.10은 그림 8.8의 Python 프로그램에 의하여 생성된 루트 행렬 R을 사용하여 최적 이진 검색 트리를 구축하는 그림 8.9의 Python 프로그램의 재귀적 함수 tree()의 호출 과정과 생성된 이진 검색 트리(T)를 보여준다. 구축된 이진 검색 트리의 평균 비교 횟수는 다음과 같다.

$$A(T) = (1 \times 0.4) + (2 \times (0.2 + 0.3)) + (3 \times 0.1) = 1.7$$

따라서 그림 8.8(b)의 Python 프로그램에 의해 계산된 평균 비교 횟수와 그림 8.10의 구축된 이진 검색 트리로부터 계산된 평균 비교횟수가 일치한다는 것을 확인할 수 있다.

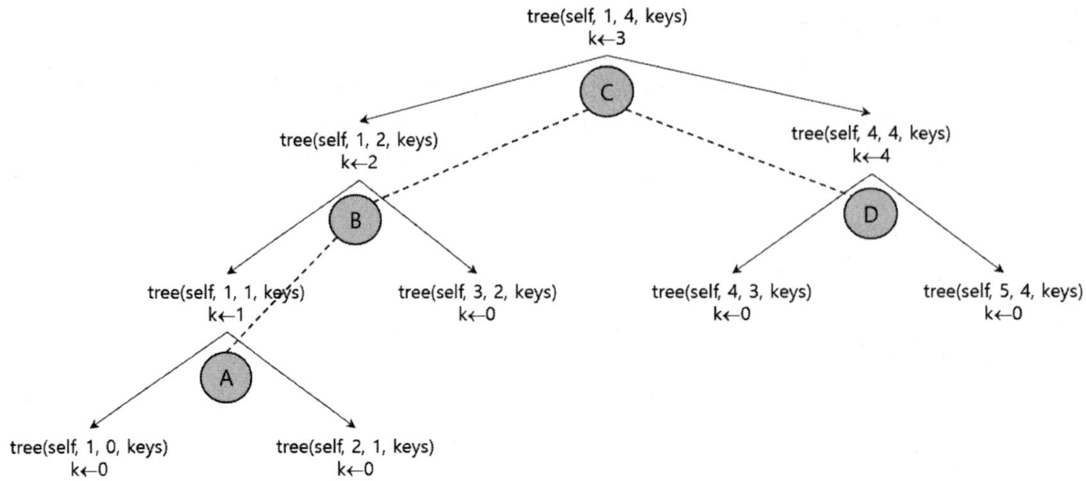

| 그림 8.10 | 이진 검색 트리 구축을 위한 재귀적 함수 tree()의 호출 과정과 생성된 트리

연습문제

8.1 교재의 최적 이진 검색 트리의 예, 확률 0.1, 0.2, 0.4, 0.3으로 검색되어지는 키 A, B, C, D로 구성 가능한 14가지 가능한 이진 검색 트리와 평균 비교 횟수를 각각 보이시오.

8.2 Floyd 알고리즘을 사용하여 다음 가중치를 갖는 유향 그래프의 모든 최단 경로를 구하시오.

$$\begin{bmatrix} 0 & 2 & 4 & 3 \\ 3 & 0 & \infty & 3 \\ 5 & \infty & 0 & 3 \\ \infty & 1 & 4 & 0 \end{bmatrix}$$

8.3 다음 키들과 각 키의 검색 확률을 보고 다음 사항에 답하시오.

키	A	B	C	D	E	F
확률	0.2	0.24	0.16	0.28	0.04	0.08

❶ 평균 비교 횟수 행렬 A와 루트 행렬 R을 구하시오.

❷ 최적 이진 검색 트리를 그리시오.

8.4 이항계수 $\binom{n}{k}$, $n \geq k$를 계산하는 다음 세 가지 방법의 시간복잡도(작업량)를 비교하시오.

❶ $\binom{n}{k}$를 위한 재귀 관계에 의한 재귀함수

❷ 동적계획 알고리즘

❸ 식 $\binom{n}{k} = \frac{n!}{k!(n-k)!}$

CHAPTER

탐욕 알고리즘

9-1 개요

탐욕 알고리즘은 욕심쟁이 알고리즘이라고도 불리는데 미래를 생각하지 않고 각 단계에서 가장 최선의 선택을 하는 기법이다. 탐욕 알고리즘은 일반적으로 아주 간단하고, 최적화 문제를 해결하는데 주로 사용되어진다. 탐욕 알고리즘은 최적 해를 구하는 데에 사용되는 근사적인 방법으로 여러 경우 중 하나를 결정해야 할 때 마다 그 단계에서 최적이라고 생각되는 것을 선택해 나가는 방식으로 진행하여 최종적인 해답에 도달한다. 각 단계마다 하는 선택은 그 단계에서 국부적으로 최적이지만 그 선택들로 구성된 전역적인 해답이 최적이라는 보장은 없다. 전역적인 최적 해를 구하는 것이 목표이지만 항상 그렇게 되지는 않는다. 따라서 이 알고리즘은 항상 최적의 해답을 구하는지를 반드시 확인해야 한다. 탐욕알고리즘을 적용할 수 있는 문제들은 지역적으로 최적이면서 전역적으로 최적인 문제들이다.

탐욕기법은 한 번에 한 개의 입력을 고려하면서 단계적으로 동작하는 알고리즘을 개발할 수 있는 방법을 제공해 준다. 각 단계에서, 특정 입력이 최적 해에 속하는지의 여부에 관한 결정이 내려진다. 이것은 어떤 선택 절차(selection procedure)에 의해 결정된 순서에 따라 입력을 고려함으로써 수행되어진다. 선택된 입력을 부분적으로 구성된 최적 해에 포함시켰을 때 불가능 해를 만들어낸다면, 그 입력은 부분 해에 포함시키지 않는다. 그렇지 않으면, 부분 해에 그 지역 해를 추가한다.

각 단계에서, 지역 해의 선택은 탐욕기법의 다음 핵심 사항들을 만족해야 한다.

- **타당성:** 지역 해는 문제의 제약을 만족해야 한다.
- **국부적으로 최적:** 그 단계에서 모든 가능한 선택 중에서 최적 국부 해이어야 한다.
- **무효화(취소) 불가능:** 한 번 선택이 만들어지면 그 알고리즘의 다음 단계들에서 그 선택을 변경할 수 없다.

일반적인 탐욕 알고리즘은 네 가지 함수: 타당성 함수, 선택 함수, 해답 점검 함수 그리고 목적 함수를 가진다.

- **타당성 함수(feasible function):** 후보들의 집합이 타당한 지 즉, 문제에 대한 최소한 하나의 해답을 주게 될 가능성이 있는지 여부를 검사한다.
- **선택 함수(selection function):** 아직 사용하지 않은 후보들 중 가장 유망한 후보 해를 가리킨다.
- **해답 점검 함수(solution check function):** 후보들의 특정 집합이 문제에 대한 해를 제공하는지 검사한다.
- **목적 함수(objective function):** 최적화하려고 하는 어떤 해에 대한 값을 제공한다.

알고리즘 9-1 추상적인 탐욕 알고리즘

```
Greedy(C: set) # C는 모든 후보들의 집합이다.

(1) S = Ø; # S는 해를 구성하는 집합이다.
(2) 문제가 해결될 때까지 다음을 반복한다.
    ① 국부적으로 최적인 해를 선택한다. (선택 절차)
    ② 국부적으로 최적인 해를 S에 포함시키는 것이 가능 해인지 검사한다.
       (타당성 검사)
    ③ 가능 해이면 국부적으로 최적인 해를 S에 추가한다.
    ④ S가 해답인지를 검사한다. (해답 검사)
```

알고리즘 9-1은 추상적인 탐욕 알고리즘의 구조를 보여준다. 탐욕 알고리즘의 추상적인 구조는 선택 절차, 타당성 검사, 해답 검사로 구성되어진다. 최적화 문제를 해결하기 위하여, 목적 함수의 값을 최적화하는 해를 구성하는 후보들의 집합을 찾는다. 탐욕 알고리즘은 단계별로 진행된다. 초기에, 선택된 후보들의 집합 S는 비어있다. 그리고 각 단계에서, 선택 함수에 의해 유도되어지는 남아있는 최고 후보를 집합 S에 추가하려고 한다. 만일 선택된 후보들의 확대 집합이 더 이상 가능 해가 아니면, 방금 추가된 후보는 제거되고 다시는 고려하지 않는다. 그러나 확대 집합이 아직 가능 해이면, 방금 추가한 후보는 집합 S에 포함되어진다. 선택된 후보의 집합 S가 확대될 때 마다 그 집합이 그 문제에 대한 해가 되는지를 검사한다.

9-2 거스름돈 지불 문제

탐욕 알고리즘의 대표적인 문제로 거스름돈 지불 문제가 있다. 고객에게 거스름돈을 지불할 때는 최소의 동전 개수로 거슬러 주어야 한다. 따라서 거스름돈 지불 문제의 목표는 거스름돈을 정확히 지불하는 것뿐만 아니라 지불하는 동전의 개수를 최소화하는데 있다.

거스름돈 지불 문제를 해결하는 탐욕적인 알고리즘은 알고리즘 9-2와 같다.

알고리즘 9-2 거스름돈 지불을 위한 탐욕 알고리즘

```
입력: 지불한 총액 n과 지불 가능한 동전들의 집합 C
출력: 가능한 최소 동전의 개수로 거스름돈 n을 지불하기

MAKE-CHANGE(n, C)
  S ← ∅; # 해 집합
  sum ← 0; # 해 집합 내의 동전들의 총액
  While sum ≠ n
    x = largest coin in set C such that sum+x ≤ n
    If no such coin then
      Return "No Solution"
    Add the coin in S
    sum ← sum + x
  Return S
```

초기에 거스름돈에 동전이 없다. 선택함수에 의해 최고 가치를 갖는 동전이 가용이면

선택하고, 그리고 타당성 함수로 선택된 동전을 거스름돈에 추가했을 때 지불해야할 거스름돈의 총액을 초과하는 지를 검사한다. 만일 그 동전을 거스름돈에 추가해도 지불해야할 거스름돈의 총액을 초과하지 않는다면, 그 동전을 거스름돈에 추가하고, 그 동전의 가치를 거스름돈의 총액에 추가한다.

우리나라 동전에는 500원, 100원, 50원, 10원, 1원짜리의 동전이 있다. 손님에게 760원을 거슬러 주어야 한다고 가정하고, 이 문제를 탐욕 알고리즘으로 풀면, 매 순간마다 최선의 선택을 하려고하기 때문에 500원, 100원, 100원, 50원, 10원으로 총 다섯 개의 동전으로 손님에게 거스름돈을 지불할 수 있을 것이다. 거스름돈을 주는 탐욕 알고리즘의 단계별 실행 과정은 그림 9.1과 같다.

단 계	거스름돈의 총액
① 500원 동전을 집는다.	260
② 두 번째 500원 동전을 도로 집어넣는다.	
③ 100원 동전을 집는다.	160
④ 두 번째 100원 동전을 집는다.	60
⑤ 세 번째 100원 동전을 도로 집어넣는다.	
⑥ 50원 동전을 집는다.	10
⑦ 두 번째 50원 동전을 도로 집어넣는다.	
⑧ 10원 동전을 집는다.	0

그림 9.1 거스름돈을 주는 탐욕 알고리즘의 실행 단계

그림 9.2는 거스름 돈 760원을 지불해야 하는 상기 문제에 대한 Python 프로그램과 실행결과를 보여준다. 여기서 Python 프로그램의 'divmod(a, b)' 형식의 명령어는 두 개의 숫자를 입력으로 받고, a를 b로 나눈 몫과 나머지를 튜플 형태로 반환하는 함수이다.

```
coin_list = [500, 100, 50, 10, 1]
change_requested = 760
remaining = change_requested
change_returned= [] # 거스름돈 동전의 개수

for coin in coin_list:
    num_coins, remaining = divmod(remaining, coin)
    change_returned.append(int(num_coins))

print("각 동전의 개수: ", change_returned)
print()
print("잔액: ", remaining)
```

(a) 프로그램

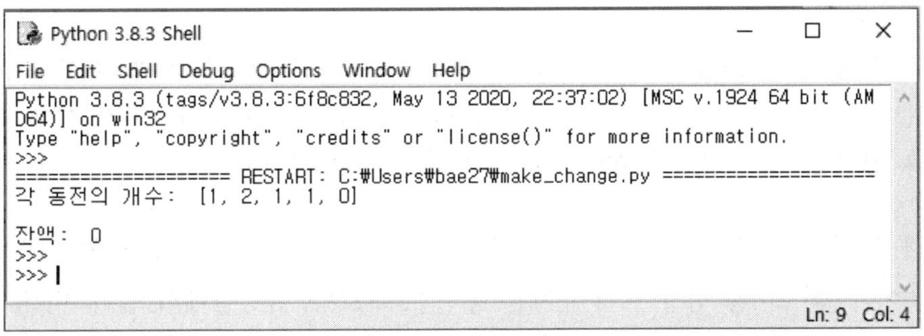

(b) 실행 결과

| 그림 9.2 | 거스름돈 지불하기 위한 Python 프로그램과 실행 결과

9-3 최소비용 신장 트리

연결된 가중치 포함 비 방향 그래프 G에서 간선을 제거하지만, 남아 있는 정점들은 모두 연결되어 있고, 남아 있는 간선의 가중치의 합은 가능한 한 최소가 되도록 부분 그래프를 만드는 문제를 고려해 보자. 최소 가중치를 가진 부분 그래프는 반드시 트리가 된다. 왜냐하면, 부분 그래프가 트리가 아니면, 순환 경로가 존재하게 되고, 순환 경로 상의 어떤 간선도 제거할 수 있으므로, 더 작은 가중치를 가진 연결 그래프가 생기기

때문이다.

【 정의 9-1 】

비 방향 그래프(undirected graph) G는 정점의 유한집합 V와 V에 속한 정점의 쌍의 집합 E로 구성된다. 이 쌍들을 G의 간선이라고 한다. G는 다음과 같이 표현된다.

$$G = (V, E)$$

【 정의 9-2 】

연결 그래프의 신장 트리는 그 그래프의 모든 정점을 포함하는 연결 그래프의 연결 비순환 서브그래프이다. 가중 연결 그래프의 최소 신장 트리는 최소 가중치를 갖는 연결 그래프의 신장 트리이다. 여기서 트리의 가중치는 모든 간선의 가중치들의 합으로 정의된다.

최소 신장 트리 문제는 주어진 가중 연결 그래프에 대한 최소비용 신장 트리를 찾는 문제이다. 신장 트리는 $T = (V, F)$로 표시된다. 문제는 $T = (V, F)$가 G에 대한 최소비용 신장 트리가 되도록 E의 부분집합 F를 찾는 것이다.

그림 9-3은 그래프와 그 그래프의 신장트리들을 보여준다. 여기서 T_1이 최소비용 신장트리이다. 최소비용 신장 트리 문제는 통신망, 도로망, 유통망에서 길이, 비용, 전송시간을 최소로 구축하려는 응용분야에 적용할 수 있다.

- **도로 건설**: 도시들을 모두 연결하면서 도로의 길이가 최소가 되도록 하는 문제
- **전기 회로**: 단자들을 모두 연결하면서 전선의 길이가 가장 최소가 되도록 하는 문제
- **통신**: 전화선의 길이가 최소가 되도록 전화 케이블 망을 구성하는 문제
- **배관**: 파이프를 모두 연결하면서 파이프의 총 길이가 최소가 되도록 연결하는 문제

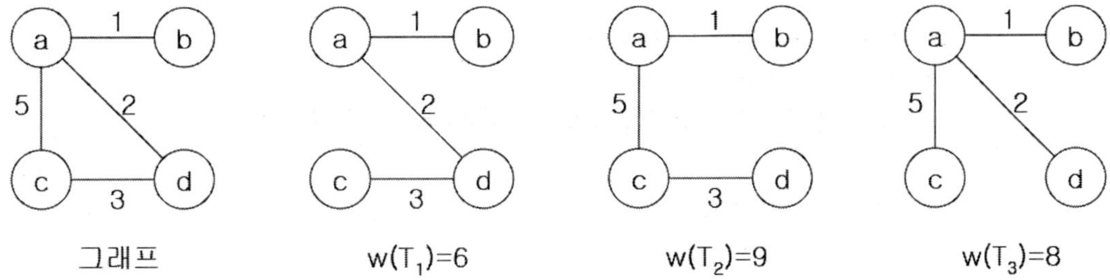

| 그림 9.3 | 그래프와 그 그래프의 신장 트리들

(1) Prim의 알고리즘

Prim의 알고리즘은 일련의 서브트리 확장을 통하여 최소비용 신장 트리를 구축한다. 초기 서브 트리는 그래프의 정점들의 집합 *V*로부터 임의로 선택된 하나의 정점으로 구성된다. 각 반복에서, 그 서브트리에 없는 최근접 정점을 그 서브 트리에 간단히 붙이는 탐욕적인 방법으로 현재 트리를 확장한다. 그 그래프의 모든 정점들이 구축되는 서브 트리에 포함되어지면, 그 알고리즘은 중지된다.

알고리즘 9-3은 최소 신장 트리를 구하는 Prim의 알고리즘을 보여준다. Prim의 알고리즘은 세 가지 자료구조를 사용하여 설계되었다. 여기서 i = 0, 1, ..., n-1이고 n은 입력 그래프의 정점의 개수를 나타낸다.

- nearest[i]: 정점 i에서 가장 가까운 최소 신장 트리에 속한 정점의 인덱스
- distance[i]: 정점 i와 nearest[i]가 인덱스인 두 정점을 연결하는 간선의 가중치
- mstSet[i]: 정점 i가 최소 신장 트리에 포함되는지 여부: 포함되면 참(true), 아니면 거짓(false)을 갖는 부울 배열

알고리즘 9-3 Prim의 알고리즘

```
입력: 가중 무향 그래프 graph
출력: 그래프에 대한 최소신장트리에 포함되는 간선들의 집합

primMST(n, graph):
    # 최소 가중치 간선을 선택하기 위하여 사용되는 값들
```

```
    distance = [sys.maxsize] * self.V
    nearest = [None] * self.V
    # 정점 0이 첫 번째 정점이 되도록 distance 0을 만든다.
    distance[0] = 0
    mstSet = [False] * self.V

    nearest[0] = -1
    mstSet[0] = True

    for cout in range(self.V):

        # 아직 처리되지 않은 정점들의 집합으로부터
        # 최소거리정점을 선택한다.
        min = sys.maxsize

        for v in range(self.V):
            if distance[v] < min and mstSet[v] == False:
                min = distance[v]
                min_index = v

        # 최소거리정점을 최단 경로트리에 넣는다.
        mstSet[min_index] = True

        # 만일 새로운 거리가 현재거리보다 짧고 그 정점이 최단 경로트리에
        # 없다면, 선택된 정점의 인접정점의 거리 값을 갱신한다.
        for v in range(self.V):

            # graph[u][v]는 u의 인접 정점들에 대해서만 0이 아님.
            # mstSet[v]는 MST에 아직 포함되지 정점들에 대해 False이다.
            # 만일 graph[u][v]가 distance[v]보다 작다면
            # 거리를 갱신한다.
            if self.graph[u][v] > 0 and mstSet[v] == False and
distance[v] > self.graph[u][v]:
                distance[v] = self.graph[u][v]
                nearest[v] = u
```

Prim의 알고리즘의 모든 경우 시간복잡도는 기본 연산으로 primMST()의 첫 번째 for-루프 내의 두 개의 for-루프가 있다. 여기서 각 for-loop는 n회 반복한다. 그리고 입력크기는 그래프의 정점의 개수 n이고, 기본연산은 각 루프에서 수행되는 조건문으로 하면, 입력크기 n에 대한 모든 경우 시간복잡도는 다음과 같다.

$$T(n) = n^2 + n^2 = 2n^2 \in \Theta(n^2).$$

예를 들어, 그림 9.4의 가중 무향 연결 그래프에서 Prim의 알고리즘을 사용하여 최소비용 신장 트리를 구하는 과정은 다음과 같다.

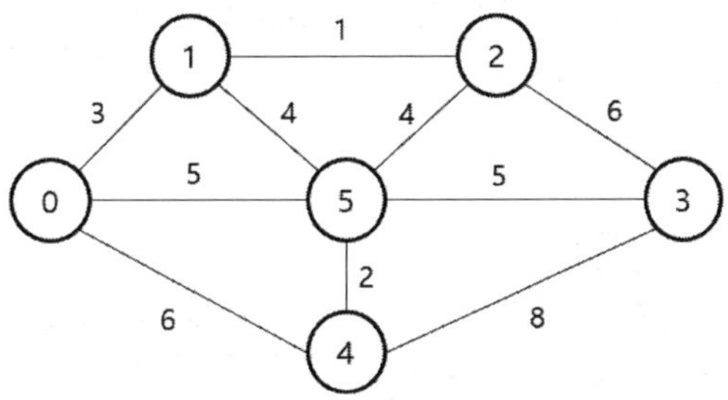

| 그림 9.4 | 가중 무향 연결 그래프의 예

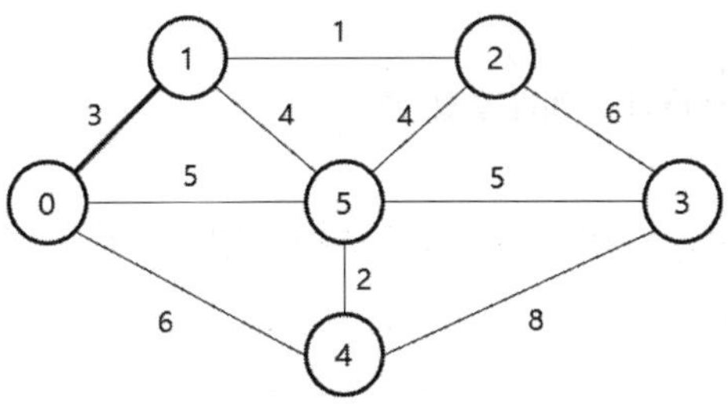

nearest	-1	0	null	null	0	0
distance	0	3	∞	∞	6	5

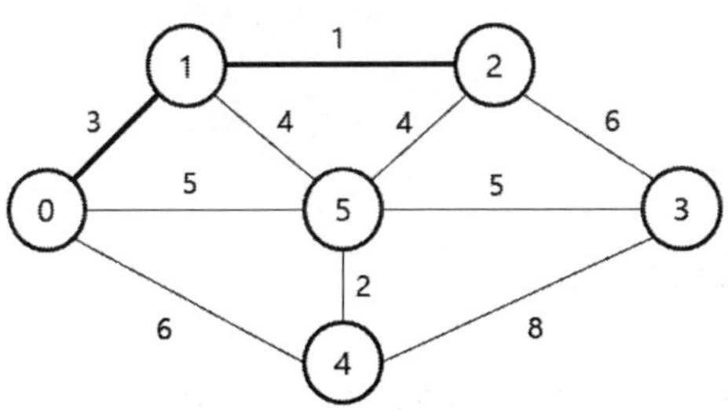

nearest	-1	0	1	null	0	1
distance	0	3	1	∞	6	4

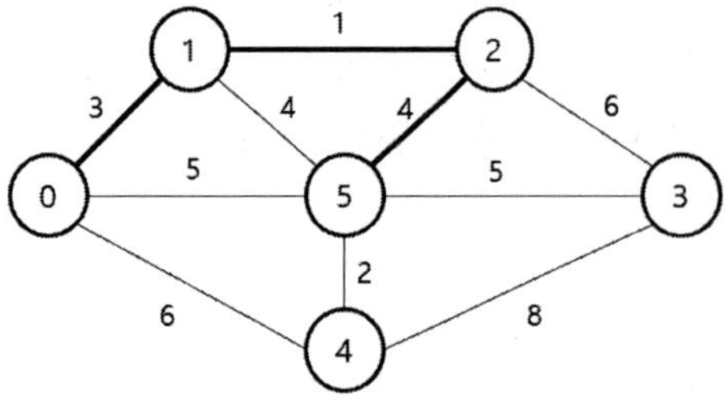

nearest	-1	0	1	2	0	1
distance	0	3	1	6	6	4

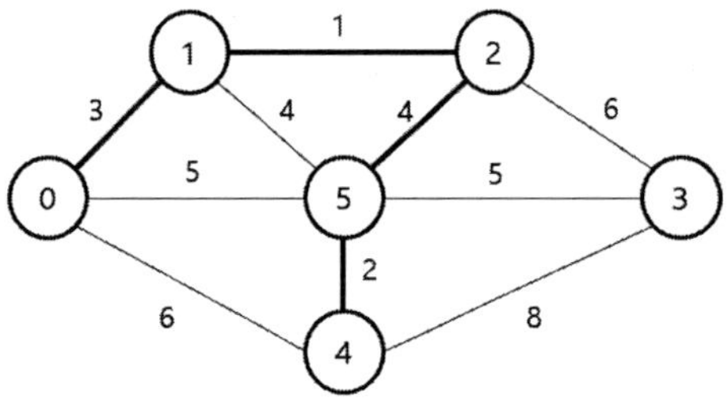

nearest	-1	0	1	5	5	1
distance	0	3	1	5	2	4

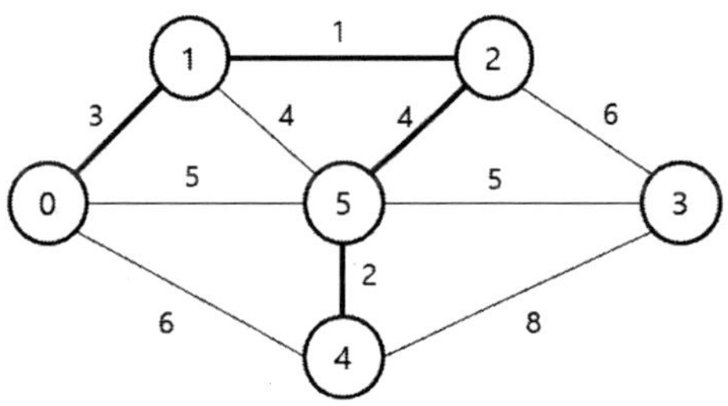

nearest	-1	0	1	5	5	1
distance	0	3	1	5	2	4

▌그림 9.5▐ Prim의 알고리즘의 단계별 실행 과정

그림 9.4의 그래프에서 최소 신장 트리를 구하는 Prim의 탐욕 알고리즘을 구현한 Python 프로그램과 실행 결과는 그림 9.6과 같다.

```
import sys

class Graph():

    def __init__(self, vertices):
        self.V = vertices
        self.graph = [[0 for column in range(vertices)]
                    for row in range(vertices)]
```

```
    # nearest[i]에 저장되고 구축된 최소신장트리를 출력하기 위한 함수
    def printMST(self, nearest):
        print("간선 \t가중치")
        for i in range(1, self.V):
            print(nearest[i], "-", i, "\t", self.graph[i][nearest[i]])

    # 최단 경로트리에 아직 포함되지 않은 정점들의 집합으로부터
    # 최소거리 값을 갖는 정점을 찾는 함수
    def minDistance(self, distance, mstSet):

        min = sys.maxsize

        for v in range(self.V):
            if distance[v] < min and mstSet[v] == False:
                min = distance[v]
                min_index = v

        return min_index

    # 인접행렬표현을 사용하여 표현된 그래프를 위한 최소신장트리를 구축하고
    # 출력하기 위한 함수
    def primMST(self):

        # 최소 가중치 간선을 선택하기 위하여 사용되는 값들
        distance = [sys.maxsize] * self.V
        nearest = [None] * self.V
        # 이 정점이 첫 번째 정점이 되도록 distance 0을 만든다.
        distance[0] = 0
        mstSet = [False] * self.V

        nearest[0] = -1
        mstSet[0] = True

        for cout in range(self.V):

            # 아직 처리되지 않은 정점들의 집합으로부터 최소거리정점을
            # 선택한다.
```

```
        u = self.minDistance(distance, mstSet)

        # 최소거리정점을 최단 경로트리에 넣는다.
        mstSet[u] = True

        # 만일 새로운 거리가 현재거리보다 짧고 그 정점이 최단 경로
        # 트리에 없다면, 선택된 정점의 인접정점의 거리 값을 갱신한다.
        for v in range(self.V):

            # graph[u][v]는 u의 인접 정점들에 대해서만 0이 아님.
            # mstSet[v]는 MST에 아직 포함되지 정점들에 대해 거짓이다.
            # 만일 graph[u][v]가 distance[v]보다 작다면 거리를 갱신한다.
            if self.graph[u][v] > 0 and mstSet[v] == False and
distance[v] > self.graph[u][v]:
                    distance[v] = self.graph[u][v]
                    nearest[v] = u

    self.printMST(nearest)

g = Graph(6)
g.graph = [ [0, 3, 0, 0, 6, 5],
          [3, 0, 1, 0, 0, 4],
          [0, 1, 0, 6, 0, 4],
          [0, 0, 6, 0, 8, 5],
          [6, 0, 0, 8, 0, 2],
          [5, 4, 4, 5, 2, 0]]

g.primMST();
```

(a) 프로그램

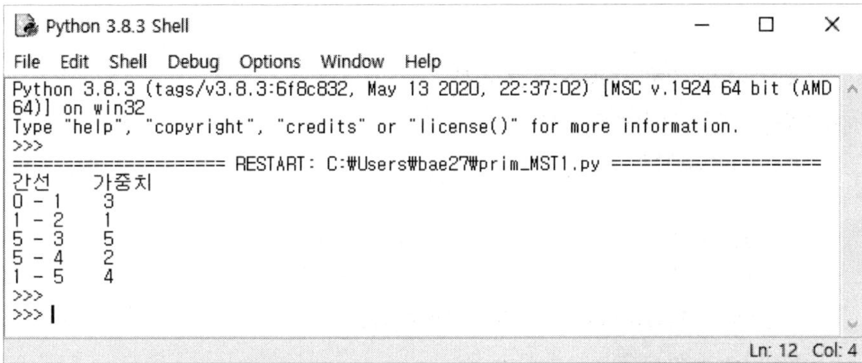

(b) 실행 결과

| 그림 9.6 | Prim의 알고리즘을 위한 Python 프로그램과 실행 결과

(2) Kruskal의 알고리즘

Kruskal의 알고리즘은 간선의 가중치의 합이 최소인 $|V|-1$ 간선을 갖는 비 순환 그래프로 가중 연결 그래프 $G=(V, E)$에 대한 최소비용 스패닝 트리를 찾는다. 이 알고리즘은 가중치들을 감소하지 않는 순서로 그래프의 간선들을 정렬하여 시작한다. 따라서 빈 서브 그래프로 시작하여, 정렬된 리스트를 검사한다. 다음 간선을 이미 선택된 간선들의 집합에 추가할 때 순환을 생성하는지를 검사해야 한다. 새로운 간선이 이미 다른 경로에 의하여 연결되어 있는 정점들을 연결할 때 순환이 생성된다. 만일 다음 간선의 포함이 순환을 생성하지 않는다면 현재 서브 그래프에 그 간선을 추가한다.

알고리즘 9-4는 최소 신장 트리를 구하기 위하여 서로소 집합 자료구조의 세 가지 연산: Find, Union, MakeSet을 사용하여 설계된 Kruskal의 알고리즘을 보여준다.

알고리즘 9-4 Kruskal의 알고리즘

```
입력: 가중 연결 그래프의 간선들과 정점의 개수
출력: 그래프에 대한 최소 신장 트리에 포함되는 간선들의 집합

KruskalAlgo(edges, N):
    # MST에 존재하는 간선들을 저장
    MST = []
```

```
    # 서로소 집합 클래스를 초기화
    ds = DisjointSet()
    ds.makeSet(N)

    index = 0

    # MST는 정확히 V-1 간선을 포함한다.
    while len(MST) != N - 1:

        # 그래프로부터 최소 가중치를 갖는 다음 간선을 고려한다.
        (src, dest, weight) = edges[index]
        index = index + 1

        # 다음 간선에 속하는 두 종단 정점들에 대한
        # 집합의 루트를 찾는다.
        x = ds.Find(src)
        y = ds.Find(dest)

        # 만일 두 종단점이 다른 부모를 갖는다면, 그것들은
        # 통합 가능하여 MST에 포함될 수 있다.
        if x != y:
            MST.append((src, dest, weight))
            ds.Union(x, y)

    return MST
```

Kruskal의 알고리즘의 기본연산은 간선들을 정렬할 때 가중치들의 비교연산과 서로소 집합 관련 연산에서 수행되는 비교연산이고, 입력크기는 정점의 개수 n과 간선의 개수 m에 대한 최악 경우 시간복잡도는 다음과 같다.

간선을 정렬하는데 걸리는 시간은 $W(m) \in \Theta(mlgm)$이고, while 루프에서 걸리는 시간은 최악 경우, while 루프를 빠져나가기 전에 모든 간선을 고려하게 되는데, 이는 루프가 m번 반복된다는 것을 의미한다. 부분집합의 합집합을 구하기 위하여 사용하는 서로소의 연산은 입력 m에 대해 $\lg m$ 비교 연산을 수행한다. 따라서 $W(m) \in \Theta(mlgm)$

이다. 그리고 n개의 서로소를 초기화하는 데 걸리는 시간은 $T(n)\in\Theta(n)$이다. 따라서 최악 경우 시간복잡도는 다음과 같다.

$$W(m,n)\in\Theta(n)+\Theta(mlgm)+\Theta(mlgm)=\Theta(n+2mlg\,m)\in\Theta(mlgm)$$

최악의 경우, 모든 정점들은 다른 모든 정점과 연결된 완전 연결 그래프이기 때문에, $m=\frac{n(n-1)}{2}\in\Theta(n^2)$이다.

그러므로 $W(m,n)\in\Theta(n^2 lg\,n^2)=\Theta(n^2 2\ lg\ n)=\Theta(n^2 \lg n)$이다.

Prim의 알고리즘의 예로 사용한 그림 9.4의 가중 연결 그래프에서 최소비용 신장 트리를 구하는 과정을 설명한다. 먼저 그 그래프의 간선들을 가중치들의 오름차순으로 정렬한다.

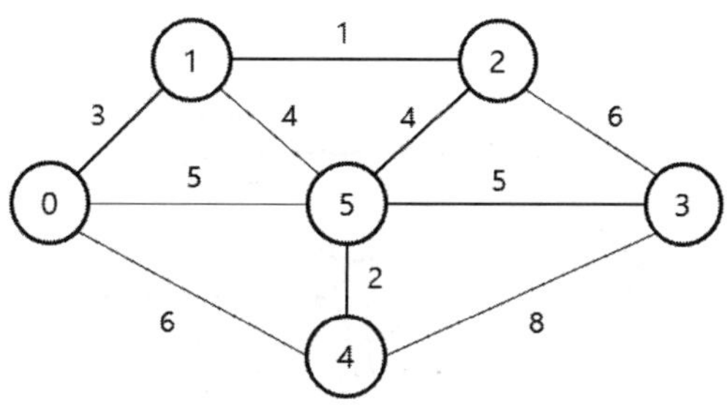

이음선	(1, 2)	(4, 5)	(0, 1)	(1, 5)	(2, 5)	(0, 5)	(3, 5)	(0, 4)	(2, 3)	(3, 4)
가중치	1	2	3	4	4	5	5	6	6	8

❙그림 9.7❙ 가중 연결 그래프의 정렬된 간선 리스트

정렬된 간선 리스트에서 순서대로 간선을 선택하여 서로소 집합의 연산을 사용하여 선택된 간선이 순환을 생성하는지 검사한다. 만일 순환이 형성되면 그 간선은 제외되고, 아니면 그 간선은 최소 신장 트리에 추가된다. 이러한 Kruskal의 알고리즘의 실행 과정은 그림 9.8과 같다.

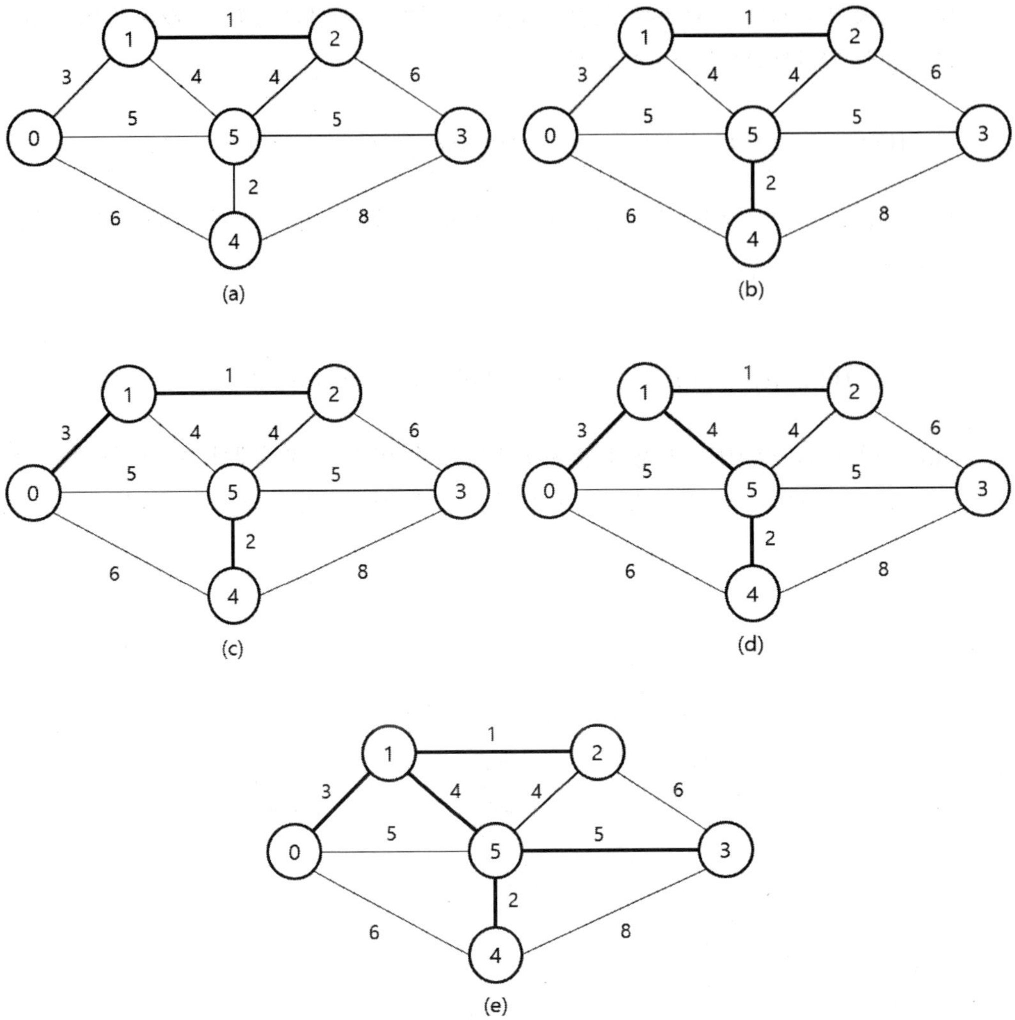

| 그림 9.8 | Kruskal의 알고리즘의 실행 예

상기 예제의 그래프에서 최소 신장 트리를 구하는 Kruskal의 탐욕 알고리즘을 구현한 Python 프로그램과 실행 결과는 그림 9.9와 같다.

```
# 서로소 집합을 나타내는 클래스
class DisjointSet:
    parent = {}

    # MakeSet 연산 수행
    def makeSet(self, N):

        # N 서로소 집합 생성
        for i in range(N):
            self.parent[i] = i

    # 원소 k가 속하는 서로소 집합의 루트를 찾는다.
    def Find(self, k):

        # k가 루트이면
        if self.parent[k] == k:
            return k

        # 루트를 찾을 때 까지 재귀적 실행
        return self.Find(self.parent[k])

    # 2개의 부분집합을 통합
    def Union(self, a, b):

        # x와 y가 속한 집합들의 루트를 찾는다.
        x = self.Find(a)
        y = self.Find(b)

        self.parent[x] = y


# Kruskal의 알고리즘을 사용하여 MST 구축
def KruskalAlgo(edges, N):
    # MST에 존재하는 간선들을 저장
    MST = []
```

```
    # 서로소 집합 클래스를 초기화
    ds = DisjointSet()
    ds.makeSet(N)

    index = 0

    # MST는 정확히 V-1 간선을 포함한다.
    while len(MST) != N - 1:

        # 그래프로부터 최소 가중치를 갖는 다음 간선을 고려한다.
        (src, dest, weight) = edges[index]
        index = index + 1

        # 다음 간선에 속하는 두 종단 정점들에 대한 집합의 루트를 찾는다.
        x = ds.Find(src)
        y = ds.Find(dest)

        # 만일 두 종단점이 다른 부모를 갖는다면, 그것들은 통합 가능하여
        # MST에 포함될 수 있다.
        if x != y:
            MST.append((src, dest, weight))
            ds.Union(x, y)

    return MST

if __name__ == '__main__':

    # (u, v, w) 삼중항은 가중치 w를 갖는 간선 u로부터
    # 간선 v까지 무향 간선을 나타낸다.
    edges = [
        (0, 1, 3), (0, 5, 5), (0, 4, 6), (1, 2, 1), (1, 5, 4),
        (2, 3, 6), (2, 5, 4), (3, 5, 5), (3, 4, 8), (4, 5, 2),
    ]

    # 가중치가 증가하는 순으로 간선들을 정렬
    edges.sort(key=lambda x: x[2])
```

```
N = 6

e = KruskalAlgo(edges, N)

print(e)
```

(a) 프로그램

```
Python 3.8.3 Shell
File  Edit  Shell  Debug  Options  Window  Help
Python 3.8.3 (tags/v3.8.3:6f8c832, May 13 2020, 22:37:02) [MSC v.1924 64 bit (AMD6
4)] on win32
Type "help", "copyright", "credits" or "license()" for more information.
>>>
= RESTART: C:/Users/bae27/AppData/Local/Programs/Python/Python38/mst_Kruskal.py
[(1, 2, 1), (4, 5, 2), (0, 1, 3), (1, 5, 4), (3, 5, 5)]
>>>
>>> |
                                                              Ln: 7  Col: 4
```

(b) 실행 결과

그림 9.9 Kruskal의 알고리즘을 위한 Python 프로그램과 실행 결과

9-4 단일 출발점 최단 경로 문제

단일 출발점 최단 경로 문제는 가중 연결 그래프에서 출발점(source)이라 부르는 주어진 정점에서 모든 다른 정점까지의 최단 경로를 찾는 것이다.

(1) Dijkstra의 알고리즘

Dijkstra의 알고리즘은 최소 신장 트리에 대한 Prim의 알고리즘과 매우 유사하다. Prim의 최소 신장 트리와 마찬가지로 주어진 출발 정점을 루트로 사용하여 최단 경로 트리를 생성한다.

알고리즘 9-5는 단일 출발점 최단 경로를 구하는 Dijkstra의 알고리즘을 보여준다. Dijksta의 알고리즘도 Prim의 알고리즘과 유사한 세 가지 자료구조를 사용하여 설계되었다. 여기서 i = 0, 1, ..., n-1이고 n은 입력 그래프의 정점의 개수를 나타낸다.

- touch[i]: 정점 i에서 가장 가까운 최소 신장 트리에 속한 정점의 인덱스
- length[i]: 최단 경로에 속한 정점들만 중간에 거치도록 하여 출발정점에서 정점 i로 가는 현재 최단 경로의 길이
- sptSet[i]: 정점 i가 최단 경로 트리에 포함되는지 여부: 포함되면 참(true), 아니면 거짓(false)을 갖는 부울 배열

알고리즘 9-5 Dijkstra의 알고리즘

```
입력: 가중 유향 그래프 graph, 출발정점
출력: 출발정점에서 모든 다른 정점까지의 최단 경로의 길이

# 인접행렬을 사용하여 표현된 그래프를 위한 Dijkstra의
# 단일 출발점 최단 경로를 구현한 함수
dijkstra(self, src):

    length = [sys.maxsize] * self.V
    touch = [None]*self.V
    length[src] = 0
    sptSet = [False] * self.V

    touch[0] = -1
    for cout in range(self.V):
        min = sys.maxsize
        for v in range(self.V):
            if length[v] < min and sptSet[v] == False:
                min = length[v]
                min_index = v

        sptSet[min_index] = True

        # 만일 현재 거리가 새로운 거리보다 더 멀고
        # 그 정점이 최단 경로트리에 없다면, 선택된 정점의
        # 인접한 정점들의 거리 값을 갱신한다.
        for v in range(self.V):
```

```
            if self.graph[u][v] > 0 and sptSet[v] == False
                and length[v] > length[u] + self.graph[u][v]:
                length[v] = length[u] + self.graph[u][v]
                touch[v] = u
```

Dijkstra의 알고리즘의 구조는 Prim의 알고리즘과 같다. 따라서 Dijkstra의 알고리즘의 모든 경우 시간복잡도는 Prim의 알고리즘의 성능분석과 같다. 따라서 입력크기, 그래프의 정점의 개수 n에 대한 모든 경우 시간복잡도 $T(n) = 2n^2 \in \Theta(n^2)$이다.

예를 들어, 그림 9.10의 가중 유향 연결 그래프에서 Dijkstra의 알고리즘을 사용하여 출발정점 0에서 모든 정점까지의 최단 경로의 길이를 구하는 과정은 다음과 같다.

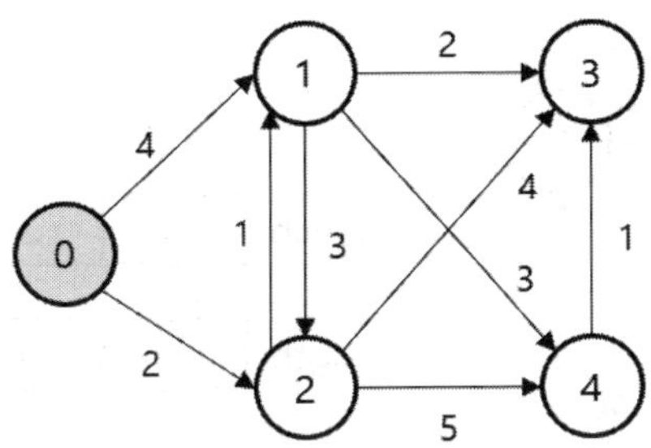

▌그림 9.10▌ 가중 유향 그래프의 예

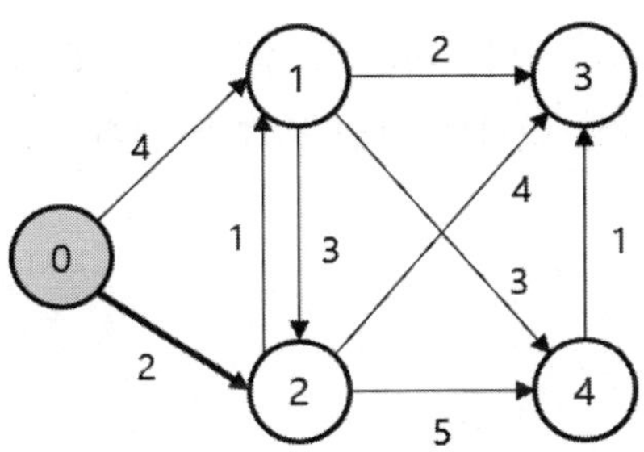

touch	-1	0	0	null	null
length	0	4	2	∞	∞

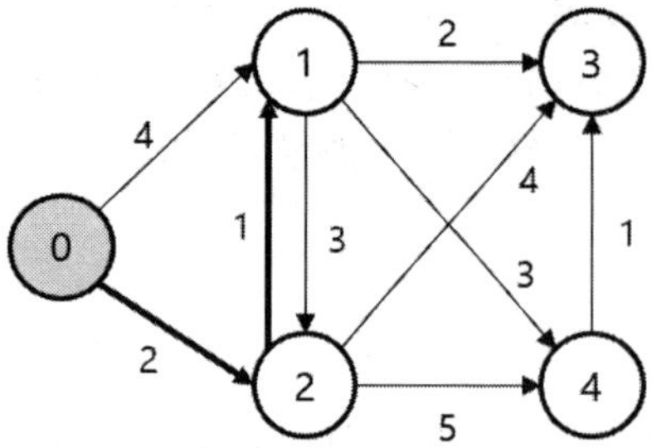

touch	-1	2	0	2	2
length	0	3	2	6	7

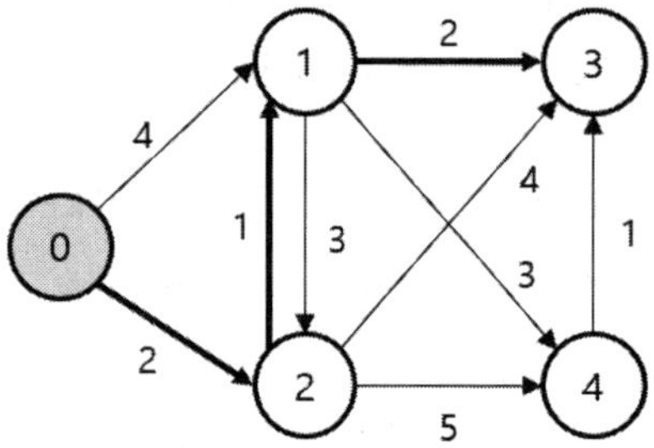

touch	-1	2	0	1	1
length	0	3	2	5	6

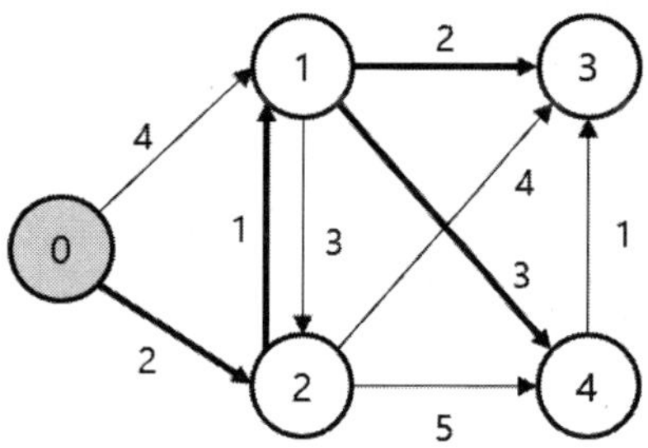

touch	-1	2	0	1	1
length	0	3	2	5	6

그림 9.11 Dijkstra의 알고리즘의 단계별 실행 과정

그림 9.10의 그래프에서 단일 출발점에서 모든 정점까지의 최단 경로를 구하는 Dijkstra의 탐욕 알고리즘을 구현한 Python 프로그램과 실행 결과는 그림 9.12와 같다.

```
import sys

class Graph():

    def __init__(self, vertices):
        self.V = vertices
```

```
        self.graph = [[0 for column in range(vertices)]
                      for row in range(vertices)]

    def printSolution(self, length):
        print ("정점 \t 출발점으로부터 거리")
        for node in range(self.V):
            print (node, "\t", length[node])

    # 최단 경로트리에 아직 포함되지 않은 정점들의 집합으로부터
    # 최소 거리 값을 갖는 정점을 찾는 함수
    def minLength(self, length, sptSet):

        min = sys.maxsize

        for v in range(self.V):
            if length[v] < min and sptSet[v] == False:
                min = length[v]
                min_index = v

        return min_index

    # 인접행렬을 사용하여 표현된 그래프를 위한 Dijkstra의
    # 단일 출발점 최단 경로를 구현한 함수
    def dijkstra(self, src):

        length = [sys.maxsize] * self.V
        touch = [None]*self.V
        length[src] = 0
        sptSet = [False] * self.V

        touch[0] = -1
        for cout in range(self.V):

            u = self.minLength(length, sptSet)

            sptSet[u] = True
```

```
            # 만일 현재 거리가 새로운 거리보다 더 멀고 그 정점이 최단 경로
            # 트리에 없다면, 선택된 정점의 인접한 정점들의 거리 값을 갱신한다.
            for v in range(self.V):
                if self.graph[u][v] > 0 and sptSet[v] == False\
                    and length[v] > length[u] + self.graph[u][v]:
                    length[v] = length[u] + self.graph[u][v]
                    touch[v] = u

        self.printSolution(length)

g = Graph(5)
g.graph = [[0, 4, 2, 0, 0],
        [0, 0, 3, 2, 3],
        [0, 1, 0, 4, 5],
        [0, 0, 0, 0, 0],
        [0, 0, 0, 1, 0],
        ];

g.dijkstra(0)
```

(a) 프로그램

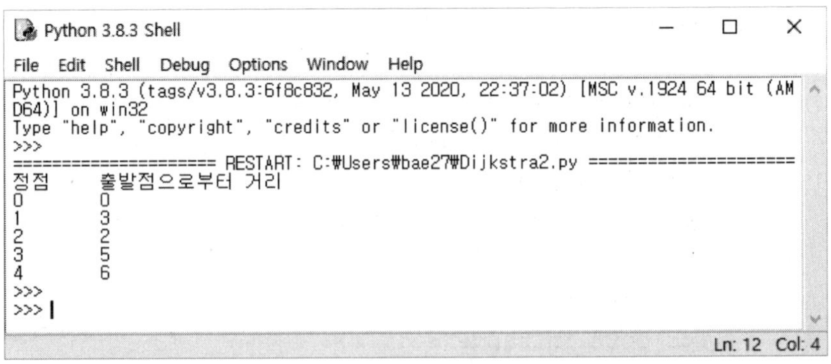

(b) 실행 결과

▌그림 9.12▐ Dijkstra의 알고리즘을 위한 Python 프로그램과 실행 결과

9-5 Huffman 트리

n-문자 알파벳들의 문자를 포함하는 텍스트의 각 문자에 코드워드(codeword)라 부르는 일련의 비트를 부여하여 코드화한다고 가정한다. 각 문자에 같은 길이의 비트 열 m을 할당하는 고정 길이 코딩(fixed-length encoding)을 사용할 수 있다. 다른 문자에 다른 길이의 코드워드를 부여하는 가변 길이 코딩(variable-length encoding)은 고정 길이 코딩에 없던 문제가 발생한다. i-번째 문자가 코드화된 텍스트의 얼마나 많은 비트로 표현되는지 알아야 한다. 이 복잡성을 회피하기 위하여 가변 길이 코딩은 접두 코드(prefix-free code 또는 간략히 prefix code)이어야 한다. 접두 코드에서는 한 문자의 코드워드가 다른 문자의 코드워드의 앞부분이 될 수 없다.

Huffman은 최적 코드에 해당하는 이진 트리를 구축하여 최적 이진문자 코드를 만들어 내는 탐욕적인 알고리즘을 개발하였다. 이 알고리즘이 만들어내는 코드를 Huffman 코드라고 한다. 허프만 코딩은 문자의 빈도 또는 확률 정보를 이용해 통계적으로 압축하는 방법이다. 텍스트에서 문자가 출현하는 빈도수에 따라 다른 길이의 부호를 부여한다. 예를 들어, 허프만 코드는 더 많은 횟수 사용되는 (또는 빈도가 높은) 문자에 짧은 길이의 코드 워드를 할당하고 더 적은 횟수 사용되는 (또는 빈도가 적은) 문자에 대해서는 더 긴 길이의 코드 워드를 할당한다. 또한 허프만 코드는 접두 코드로 생성한 비트 스트림을 디코딩 할 때 모호성이 없고, 최적 코드로 코드화된 메시지 길이가 가장 짧다. 따라서 Huffman 코드는 최적 접두 코드(optimal prefix code)이다.

Huffman 인코딩의 첫 단계에서는 Huffman 트리를 만드는 것이다. 일련의 문자와 관련 빈도가 주어지면 최적의 Huffman 트리를 만들 수 있다. 그리고 두 개의 최소 빈도 허프만 노드를 반복해서 꺼내고, 빈도가 해당 빈도의 합인 새로운 Huffman 트리로 결합된다. 허프만 트리가 하나만 남아 있으면 최적 인코딩을 나타낸다. 그런 다음 각 문자의 코드는 트리의 루트에서 주어진 문자를 보유하는 리프까지의 경로를 따라 왼쪽 가장자리를 따라갈 때 '0'을 지정하고 오른쪽 가장자리를 따라갈 때 '1'을 할당하고 누적하여 얻을 수 있다. 각 리프에서 누적된 0과 1은 해당 기호에 대한 허프만 인코딩을 구성한다. 알고리즘 9-6은 힙 큐 자료구조를 사용한 Huffman 코딩 알고리즘의 구조를 보여준다.

알고리즘 9-6 Huffman 코딩 알고리즘

```
buildHTree(freqData):
    huffmanNodes = []
    for char in freqData:
        huffmanNodes.append(HuffmanNode(freqData[char], char))
    # 리스트 huffmanNodes를 최소빈도 허프만 노드의 트랙을
    # 관리하기 위하여 우선순위 큐로 변환
    heapq.heapify(huffmanNodes)
    while (len(huffmanNodes) > 1):
        # 2개의 최소빈도 허프만 노드를 꺼낸다.
        child1 = heapq.heappop(huffmanNodes)
        child2 = heapq.heappop(huffmanNodes)
        parent = HuffmanNode(child1.freq + child2.freq, left=child1,
right=child2)
        # 빈도가 해당 빈도의 합인 새로운 노드를 힙 큐에 삽입한다.
        heapq.heappush(huffmanNodes, parent)
    return None if huffmanNodes == [] else heapq.heappop(huffmanNodes)
```

입력 스트링에서 문자의 개수를 n이라 하면, 알고리즘 9-6은 우선순위 큐를 힙으로 구현하므로 힙 연산시간은 $\Theta(\lg n)$이고, while 루프가 $n-1$번 반복되므로 평균 시간복잡도는 $\Theta(n \lg n)$이다.

예들 들어, 네 개의 문자 {a, b, c, d}로 구성된 다음 입력 문자열 “bcaadddccacacac”에 대한 Huffman 트리 구축 과정과 결과 코드워드는 그림 9.13과 같다.

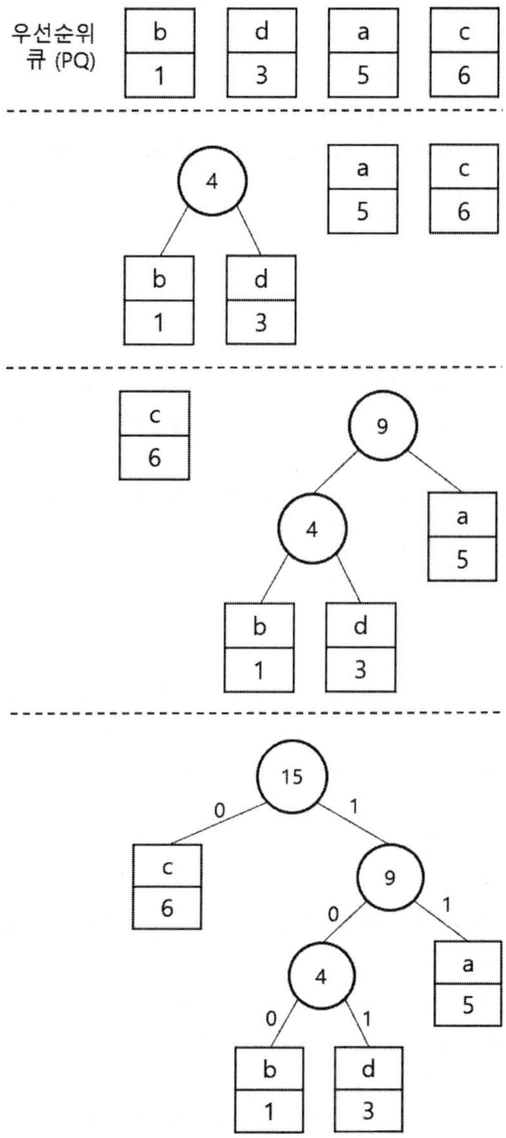

▌그림 9.13▐ Huffman 코딩 트리 구축의 예

앞에서 설명한 동일한 예제에 대한 Huffman 트리를 구축하기 위하여 우선순위 큐로 Python의 힙 큐 자료구조를 사용하는 Python 프로그램과 실행 결과는 그림 9.14와 같다.

```
import heapq

class HuffmanNode(object):
    def __init__(self, freq, char=None, left=None, right=None):
        self.char = char
        self.freq = freq
        self.left = left
        self.right = right

    def __repr__(self):
        return "HuffmanNode(char=%s, freq=%s)" % (self.char, self.freq)

    # 우선순위 큐내의 노드들을 순서화하기 위하여 활용되는 노드 비교 함수
    def __lt__(self, other):
        return self.freq < other.freq

    def isLeaf(self):
        return (self.left == None and self.right == None)

def buildHTree(freqData):
    huffmanNodes = []
    for char in freqData:
        huffmanNodes.append(HuffmanNode(freqData[char], char))
    # 최소빈도 허프만 트리를 관리하기 위하여 허프만 노드들의 리스트를 우선순위 큐로
변환
    heapq.heapify(huffmanNodes)
    while (len(huffmanNodes) > 1):
        # 2개의 최소빈도 허프만 노드를 꺼낸다.
        child1 = heapq.heappop(huffmanNodes)
        child2 = heapq.heappop(huffmanNodes)
        parent = HuffmanNode(child1.freq + child2.freq, left=child1,
right=child2)
        heapq.heappush(huffmanNodes, parent)
    return None if huffmanNodes == [] else heapq.heappop
(huffmanNodes)

def hTreeToHCode(hTree):
    code = dict()
```

```
    # 왼쪽 간선은 0을 표현하고, 오른쪽 간선은 1을 표현하고,
    # 그리고 루트로부터 어떤 리프까지의 경로는 그 리프에
    # 저장된 문자에 대한 코드워드를 부여한다.

    def getCode(hNode, curCode=""):
        if (hNode == None): return
        if (hNode.left == None and hNode.right == None):
            code[hNode.char] = curCode
        getCode(hNode.left, curCode + "0")
        getCode(hNode.right, curCode + "1")
    getCode(hTree)
    print(code)
    print()
    return code

def encode(s, freqData):
    hTree = buildHTree(freqData)
    hCode = hTreeToHCode(hTree)
    hEncoded = ""
    for char in s:
        hEncoded += hCode[char]
        print(char, hCode[char])
    return hEncoded.strip()


freqData = {"b":1, "c":6, "a":5, "d":3}
print()
encodedStr = encode("bcaadddccacacac", freqData)
print()
print("코드화된 스트링: ", encodedStr)
```

(a) 프로그램

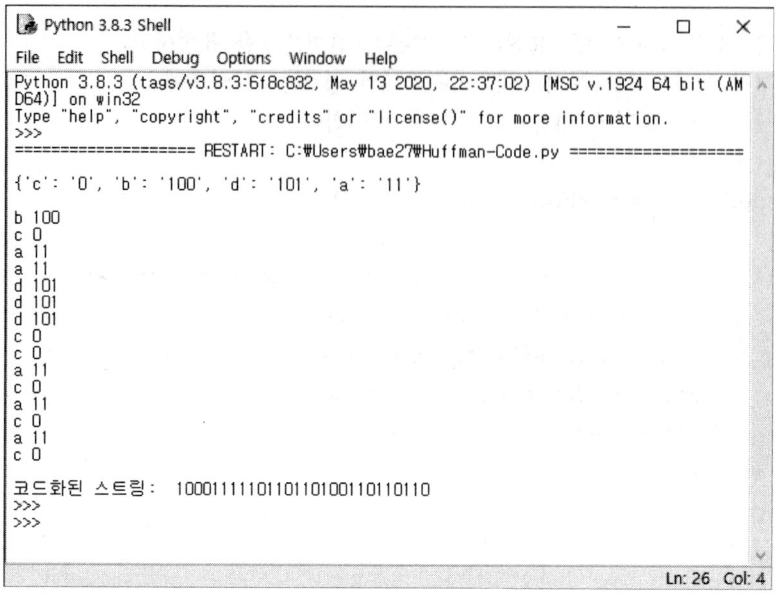

(b) 실행 결과

▌그림 9.14▐ Huffman 코딩 트리를 구축하는 Python 프로그램과 실행 결과

입력 스트링 'bcaadddccacacac'를 Huffman 코드로 인코딩된 비트의 수는 $(4\times3)+(5\times2)+(6\times1)=28$이다. 이 예제에서 생성된 Huffman 코드의 압축률과 공간절약률은 식 (9.1)과 식 (9.2)에 의해 각각 계산되어진다.

$$\text{압축률} = \frac{\text{인코딩 전 데이터 량}}{\text{인코딩 후 데이터 량}} \tag{9.1}$$

$$\text{공간절약률} = 1 - \frac{\text{인코딩 데이터 량}}{\text{인코딩 전 데이터 량}} \tag{9.2}$$

입력 스트링이 ASCII 코드와 고정길이 이진코드로 표현된 경우에 대한 각 압축률은 다음과 같다.

- ASCII 코드를 사용하면 한 문자는 8bits로 표현된다. 입력 스트링의 길이는 15이므로 입력 스트링의 원래 비트 량은 $(15\times8)=120\,bits$이다. 따라서 압축률은 $\frac{120\,bits}{28\,bits}\approx 4.29$이고, 공간절약률은 $1-\frac{28\,bit}{120\,bits}\approx 0.77$이다. 원래 데이터의 약 4.3비트가 1비트로 압축된다는 것을 의미한다.

- 고정길이 이진코드를 사용하면 해당 입력 스트링에서 사용된 문자의 개수가 네 개이고, $2^2 = 4$이므로 2비트로 총 네 가지 코드를 만들 수 있다. 입력 스트링의 길이는 15이므로 입력 스트링의 원래 비트 량은 $(15 \times 2) = 30\,bits$이다. 따라서 압축률은 $\dfrac{30\,bits}{28\,bits} \approx 1.07$이고, 공간절약률은 $1 - \dfrac{30\,bits}{28\,bits} \approx 0.067$이다. 원래 데이터의 약 2.14 비트가 1비트로 압축된다는 것을 의미한다.

연습문제

9.1 다음 그래프를 보고 아래 사항에 대하여 답하시오

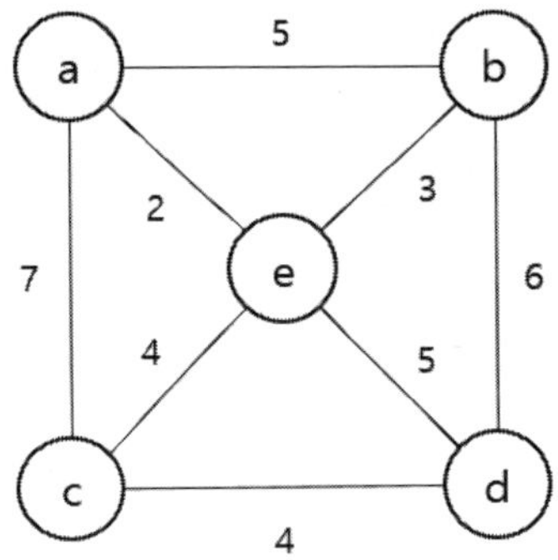

(a) Prim의 알고리즘을 사용하여 최소 신장 트리를 구하시오.

(b) Kruskal의 알고리즘을 사용하여 최소 신장 트리를 구하시오.

9.2 다음 그래프에서 Dijksta의 알고리즘을 사용하여 출발 정점을 S로 하는 단일 출발점 최단 경로 문제를 푸시오.

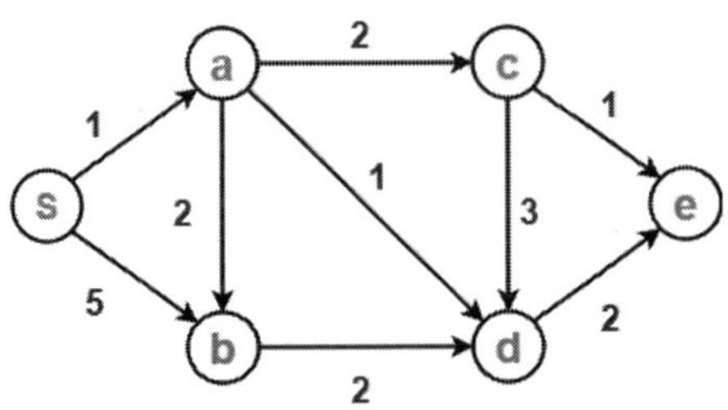

9.3 다음 표를 보고 아래 사항에 대하여 답하시오.

문자	e	r	s	t	v	l	z	x
빈도	34	22	24	28	15	10	9	8

(a) 우선순위 큐를 사용하여 Huffman 코드를 구하시오.

(b) ASCII 코드와 고정 이진코드에 대한 Huffman 코딩의 압축율과 공간절약률을 각각 구하시오.

9.4 입력 문자열 "Eerie eyes seen near lake."에 대하여 다음 사항에 답하시오.

(a) Huffman 트리를 구축하고, 각 문자에 대한 코드워드를 구하시오. (단, 우선순위 큐에서 문자의 빈도수가 같은 경우에 문자열에 나오는 순서로 정렬되고, 결합된 노드는 같은 빈도수의 노드 뒤에 삽입된다고 가정한다)

(b) 입력 문자열을 구한 Huffman 코드로 인코딩하시오.

(c) ASCII로 표현된 입력 문자열에 대한 압축률을 구하시오.

CHAPTER

퇴각검색법

10-1 개요

무차별 검색 또는 완전 검색(Brute-Force Search)은 해답에 대한 모든 가능한 후보 해를 먼저 나열한 다음 가장 적합한 솔루션을 선택하는 알고리즘 기법이다. 간략히 말하면 가능한 모든 경우를 일일이 다 탐색한다. 따라서 이 방법은 해답을 틀림없이 구하지만 시간 복잡성 측면에서 가장 비싼 알고리즘 기법이다. 그리고 그것은 가장 순수한 기법 중의 하나이고, 이 방법을 통해 해답을 생성하는 단계는 매우 간단하다.

알고리즘 10-1 무차별 검색 알고리즘

```
solve(parameters)
{
    generate all possible solutions;
    ans = select most feasible solution;
    return ans;
}
```

퇴각검색법(Backtracking)은 무차별 검색의 시간 복잡성을 개선하기 위한 알고리즘 패러다임이다. 퇴각검색법이란 상태 공간 트리에 있는 어떤 노드에서 이 노드는 문제의 해가 아닌 막다른 곳으로 가게 된다고 판단되었을 때, 이 노드의 부모노드로 돌아가서 다음 자식노드에서 다시 탐색을 시작하는 것을 말한다.

퇴각검색법은 탐색 공간 트리의 루트부터 깊이 우선 순서에 따라 재귀적으로 마디를 방문한다. 방문한 마디가 해답이 될 가능성이 없는 것으로 결정되면, 그 마디를 유망하지 않다(non-promising)고 하고, 그렇지 않으면 유망하다(promising)고 한다. 퇴각검색법은 상태 공간 트리를 깊이우선 검색하여 마디가 유망한지를 검사하고, 만약 유망하지 않으면 그 마디의 부모마디로 퇴각한다.

퇴각검색 알고리즘은 한 번에 하나의 작은 조각으로 점진적으로 해를 구성하려고 한다. 유효한 결정을 찾을 때까지 여러 가지 결정 순서를 시도하는 체계적인 방법이다.

퇴각검색법으로 해결되는 가장 일반적인 문제 중 하나는 출발지에서 목적지까지 미로에서 탈출 경로를 찾는 것이다. 이 문제를 해결하기 위하여 한 가지 방법을 선택하고 목적지로 나아가려고 노력한다. 목적지로 이동할 수없는 지점에 도달하면, 왔던 길을 퇴각하고 다른 길을 탐색하려고 시도한다. 이것이 퇴각검색법의 핵심 개념이다. 알고리즘 10-2는 퇴각검색법의 일반적인 알고리즘을 보여준다.

알고리즘 10-2 퇴각검색법의 일반적인 알고리즘

```
expand(node v):
  node u

  for (each child u of v):
    if (promising(u)):
      if (there is a solution at u):
        write the solution
      else:
        expand(u)
```

유망한 마디를 방문하면 각 자식 마디가 유망한지 먼저 점검한다. 만약 그 자식 마디가 유망하고 그 마디에 해답이 있으면, 해답을 출력한다. 유망한 마디이지만 아직 해답이 아니면, 그 자식 마디를 방문한다. 따라서 알고리즘 10-2는 유망한 마디만을 방문한다.

10-2 N-여왕 문제

N-여왕(N-Queens) 문제는 서양장기의 여왕 말을 서로가 서로의 이동경로가 아닌 위치에 있도록 최대한 많은 여왕 말을 서양 장기판 위에 놓는 문제이다.

N-여왕 문제는 두 여왕이 같은 행 또는 같은 열 또는 같은 대각선에 있어 서로 공격할 수 없도록 $n \times n$ 서양 장기판에 N-여왕 말들을 배치하는 문제이다. 만일 $Q(i)$를 i번째 여왕이 있는 열이라 하면, k번째 행에 있는 여왕이 같은 열에 있는지 검사하기 위하여 다음 등식이 성립하는지를 검사한다.

$$Q(i) = Q(k)$$

행 k에 있는 여왕은 행 i에 있는 여왕에 의해 어느 한쪽 대각선으로 공격을 받고 있으면, 다음과 같은 등식이 성립한다.

$$Q(i) - Q(k) = i - k \text{ 또는 } Q(i) - Q(k) = k - i$$

N-여왕 문제를 해결하는 퇴각검색 알고리즘은 그림 10.3과 같다.

알고리즘 10-3 N-여왕 문제를 위한 퇴각검색 알고리즘

입력: 서양 장기판 행렬 Q, 배치되는 여왕의 인덱스 k, 여왕의 개수 n
출력: $n \times n$ 서양 장기판에 n개 여왕을 서로 공격받지 않도록 놓는 모든 가능한 방법

```
nQueens(Q, k, n):
   if k == n:
      print(Q)
      return
   i = 0
   while i < n:
      Q[k] = i
      if Promising(Q, k):
         nQueens(Q, k+1, n)
      i += 1
```

```
# 유망함수
Promising(Q, k):
   i = 0
   while i < k:
      if Q[k] == Q[i] or abs(Q[i] - Q[k]) == (k - i):
           return False
      i += 1
   return True
```

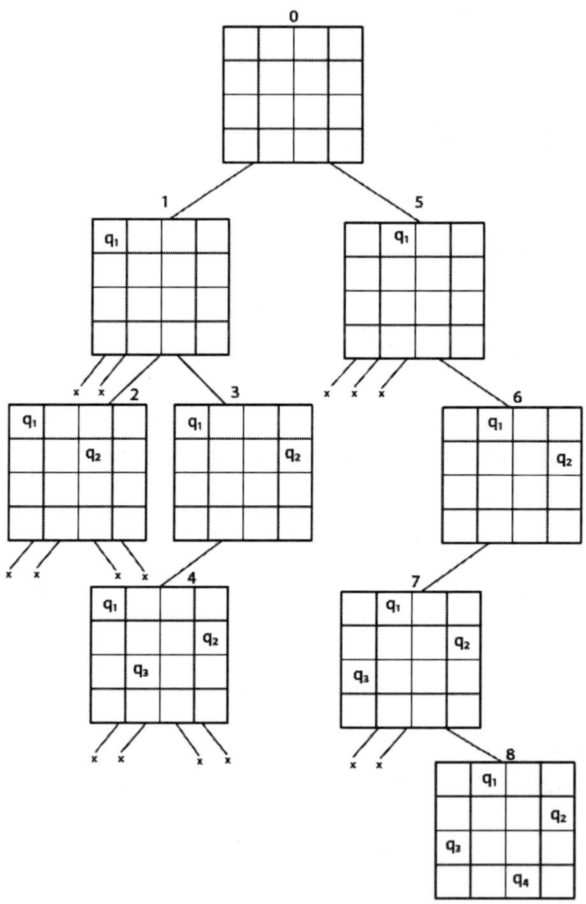

▌그림 10.1▐ 4-여왕 문제를 위한 상태 공간 트리

N-여왕 문제의 예로 4-여왕 문제에 대한 모든 가능 해를 구할 때 생성되는 상태 공간 트리는 그림 10.1과 같다. 해답 (1, 3, 0, 2)은 4-여왕 문제에 대한 하나의 가능한 해답

이다. 다른 가능한 해답은 모든 부분 해들에 대해 모든 방법이 반복된다. 4-여왕 문제에 대한 다른 해답은 (2, 0, 3, 1)이다.

그림 10.2는 N-여왕 문제를 위한 퇴각검색 알고리즘을 구현한 Python 프로그램과 4-여왕 문제와 6-여왕 문제의 실행 결과들을 각각 보여준다.

```
def Feasible(Q, k):
    i = 0
    while i < k:
        if Q[k] == Q[i] or abs(Q[i] - Q[k]) == (k - i):
            return False
        i += 1
    return True

def nQueens(Q, k, n):
    if k == n:
        print(Q)
        return
    i = 0
    while i < n:
        Q[k] = i
        if Feasible(Q, k):
            nQueens(Q, k+1, n)
        i += 1

# 코드 테스팅
Q = [0] * 4
nQueens(Q, 0, 4)

print()

Q = [0] * 6
nQueens(Q, 0, 6)
```

(a) 프로그램

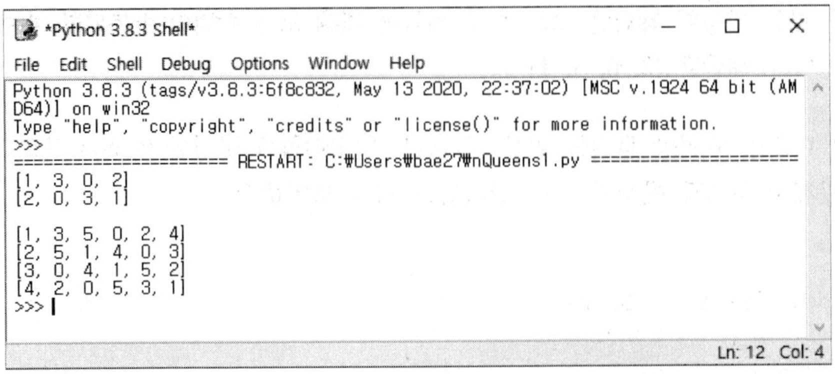

```
*Python 3.8.3 Shell*
File Edit Shell Debug Options Window Help
Python 3.8.3 (tags/v3.8.3:6f8c832, May 13 2020, 22:37:02) [MSC v.1924 64 bit (AM
D64)] on win32
Type "help", "copyright", "credits" or "license()" for more information.
>>>
===================== RESTART: C:\Users\bae27\nQueens1.py =====================
[1, 3, 0, 2]
[2, 0, 3, 1]

[1, 3, 5, 0, 2, 4]
[2, 5, 1, 4, 0, 3]
[3, 0, 4, 1, 5, 2]
[4, 2, 0, 5, 3, 1]
>>> |
Ln: 12 Col: 4
```

(b) 실행 결과

| 그림 10.2 | N-여왕 문제를 위한 퇴각검색 Python 프로그램과 실행 결과

10-3 미로 찾기 문제

퇴각검색법은 해답이 발견될 때 까지 해답에 대한 모든 가능 경로들을 점검하여 주어진 문제의 해결을 시도하는 재귀적 알고리즘이다. 경로를 점검할 때마다 해답을 찾을 수 없다면 해답이 발견되거나 모든 경로가 점검될 때 까지 그 알고리즘은 다른 가능 경로를 점검하기 위하여 퇴각한다. 미로에서 출구를 찾으려 할 때 퇴각검색 알고리즘이 사용된다. 막다른 길에 도달할 때 마다 출구를 찾거나 모든 경로가 탐색될 때 까지 다른 경로를 점검하기 위하여 퇴각한다.

로봇이 미로를 탐색한다. 미로의 특정위치(시작위치)에 배치되고 다른 위치(목표위치)에 도달하도록 요청한다. 미로의 위치는 좌표 (x, y)로 확인되고, 열리거나 장애물로 차단된다. 어떤 주어진 시점에 그 로봇은 4방향 중 한 방향으로만 1단계만 움직일 수 있다. 유효한 움직임은 다음과 같다.

- 아래쪽으로 이동: (x, y) → (x+1, y)
- 오른쪽으로 이동: (x, y) → (x, y+1)
- 위쪽으로 이동: (x, y) → (x-1, y)
- 왼쪽으로 이동: (x, y) → (x, y-1)

로봇은 장애물이 없는 위치로만 이동할 수 있으며 미로 내에 있어야 한다. 로봇은 시작

위치에서 목표위치까지의 경로를 찾거나 모든 가능성을 소진 할 때까지 경로를 탐색한다. 6 × 6 미로의 예는 그림 10.3과 같다.

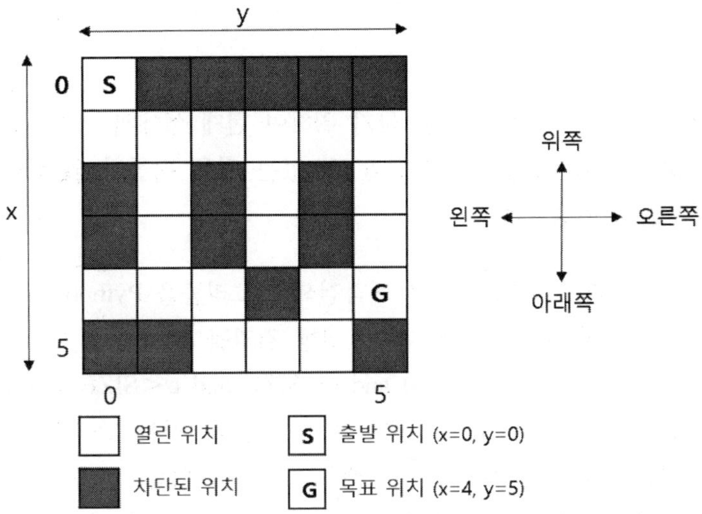

| 그림 10.3 | 6×6 미로의 예

알고리즘 10-4는 재귀를 사용하여 미로 찾기 문제의 해답 경로를 찾는 퇴각검색 알고리즘이다. 일반적으로 재귀적 알고리즘은 최소한 두 부분: 중지시기를 결정하는 기본 상황과 문제 해결을 돕기 위해 동일한 알고리즘을 호출하는 재귀 부분으로 구성되어진다.

알고리즘 10-4 미로 찾기 문제를 위한 퇴각검색 알고리즘

```
입력: 미로 행렬, 출발 위치, 목표 위치
출력: 해답 경로

FIND-PATH(x, y):
  if (x, y) is outside maze return false
  if (x, y) is goal return true
  if (x, y) is not open return false
  mark (x, y) as part of solution path
  if (FIND-PATH(Down of x,y) == true) return true
  if (FIND-PATH(Right of x,y) == true) return true
```

```
    if (FIND-PATH(Up of x,y) == true) return true
    if (FIND-PATH(Left of x,y) == true) return true
    un-mark (x, y) as part of solution path
    return false
```

출발 셀에서 목표 셀까지의 경로를 찾기 위하여 현재 셀에서 다른 셀 (아래쪽, 오른쪽, 위쪽, 왼쪽)로 이동을 시도하고, 이동할 수 없는 경우 뒤돌아 와서 (퇴각하여) 경로의 방향을 다른 셀로 변경한다.

그림 10.4는 미로 찾기 문제를 위한 퇴각검색 알고리즘을 Python으로 구현한 프로그램과 유망한 셀로 이동하는 순서에 따른 실행 결과를 보여준다. 여기서 그림 10.4(a)의 프로그램에서 'if r >= 0 and c >= 0 and r < SIZE and c < SIZE and solution[r][c] == 0 and maze[r][c] == 0:'은 방문 가능한 유망한 셀을 찾는 조건문이다. 그리고 그림 10.4(b)의 실행 결과는 유망한 셀을(아래쪽, 오른쪽, 위쪽, 왼쪽) 순서로 찾는 경우의 실행 결과와 유망한 셀을(위쪽, 오른쪽, 아래쪽, 왼쪽) 순서로 찾는 경우의 실행 결과를 각각 보여준다.

```
SIZE = 6

maze = [
    [0,1,1,1,1,1],
    [0,0,0,0,0,0],
    [1,0,1,0,1,0],
    [1,0,1,0,1,0],
    [0,0,0,1,0,0],
    [1,1,0,0,0,1]
]
# 해답 행렬을 저장하기 위한 리스트
solution = [[0]*SIZE for _ in range(SIZE)]

# 퇴각검색을 사용하여 미로를 해결하기 위한 함수
def solvemaze(r, c):
    # 목적지에 도착하면 미로 문제가 해결된다.
    # 목적지는 셀 (4, 5)이다.
```

```
    if (r==4) and (c==5):
        solution[r][c] = 1;
        return True;
    # 이 셀이 방문 가능한 유망한 셀인지 점검한다.
    # solution[r][c] == 0는 그 셀이 아직 방문되지 않았는지를 확인한다.
    # maze[r][c] == 0는 그 셀이 차단되지 않았다는 것을 확인한다.
    if r>=0 and c>=0 and r<SIZE and c<SIZE and solution[r][c] ==
0 and maze[r][c] == 0:
        # 방문하기에 안전하다면 셀을 방문한다.
        solution[r][c] = 1
        # 아래쪽으로 이동
        if solvemaze(r+1, c):
            return True
        # 오른쪽으로 이동
        if solvemaze(r, c+1):
            return True
        # 위쪽으로 이동
        if solvemaze(r-1, c):
            return True
        # 왼쪽으로 이동
        if solvemaze(r, c-1):
            return True

        # 퇴각검색
        solution[r][c] = 0;
        return False;
    return 0;
if(solvemaze(0,0)):
    for i in solution:
        print (i)
else:
    print ("해답 없음!!")
```

(a) 프로그램

```
Python 3.8.3 Shell
File  Edit  Shell  Debug  Options  Window  Help
Python 3.8.3 (tags/v3.8.3:6f8c832, May 13 2020, 22:37:02) [MSC v.1924 64 bit (AM
D64)] on win32
Type "help", "copyright", "credits" or "license()" for more information.
>>>
=================== RESTART: C:\Users\bae27\Maze_Finder.py ===================
[1, 0, 0, 0, 0, 0]
[1, 1, 0, 0, 0, 0]
[0, 1, 0, 0, 0, 0]
[0, 1, 0, 0, 0, 0]
[0, 1, 1, 0, 1, 1]
[0, 0, 1, 1, 1, 0]
>>>
=================== RESTART: C:\Users\bae27\Maze_Finder.py ===================
[1, 0, 0, 0, 0, 0]
[1, 1, 1, 1, 1, 1]
[0, 0, 0, 0, 0, 1]
[0, 0, 0, 0, 0, 1]
[0, 0, 0, 0, 0, 1]
[0, 0, 0, 0, 0, 0]
>>>
                                                              Ln: 19  Col: 4
```

(b) 실행 결과

❙그림 10.4❙ 미로 찾기 문제를 위한 퇴각검색 Python 프로그램과 실행 결과

10-4 Hamilton의 순환 경로 문제

Hamilton의 순환 경로 문제는 한 정점에서 출발하여, 그래프에 있는 모든 정점들을 정확히 한 번만 방문하고, 다시 출발한 정점으로 돌아오는 경로이다.

Hamilton의 순환 경로 문제는 상태 공간 트리에서 퇴각검색하기 위하여 다음 사항을 고려해야 한다.

❶ 경로상의 i-번째 정점은 그 경로에서 (i-1)-번째 정점과 반드시 인접해 있어야 한다.

❷ (n-1)-번째 정점은 0-번째(출발) 정점과 반드시 인접해 있어야 한다.

❸ i번째 정점은 그 앞에 오는 i-1개 정점들 중 하나가 될 수 없다.

알고리즘 10-5는 무향 연결 그래프에서 Hamiltonian 순환 경로를 찾는 퇴각 검색 알고리즘을 보여준다. 여기서 graph.count는 입력 그래프의 정점의 개수를 나타낸다.

알고리즘 10-5 Hamiltonian 순환 경로를 찾는 퇴각검색 알고리즘

```
입력: 무향 연결그래프 graph, 경로배열 path, 방문노드 여부를 나타내는 부울 배
     열 added
출력: 모든 Hamiltonian 순환(회로)

HamiltonianCycle(graph, path, added):
   # 기본 상황: 전장 경로 발견
   # 경로의 마지막 정점과 출발정점이 인접한지를 검사
   if len(path) == graph.count:
      if graph.adj[ path[-1] ][ path[0] ] == 1:
         path.append(path[0])
         return True
      else:
         return False

   for vertex in range(graph.count):
      # 경로의 마지막 정점에서 다음 정점으로 경로가 있는지,
      # 그리고 방문한 정점이 아닌지를 검사
      if graph.adj[path[-1]][vertex] ==1 and added[vertex] ==False:
         path.added(vertex)
         added[vertex] = True
         if HamiltonCycle(graph, path, added):
            return True
      # 퇴각검색
      path.pop()
      added[vertex] = False
      return False
```

예를 들어, 그림 10.5의 무향 연결 그래프에서 모든 Hamiltonian 순환 경로를 찾기 위한 상태 공간 트리는 그림 10.6과 같다. 여기서는 하나의 Hamiltonian 순환 경로(0, 1, 2, 4, 5, 3, 0)만을 생성하였지만 다른 정점을 고려하면 다른 Hamiltonian 순환 경로도 구할 수 있다.

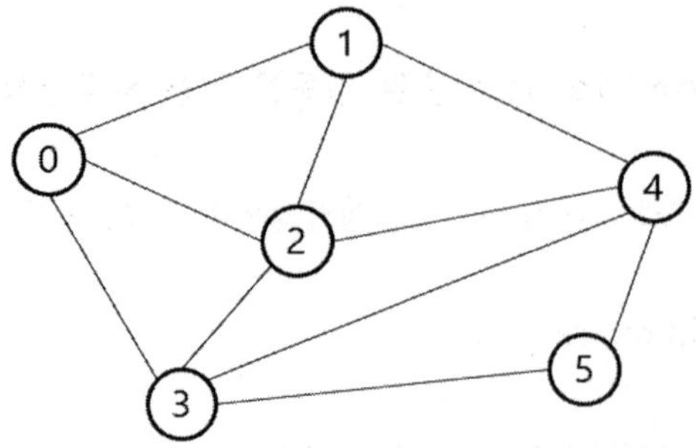

그림 10.5 무향 연결 그래프의 예

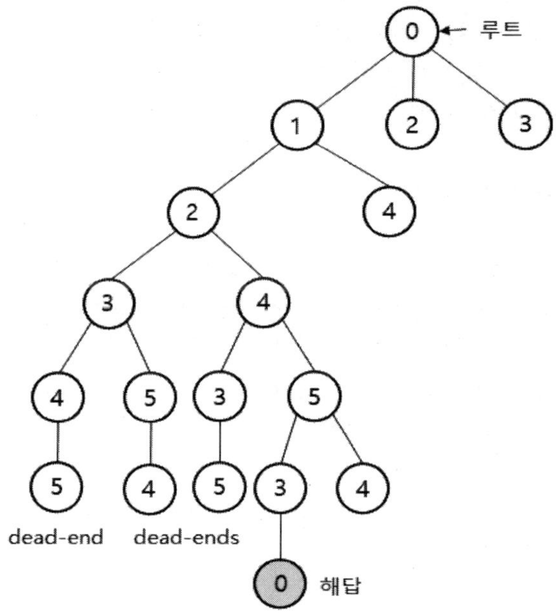

그림 10.6 Hamiltonian 순환 경로를 찾기 위한 상태 공간 트리

그림 10.7은 앞에서 설명한 예제의 동일한 그래프인 그림 10.5에서 순환 경로를 찾는 퇴각검색 알고리즘을 구현한 Python 프로그램과 실행 결과를 보여준다. 앞에서 상태 공간 트리를 통하여 수작업으로 구한 순환 회로와 동일한 결과가 출력됨을 확인할 수 있다.

```
# Hamiltonian 회로 문제의 해를 위한 Python 프로그램

class Graph():
    def __init__(self, vertices):
        self.graph = [[0 for column in range(vertices)]
                          for row in range(vertices)]
        self.V = vertices

    def isSafe(self, v, pos, path):

        if self.graph[ path[pos-1] ][v] == 0:
            return False

        for vertex in path:
            if vertex == v:
                return False

        return True

    def hamCycleUtil(self, path, pos):

        if pos == self.V:
            if self.graph[ path[pos-1] ][ path[0] ] == 1:
                return True
            else:
                return False

        for v in range(1,self.V):

            if self.isSafe(v, pos, path) == True:

                path[pos] = v

                if self.hamCycleUtil(path, pos+1) == True:
                    return True
```

```
                path[pos] = -1

            return False

    def hamCycle(self):
        path = [-1] * self.V

        path[0] = 0

        if self.hamCycleUtil(path,1) == False:
            print("해가 존재하지 않는다.")
            return False

        self.printSolution(path)
        return True

    def printSolution(self, path):
        print("다음 Hamiltonian 순환경로가 존재한다.")
        print()
        for vertex in path:
            print(vertex, end=" ")
        print(path[0], "\n")

g1 = Graph(6)
g1.graph = [ [0, 1, 1, 1, 0, 0],
             [1, 0, 1, 0, 1, 0],
             [1, 1, 0, 1, 1, 0],
             [1, 0, 1, 0, 1, 1],
             [0, 1, 1, 1, 0, 1],
             [0, 0, 0, 1, 1, 0] ]

g1.hamCycle();
```

(a) 프로그램

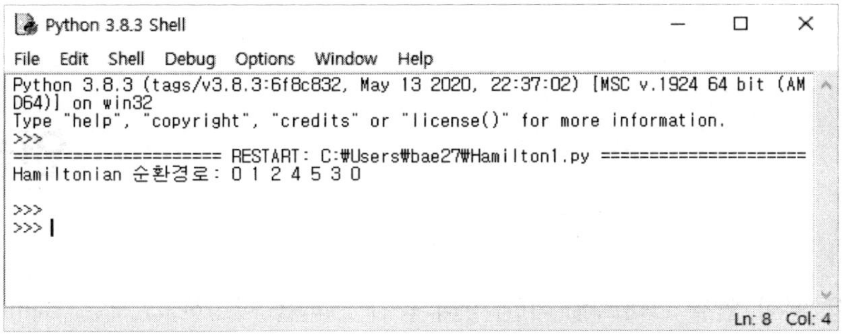

(b) 실행 결과

▌그림 10.7▐ Hamiltonian 순환 경로를 찾는 퇴각검색 Python 프로그램과 실행 결과

연습문제

10.1 다음 무향 연결 그래프에 대한 상태 공간 트리를 작성하고, 모든 Hamiltonian 순환 경로를 구하시오.

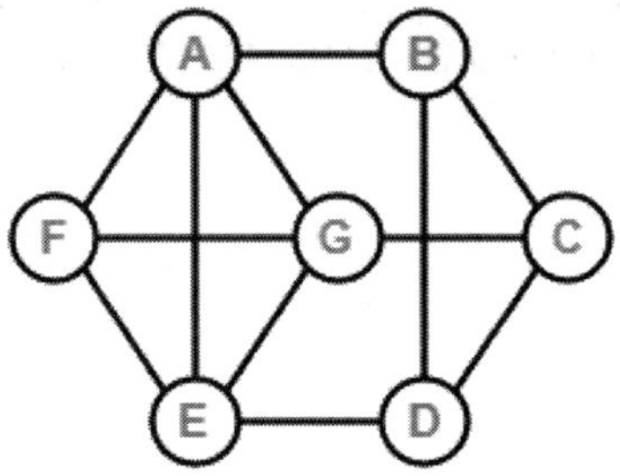

10.2 다음 미로를 보고 아래 사항에 답하시오,

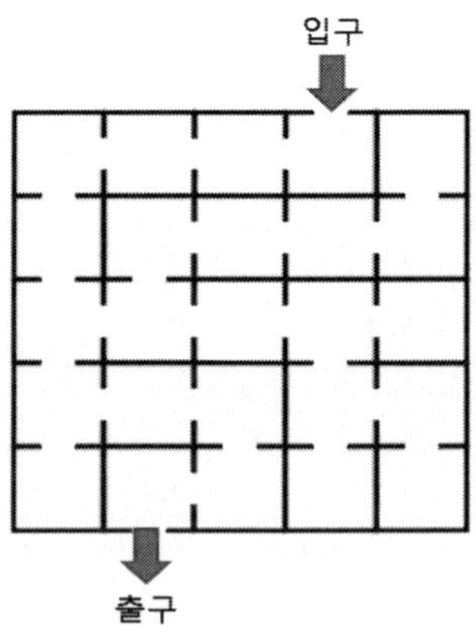

(1) 유망한 셀을 선택하는 방법(예: 위쪽 → 오른쪽 → 아래쪽 → 왼쪽)을 적용하여 미로 탈출 경로를 찾는 상태 공간 트리를 적성하시오.

(2) 미로 찾기를 위한 Python 프로그램을 작성하고, 유망한 셀을 찾는 네 가지 이동 방향(상하좌우)을 조합한 다양한 방법으로 미로 탈출 경로를 찾고, 각 방법의 경로 길이를 구하시오.

10.3 5-여왕 문제를 위한 상태 공간 트리를 구축하시오.

CHAPTER 11

무작위 알고리즘

11-1 개요

무작위 알고리즘은 모든 비결정적 선택에 대해 확률 분포를 갖는 비결정적 알고리즘으로 볼 수 있다. 따라서 무작위 알고리즘(randomized algorithms)은 난수를 발생시켜 진행과정을 결정하는 알고리즘이다. 난수를 발생시키는 과정은 흔히 "동전을 던진다."고 표현하며, 실제로는 난수 생성기를 사용한다. 확률적 분석과 무작위 알고리즘의 분석에는 차이가 있다는 점을 주목한다. 확률적 분석에서는 알고리즘에 확률 분포로부터 나온 입력을 제공한다. 무작위 알고리즘에서는 입력에 임의의 숫자를 추가한다.

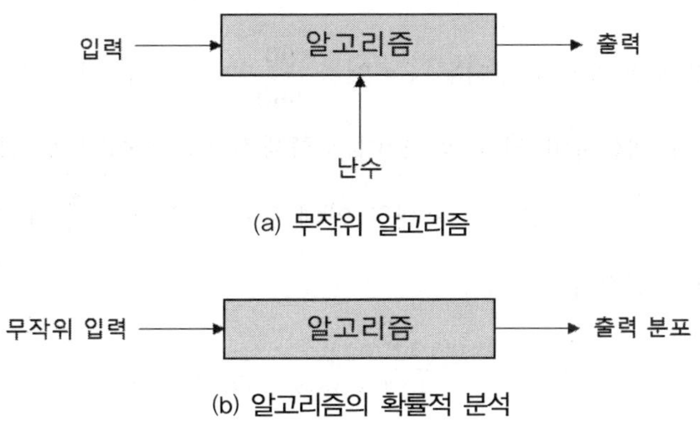

▎그림 11.1▐ 알고리즘의 확률적 분석과 무작위 알고리즘의 차이

알고리즘의 성능을 평균적으로 향상시키기 위해 난수를 사용한다. 난수를 사용하기 때문에 알고리즘의 성능은 확률변수이며, 확률변수의 기댓값이 실제로 원하는 성능이다,

무작위 알고리즘의 주요 특성은 동일한 알고리즘이 동일한 예에서 두 가지로 적용될 때 다르게 행동되어진다는 것이다. 무작위 알고리즘의 또 다른 점은 동일한 입력으로 두 번 실행했을 때 종종 다른 결과들이 얻어질 수 있다는 것이다.

실행 시간 또는 출력은 랜덤 변수로 간주 될 수 있다. 따라서 무작위 알고리즘은 일반적으로 두 가지 부류: Monte Carlo 알고리즘과 Las Vegas 알고리즘으로 나눌 수 있다. 출력을 랜덤 변수로 간주할 수 있는 무작위 알고리즘을 Monte Carlo 알고리즘이라고 하고, 랜덤 선택과 무관하게 항상 정확한 출력을 계산하고 복잡성만 랜덤 변수로 간주하는 무작위 알고리즘을 Las Vegas 알고리즘이라고 한다.

11-2 Monte Carlo 알고리즘

Monte Carlo 알고리즘은 표본공간의 무작위 표본의 평균치를 가지고 표본공간에서 정의된 무작위 변수의 기대치를 추정한다. 추정치가 실제 기대치에 근접하리라는 보장은 없지만, 알고리즘을 이용하는 시간이 증가할수록 실제 기대치에 근접할 확률은 증가한다.

Monte Carlo 알고리즘은 원하는 결과값을 정확한 값을 얻는 방법이 아니고, 난수를 이용하여 어떤 함수의 답을 확률적으로 근접하게 계산하는 방식이다. 이 알고리즘을 활용하는 대표적인 예는 원주율 $\pi(PI)$값을 계산하는 것이다.

그림 11.2와 같은 부채꼴의 넓이는 $\pi \times 2^2 \times \frac{90^\circ}{360^\circ} = \pi$이다. 따라서 π값은 그림 11.2의 부채꼴의 넓이를 계산하면 된다. 이 넓이는 확률적으로 풀어낼 수 있다. 정사각형 속에 임의의 점 x, y를 찍어서 그것이 부채꼴 안에 들어갈 확률은 $\frac{\pi}{4}$가 된다. 이 때 다음과 같은 비례식이 성립한다.

$$\frac{\pi}{4} : 1 = a : n$$

여기서 a는 부채꼴 안에 들어간 점의 개수이고, n은 찍은 모든 점의 개수이다. 이 식을 계산하면 다음과 같다.

$$\pi = 4 \times \frac{a}{n}$$

$x^2 + y^2 \le 4$ 가 되면 (단, $0 \le x \le 2$, $0 \le y \le 2$) 부채꼴 안에 점이 있다는 것이다.

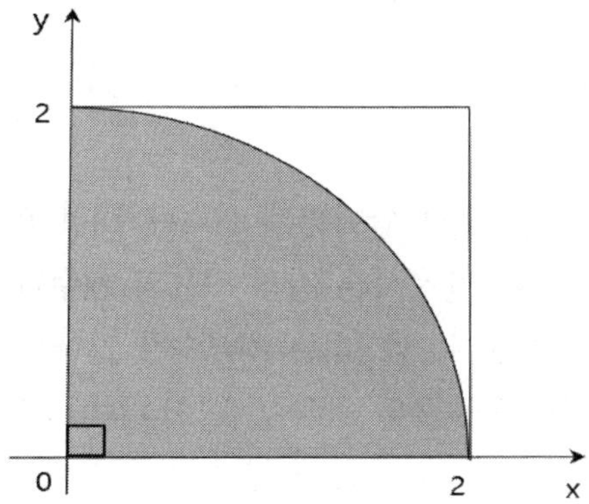

| 그림 11.2 | Monte Carlo 알고리즘으로 원주율 계산을 위한 부채꼴

알고리즘 11-1은 원주율의 근사값을 계산하는 Monte Carlo 알고리즘을 보여준다.

알고리즘 11-1 원주율 계산을 위한 Monte Carlo 알고리즘

```
입력: 무작위로 생성하는 좌표의 개수 n
출력: 원주율 π의 근사 값

# 부채꼴 내의 좌표의 개수
a = 0

# 생성할 전체 좌표의 개수
n = int(input("생성할 전체 좌표의 개수: "))

# 전체 좌표의 수 만큼 반복한다.
for i in range(0, n):
    # [0, 2]내의 x, y를 무작위 생성한다.
    x = random()*2
    y = random()*2
    # 부채꼴내의 좌표의 개수를 증가한다.
    if (x*x + y*y) ≤ 4.0:
```

```
        a += 1

# 원주율 pi를 계산한다.
pi = float(a / n) * 4

print(pi)
```

그림 11.3은 원주율 계산을 위한 알고리즘 11-1에 대한 Python 프로그램과 실행 결과를 보여준다. 그림 11.3(b)는 생성하는 전체 좌표의 개수가 500, 1500, 3000일 때 계산된 원주율의 근사값을 보여준다. 생성하는 좌표수가 많아질수록 계산된 원주율의 근사값은 우리가 익히 알고 있는 원주율의 근사값 3.14159265...에 근사하여 오차는 작아진다.

```
import random as r
import math as m

# 부채꼴 내의 좌표의 개수
inside = 0

# 생성할 전체 좌표의 개수
total = int(input("생성할 전체 좌표의 개수: "))

# 전체 좌표의 수 만큼 반복한다.
for i in range(0, total):
    # [0, 2]내의 x, y를 무작위 생성한다.
    x2 = r.random()*2
    y2 = r.random()*2
    # 부채꼴내의 좌표의 개수를 증가한다.
    if (x2*x2 + y2*y2) <= 4.0:
        inside += 1

# 원주율 pi를 계산한다.
pi = float(inside / total) * 4

print(pi)
```

(a) 프로그램

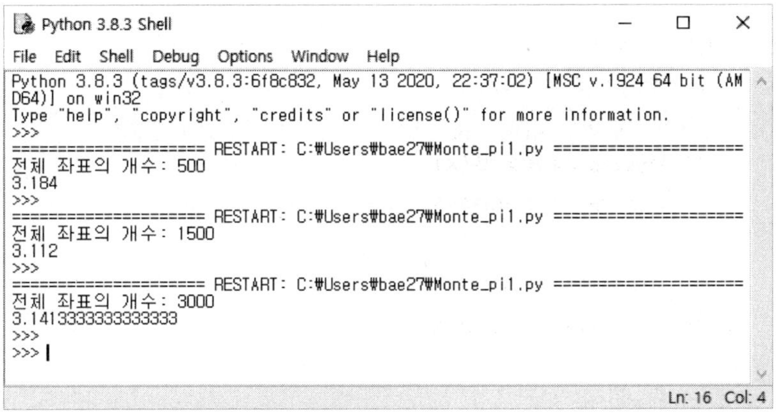

(b) 실행 결과

| 그림 11.3 | 원주율을 계산하는 Monte Carlo 알고리즘에 대한 Python 프로그램과 실행 결과

그림 11.4는 Python에서 자료를 차트나 플롯으로 시각화하는 패키지인 matplotlib를 사용하여 원주율을 계산하는 Monte Carlo의 Python 프로그램에 의해 생성된 좌표의 위치를 가시적으로 보여준다. 여기서 plt.subplots()는 그림 객체와 축 객체를 포함하는 튜플을 반환하는 함수이고, ax.set_aspect('equal')는 두 축을 동일하게 설정하여 정사각형 플롯으로 만들고, 그리고 scatter()는 각기 다른 마커 크기와 색을 갖는 x와 y의 산포그래프를 구성할 것을 지정한다.

```
import matplotlib.pyplot as plt

from random import random

inside = 0
n = int(input("전체 좌표의 개수: "))

x_inside = []
y_inside = []
x_outside = []
y_outside = []

for _ in range(n):
    x = random()
```

```
    y = random()
    if x**2+y**2 <= 1:
        inside += 1
        x_inside.append(x)
        y_inside.append(y)
    else:
        x_outside.append(x)
        y_outside.append(y)

pi = 4*inside/n
print(pi)

fig, ax = plt.subplots()
ax.set_aspect('equal')
ax.scatter(x_inside, y_inside, color='g', marker='s')
ax.scatter(x_outside, y_outside, color='r', marker='s')
fig.show()
```

(a) 프로그램

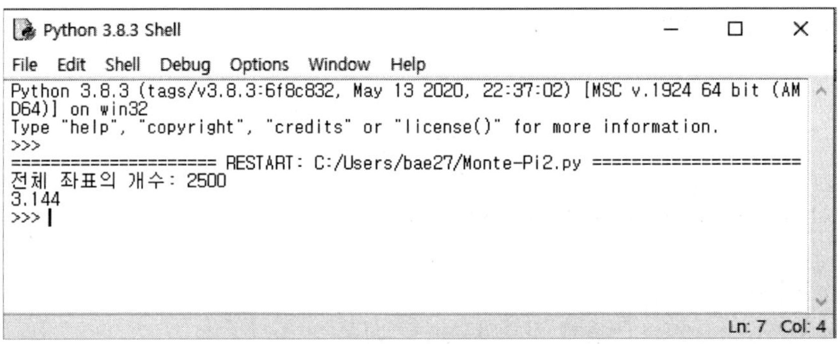

(b) 실행 결과

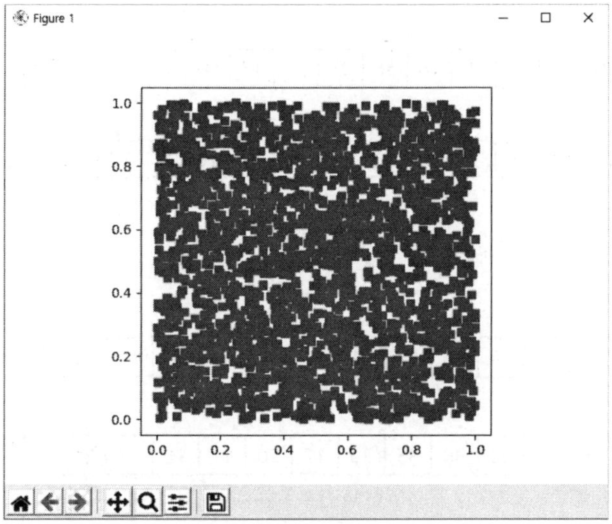

(c) 생성된 좌표의 가시화

그림 11.4 원주율 계산을 위한 Monte Carlo 무작위 Python 프로그램과 실행 결과 그리고 생성된 좌표의 시각화

11-3 Las Vegas 알고리즘

Las Vegas 알고리즘은 정확한 해결책을 보다 빨리 유도하도록 도움을 주기 위하여 확률적 선택을 하도록 하는 알고리즘이다. Monte Carlo 알고리즘과 달리 이 알고리즘은 결코 오답을 반환하지 않는다. Las Vegas는 값의 정확도는 보장하지만, 수행 시간은 보장하지 않는 방법이다. Las Vegas 알고리즘의 시간 복잡도는 랜덤값에 기반하며 시간 복잡도는 기댓값(평균값)으로 평가한다.

Las Vegas 알고리즘의 예로 무작위 빠른 정렬 알고리즘을 설명한다. 일반적인 빠른 정렬 알고리즘은 정렬하고자 하는 배열의 첫 번째 요소나 마지막 요소를 피벗(pivot, 기준 항목)으로 사용하여 분할을 한다. 그러나 무작위 빠른 정렬 알고리즘은 최악 경우 시간 복잡도를 향상시키기 위하여 선택된 항목을 기준 항목으로 사용한다. 그림 11.5는 정렬할 배열의 마지막 요소를 피벗으로 하는 경우에 분할 단계에서 빠른 정렬 알고리즘과 무작위 빠른 정렬 알고리즘의 차이를 보여준다.

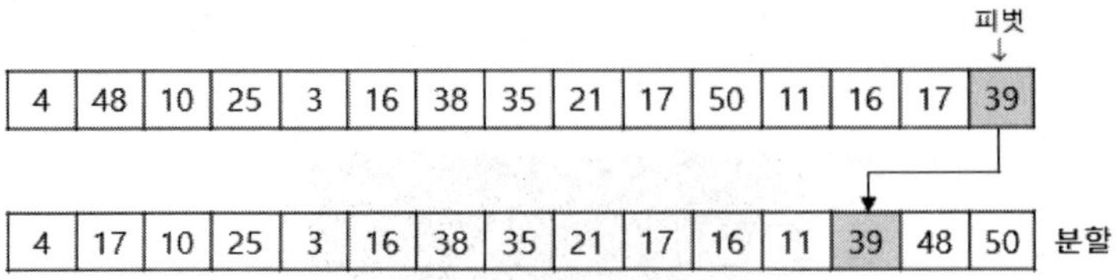

(a) 빠른 정렬의 분할

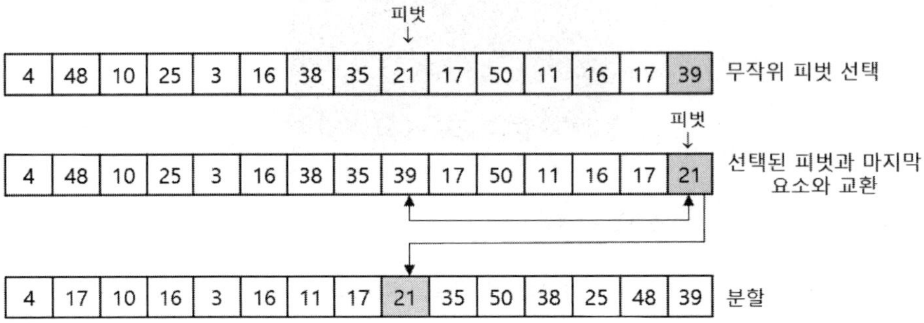

(b) 무작위 빠른 정렬의 분할

▌그림 11.5▐ 빠른 정렬과 무작위 빠른 정렬에서 분할의 차이

빠른 정렬 알고리즘은 분할 단계에서 정렬할 배열을 정확하게 절반으로 분할하는 경우에 최선 경우 시간복잡도를 얻을 수 있다. 따라서 분할 단계서 거의 균일한 개수를 같은 부분배열로 분할하는 것이 좋다. 그러나 빠른 정렬의 분할 결과 (그림 11.5(a))는 피벗 요소 39를 기준으로 피벗보다 작은 요소 열한 개와 큰 요소 세 개로 분할된 배열의 크기 편차가 크다. 반면에 무작위 빠른 정렬의 분할 결과 (그림 11.5(b))는 피벗보다 작은 요소 여덟 개와 큰 요소 여섯 개로 거의 균일한 두 개의 부분 배열로 분할한다.

알고리즘 11-2는 무작위 빠른 정렬 알고리즘의 구조를 보여준다. 여기서 quicksort()는 일반적인 빠른 정렬 프로시저와 동일하고, 정렬할 입력 배열의 마지막 요소를 기준 항목으로 한다. 그러나 무작위 빠른 정렬 알고리즘에서는 partition_r() 함수를 사용한다. 그 함수는 low와 high 사이의 무작위 수 r을 생성하고, 인덱스 r의 배열 요소와 마지막 배열 요소를 교환하여 무작위로 선택된 요소를 피벗으로 만든다.

알고리즘 11-2 무작위 빠른 정렬 알고리즘

```
입력: 키 배열 arr, 2개의 인덱스 low, high
출력: 비내림차순으로 정렬된 키의 배열 arr

partition(arr[], low, high)
    pivot = arr[high]
    i = low
    for j := low to high - 1 do
        if arr[j] <= pivot then
            swap arr[i] with arr[j]
            i = i + 1
    swap arr[i] with arr[high]
    return i

partition_r(arr[], low, high)
    r = Random Number from low to high
    Swap arr[r] and arr[high]
    return partition(arr, low, high)

quicksort(arr[], low, high)
    if low < high
        p = partition_r(arr, low, high)
        quicksort(arr, low, p-1)
        quicksort(arr, p+1, high)
```

그림 11.6은 무작위 빠른 정렬 알고리즘에 대한 Python 프로그램과 실행 결과를 보여준다.

```
from random import randint

def QuickSort(arr, start, end):
    if start<end:
        pivot=randint(start, end)
        temp=arr[end]
        arr[end]=arr[pivot]
        arr[pivot]=temp

        p=randPartition(arr,start,end)
        print("피벗값: ", arr[p])
        QuickSort(arr, start, p-1)
        print(arr)
        QuickSort(arr, p+1, end)
        print(arr)

def randPartition(arr, start, end):
    pivot=randint(start, end)
    temp=arr[end]
    arr[end]=arr[pivot]
    arr[pivot]=temp
    newPivotIndex=start-1
    for index in range(start, end):
        # 현재 값이 피벗값보다 작은지 검사
        if arr[index]<arr[end]:
            newPivotIndex=newPivotIndex+1
            temp=arr[newPivotIndex]
            arr[newPivotIndex]=arr[index]
            arr[index]=temp
    temp=arr[newPivotIndex+1]
    arr[newPivotIndex+1]=arr[end]
    arr[end]=temp
    return newPivotIndex+1

arr=[4, 48, 10, 25, 3, 16, 38, 35, 21, 17, 50, 11, 16, 17, 39]
QuickSort(arr, 0, len(arr)-1)
print(arr)
```

(a) 프로그램

```
Python 3.8.3 Shell
File  Edit  Shell  Debug  Options  Window  Help
Python 3.8.3 (tags/v3.8.3:6f8c832, May 13 2020, 22:37:02) [MSC v.1924 64 bit (AM
D64)] on win32
Type "help", "copyright", "credits" or "license()" for more information.
>>>
=================== RESTART: C:/Users/bae27/randQuickSort.py ===================
피벗 값:  25
피벗 값:  16
피벗 값:  11
피벗 값:  3
[3, 10, 4, 11, 16, 21, 17, 17, 16, 25, 50, 38, 35, 48, 39]
피벗 값:  10
[3, 4, 10, 11, 16, 21, 17, 17, 16, 25, 50, 38, 35, 48, 39]
[3, 4, 10, 11, 16, 21, 17, 17, 16, 25, 50, 38, 35, 48, 39]
[3, 4, 10, 11, 16, 21, 17, 17, 16, 25, 50, 38, 35, 48, 39]
[3, 4, 10, 11, 16, 21, 17, 17, 16, 25, 50, 38, 35, 48, 39]
[3, 4, 10, 11, 16, 21, 17, 17, 16, 25, 50, 38, 35, 48, 39]
[3, 4, 10, 11, 16, 21, 17, 17, 16, 25, 50, 38, 35, 48, 39]
피벗 값:  17
[3, 4, 10, 11, 16, 16, 17, 21, 17, 25, 50, 38, 35, 48, 39]
피벗 값:  21
[3, 4, 10, 11, 16, 16, 17, 17, 21, 25, 50, 38, 35, 48, 39]
[3, 4, 10, 11, 16, 16, 17, 17, 21, 25, 50, 38, 35, 48, 39]
[3, 4, 10, 11, 16, 16, 17, 17, 21, 25, 50, 38, 35, 48, 39]
[3, 4, 10, 11, 16, 16, 17, 17, 21, 25, 50, 38, 35, 48, 39]
[3, 4, 10, 11, 16, 16, 17, 17, 21, 25, 50, 38, 35, 48, 39]
피벗 값:  35
[3, 4, 10, 11, 16, 16, 17, 17, 21, 25, 35, 38, 39, 48, 50]
피벗 값:  50
피벗 값:  39
[3, 4, 10, 11, 16, 16, 17, 17, 21, 25, 35, 38, 39, 48, 50]
[3, 4, 10, 11, 16, 16, 17, 17, 21, 25, 35, 38, 39, 48, 50]
[3, 4, 10, 11, 16, 16, 17, 17, 21, 25, 35, 38, 39, 48, 50]
[3, 4, 10, 11, 16, 16, 17, 17, 21, 25, 35, 38, 39, 48, 50]
[3, 4, 10, 11, 16, 16, 17, 17, 21, 25, 35, 38, 39, 48, 50]
[3, 4, 10, 11, 16, 16, 17, 17, 21, 25, 35, 38, 39, 48, 50]
[3, 4, 10, 11, 16, 16, 17, 17, 21, 25, 35, 38, 39, 48, 50]
>>>
                                                              Ln: 36  Col: 4
```

(b) 실행 결과 1

```
=================== RESTART: C:/Users/bae27/randQuickSort.py ===================
피벗 값:  4
[3, 4, 10, 25, 50, 16, 38, 35, 21, 17, 39, 11, 16, 17, 48]
피벗 값:  48
피벗 값:  11
[3, 4, 10, 11, 16, 17, 35, 21, 17, 39, 38, 16, 25, 48, 50]
피벗 값:  35
피벗 값:  21
피벗 값:  16
[3, 4, 10, 11, 16, 17, 17, 16, 21, 25, 35, 39, 38, 48, 50]
피벗 값:  17
[3, 4, 10, 11, 16, 16, 17, 17, 21, 25, 35, 39, 38, 48, 50]
[3, 4, 10, 11, 16, 16, 17, 17, 21, 25, 35, 39, 38, 48, 50]
[3, 4, 10, 11, 16, 16, 17, 17, 21, 25, 35, 39, 38, 48, 50]
[3, 4, 10, 11, 16, 16, 17, 17, 21, 25, 35, 39, 38, 48, 50]
[3, 4, 10, 11, 16, 16, 17, 17, 21, 25, 35, 39, 38, 48, 50]
[3, 4, 10, 11, 16, 16, 17, 17, 21, 25, 35, 39, 38, 48, 50]
피벗 값:  38
[3, 4, 10, 11, 16, 16, 17, 17, 21, 25, 35, 38, 39, 48, 50]
[3, 4, 10, 11, 16, 16, 17, 17, 21, 25, 35, 38, 39, 48, 50]
[3, 4, 10, 11, 16, 16, 17, 17, 21, 25, 35, 38, 39, 48, 50]
[3, 4, 10, 11, 16, 16, 17, 17, 21, 25, 35, 38, 39, 48, 50]
[3, 4, 10, 11, 16, 16, 17, 17, 21, 25, 35, 38, 39, 48, 50]
[3, 4, 10, 11, 16, 16, 17, 17, 21, 25, 35, 38, 39, 48, 50]
[3, 4, 10, 11, 16, 16, 17, 17, 21, 25, 35, 38, 39, 48, 50]
[3, 4, 10, 11, 16, 16, 17, 17, 21, 25, 35, 38, 39, 48, 50]
>>>
>>>
                                                              Ln: 64  Col: 4
```

(c) 실행 결과 2

| 그림 11.6 | 무작위 빠른 정렬 Python 프로그램과 실행 결과

그림 11.6(a)와 그림 11.6(b)는 같은 입력 리스트에 대해 무작위 빠른 정렬을 두 번 실행시킨 결과를 각각 보여준다. 두 실행 결과는 같지만 실행과정은 다르다. 첫 번째 실행 결과에서 첫 번째 분할의 피벗값은 25이고, 두 번째 분할의 피벗값은 16이다. 그러나 두 번째 실행 결과에서 첫 번째 분할의 피벗값은 4이고, 두 번째 분할의 피벗값은 48이다. 따라서 무작위 알고리즘은 무작위 수를 발생시켜 실행하기 때문에 매번 실행할 때 마다 다르게 작동한다는 것을 알 수 있다.

연습문제

11.1 Monte Carlo 알고리즘과 Las Vegas 알고리즘의 차이를 설명하시오.

11.2 무작위 빠른 정렬 알고리즘을 수정하여 정렬되지 않은 항목 목록이 있고 k번째로 작은 항목을 찾는 무작위 빠른 선택 알고리즘을 설계하고, 그 알고리즘을 Python 프로그램을 구현하고 실행 결과를 보이시오.

11.3 3차(tenary) 검색 알고리즘은 주어진 배열을 세 부분으로 나누고, 검색 키가 있는 배열의 인덱스값을 반환한다. mid1과 mid2를 사용하여 배열을 세 부분으로 나눌 수 있다. l과 r의 초기값은 각각 0과 n-1이다. 여기서 n은 배열의 길이이다. 3차 검색 알고리즘에 대한 아래의 Python 프로그램이 실행되는 과정 보이시오.

```
import math as mt

def ternarySearch(l, r, key, ar):
    if (r >= l):
        mid1 = l + (r - l) //3
        mid2 = r - (r - l) //3
        if (ar[mid1] == key):
            return mid1
        if (ar[mid2] == key):
            return mid2
        if (key < ar[mid1]):
            return ternarySearch(l, mid1 - 1, key, ar)
       elif (key > ar[mid2]):
```

```
            return ternarySearch(mid2 + 1, r, key, ar)
        else:
            return ternarySearch(mid1 + 1, mid2 - 1, key, ar)
    return -1

l, r, p = 0, 9, 5
ar = [ 1, 2, 3, 4, 5, 6, 7, 8, 9, 10 ]
l = 0
r = 9
key = 5
p = ternarySearch(l, r, key, ar)
print("Index of", key, "is", p)
```

CHAPTER

분기한정법

12-1 개요

앞 장에서 설명한 퇴각탐색법의 중심 개념은 문제 상태 공간 트리의 분기가 어떤 해답으로 이어질 수 없다고 추론할 수 있는 한 빨리 그 문제의 상태 공간 트리의 가지를 잘라내는 것이다. 이 개념은 일반적으로 일부 제약 조건이 적용되는 목적 함수를 최소화 또는 최대화하려는 최적화 문제를 해결한다면 더 강화될 수 있다. 가능 해(feasible solution)는 문제의 탐색 공간에서 문제의 모든 제약조건들을 만족하는 어떤 지점(point)이고, 최적해(optimal solution)는 목적 함수의 최고 가치를 갖는 가능 해이다.

분기한정법(branch-and-bound method)은 다양한 최적화 문제를 풀기 위한 범용 알고리즘이다. 주로 이산 최적화나 조합 최적화 문제를 풀 때 사용한다. 분기한정법은 모든 후보 해를 체계적으로 늘어놓으면서 최적화할 수치의 상한과 하한을 추정하고, 가망이 없다는 판정이 나는 해를 제거해 나간다. 제거하는 해에서 파생되는 해는 살펴보지 않기 때문에 불필요한 시간 소모를 줄이게 된다.

퇴각탐색법에 비해, 분기한정법은 트리 운행 방법에 제한을 받지 않고, 그리고 아래의 두 가지 추가 항목을 요구한다.

- 상태 공간 트리의 모든 노드에 대해 노드로 표시되는 부분적으로 구성된 해에 추가 구성요소를 추가하여 얻을 수 있는 어떤 해에 대한 목적 함수의 최고 가치에 대한 한계(bound)를 제공하는 방법

- 지금까지 찾은 최고 해(best solution)의 가치

만일 이 정보가 가용이면, 어떤 노드의 한계값과 지금까지 찾은 최고 해의 가치를 비교할 수 있다. 만일 그 한계값이 지금까지 찾은 최고 해 보다 좋지 못하다면, 즉 최소화 문제에 대해 더 작지 않고 최대화 문제에 대해 더 크지 않다면, 그것으로 부터 구해진 해는 이미 찾은 최고 해 보다 더 좋은 해를 생산할 수 없기 때문에 그 노드는 유망하지 않고(non-promising), 종료될 수 있다. 그렇지 않다면 그 노드는 유망(promising)하다. 여기서 한계값은 그 마디 아래로 확장 또는 분기하여 구할 수 있는 해답값의 한계를 나타낸다. 이것이 분기한정법의 주요 개념이다.

일반적으로, 다음 세 가지 이유로 인해 분기한정 알고리즘의 상태 공간 트리 내의 현재 노드에서 탐색 경로를 종료한다.

- 노드의 한계값이 지금까지 찾은 최고 해의 값 보다 좋지 않다.
- 그 노드가 문제의 제약 조건들을 이미 위반했다면 가능 해가 아니다.
- 가능 해의 부분집합이 단 하나의 노드로 구성되어 더 이상 선택할 수 없는 경우에, 가능 해에 대한 목적함수 값과 지금까지 찾은 최고의 해의 값을 비교하고, 만일 새로운 해가 더 좋다면 최고 해를 갱신한다.

12-2 배낭 문제

배낭 문제(knapsack problem)는 조합 최적화 문제이다. 무게 $w_1, w_2, ..., w_n$과 값어치 $v_1, v_2, ..., v_n$이 알려진 n 아이템들과 배낭의 용량 W가 주어지면, 배낭의 용량 내에서 아이템들의 총 값어치가 최대가 되도록 배낭을 채우는 것이다. 따라서 배낭 문제는 다음과 같이 정의할 수 있다.

$$S = \{item_1, item_2, ..., item_n\}$$

$$w_i = item_i\text{의 무게}$$

$$v_i = item_i\text{의 값어치}$$

$$W\text{=배낭의 용량}$$

여기서 w_i, v_i, W는 양의 정수이다. $\sum_{item_i \in A} w_i \leq W$를 만족하면서 $\sum_{item_i \in A} v_i$를 최대가 되도록 S의 부분집합 A를 구하는 것이다.

이 배낭 문제는 아이템을 쪼갤 수 있는 경우와 아이템을 쪼갤 수 없는 경우 두 가지로 나눌 수 있는데, 아이템을 쪼갤 수 있는 경우의 배낭 문제를 분할가능 배낭 문제(Fractional Knapsack Problem), 아이템을 쪼갤 수 없는 경우의 배낭 문제를 0-1 배낭 문제(0-1 Knapsack Problem)라 한다.

한계(bound) 값은 그 노드에서 확장하여 얻을 수 있는 값어치의 상한이 된다. 따라서 0-1 배낭 문제의 한계값은 분할가능 배낭 문제로부터 구한다. 만일 노드가 단계 i에 위치하고 있고, 단계 k에 위치한 노드는 무게의 합이 W를 초과하는 노드라고 하면, 한계(bound) 값은 식 (12.1)로 구할 수 있다.

$$bound = \left(profit + \sum_{j=i+1}^{k-1} v_j\right) + (W - totweight) \times \frac{v_k}{w_k} \tag{12.1}$$

$$totweight = weight + \sum_{j=i+1}^{k-1} w_j$$

탐색 공간 트리에서 그 노드가 유망한지를 판별하기 위하여 totweight, bound, weight, profit은 초기화하고, 그 다음 totweight가 W를 초과하는 아이템에 도달할 때까지 탐욕적으로 아이템을 배낭에 집어넣고 그 무게와 가치를 totweight와 bound에 각각 더한다. 그리고 가용 무게에 의해 허용되는 아이템의 한 부분을 배낭에 집어넣고 그 한 부분의 가치를 한계값에 추가한다. 만일 이 한계값이 지금까지 찾은 최고 해의 가치인 maxprofit 보다 작거나 같으면 그 노드는 유망하지 않다. $weight > W$이면, 그 노드는 역시 유망하지 않다.

알고리즘 12-1은 0-1 배낭 문제를 해결하는 분기한정 최고우선탐색 알고리즘을 보여준다. 이 알고리즘에서는 최고우선탐색을 위하여 우선순위 큐로 힙 큐를 사용한다.

알고리즘 12-1 0-1 배낭 문제를 위한 분기한정 최고우선탐색 알고리즘

입력: 배낭의 용량 정수 maxcap, 무게와 가치 배열 weight와 value
출력: 배낭에 포함되는 아이템들의 가치의 합인 최고 가치값 bestv

```
# 현재 노드에서 가치의 상한을 계산하는 함수
def maxbound(i):
       global cweight
       global cvalue
       global n
       global weight
       global value
       global maxcap
       left = maxcap-cweight
       b=cvalue
       while i<n and weight[i]≤left:
           left-=weight[i]
           b+=value[i]
           i+=1
        if i<n:
           b+=(value[i]/weight[i])*left
        return b

# 0-1 배낭 문제를 위한 0-1 분기한정 알고리즘
i=0
upper=maxbound(i)
str=''

while(1):
    wt=cweight+weight[i]
    if wt≤maxcap:
        if cvalue+value[i]>bestv:
            bestv=cvalue+value[i]
            # 현재 최적값을 저장하기 위한 최적 경로
            bests=str+'1'
            bests=bests+'0'*(n-len(bests))
        # 힙에서 최소 힙을 최대 힙으로 바꾼다
```

```
        if i+1<n:
            heapq.heappush(heap,[1/upper,cweight+weight[i],cvalue
+value[i],i+1,str+'1'])
    upper=maxbound(i+1)
    if upper≥bestv:
        if i+1<n:
            heapq.heappush(heap,[1/upper,cweight,cvalue,i+1,
str+'0'])
    if len(heap)==0:
        print("%d 항목의 상태 (1은 배낭에 적재되고, 0은 배낭에 적재 안됨):
%s"%(n,bests))
        print("최고 가치값: %d"%bestv)
        break
    node=heapq.heappop(heap)
    upper=1/node[0]
    cweight=node[1]
    cvalue=node[2]
    i=node[3]
```

0-1 배낭 문제의 예를 설명하기 위하여 W=10 무게 단위를 채울 수 있는 배낭과 선택할 수 있는 전체 네 개의 아이템이 있고, 아이템들의 가치와 무게는 아래와 같은 사례를 고려한다. 여기서 아이템들은 단위 무게 당 가치 순으로 이미 정렬하였다.

i	w_i	p_i	p_i/w_i
1	3	45	15
2	4	40	10
3	6	30	5
4	5	10	2

W=10

이 예에 식 (12.1)로 계산된 한계값을 사용하는 분기한정법으로 최고우선탐색을 통하여 만들어진 상태 공간 트리는 그림 12.1과 같다. 여기서 노드는 트리에서 노드 단계와 왼쪽 노드로부터의 위치로 표현된다. 그 탐색 공간 트리에서 탐색 절차의 일부는 다음과 같다.

❶ 마디 (0, 0)을 방문한다.
한계값을 계산하면, $maxbound = (45 + 40) + (10 - 7) \times 5 = 85 + 15 = 100$이다.

❷ 단계 (1, 1)을 방문한다.
한계값을 계산하면, $maxbound = (45 + 40) + (10 - 7) \times 5 = 85 + 15 = 100$이다.

❸ 단계 (1, 2)를 방문한다.
한계값을 계산하면, $maxbound = (40 + 30) = 70$이다.

❹ 단계 (2, 1)을 방문한다.
한계값을 계산하면, $maxbound = (45 + 40) + (10 - 7) \times 5 = 85 + 15 = 100$이다.

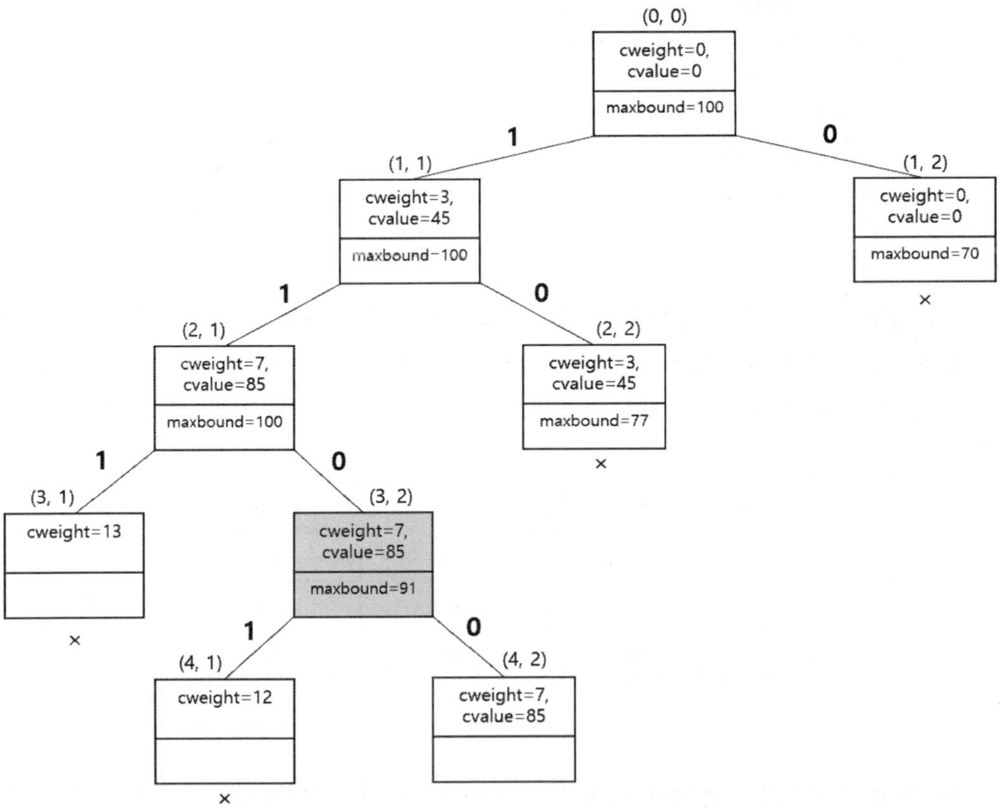

| 그림 12.1 | 예제에 대한 분기한정 최고우선탐색 상태공간트리

❺ 단계 (2, 2)를 방문한다.
한계값을 계산하면, $maxbound = (45 + 30) + (10 - 9) \times 2 = 75 + 2 = 77$이다.

이 마디 아래로 확장하여 얻을 수 있는 가능 해의 값어치의 상한은 77이다. 따라서 이 노드의 상한은 지금까지 찾은 최고 해인 단계 (2.1)의 85보다 작기 때문에 유망하지 않다. 따라서 이 노드는 우선순위 큐에 삽입되지 않는다.

이런 방식으로 우선순위 큐에서 최대 한계값을 갖는 노드를 선택하여 확장해 나가면 아홉 개 마디만 검사하여 최적 해를 찾을 수 있다.

그림 12.2는 배낭 문제에 대한 분기한정 최고우선 탐색 알고리즘 12-1에 대한 Python 프로그램과 실행 결과를 보여준다.

```
import heapq

# 항목 정보
weight=[3,4,6,5]
value=[45, 40, 30, 10]

print("항목 정보:")
print("무게:")
print(weight)
print("값어치:")
print(value)
# 배낭 용량
maxcap=10
print("최대 배낭 용량: %d\n"%maxcap)
n=len(weight)
# 현재 무게와 현재 가치
cweight=0
cvalue=0
# 최적값
bestv=0
bests=[]
num=0
heap=[]
heapq.heapify
# 현재 노드에서 가치의 상한을 계산하는 함수
```

```
def maxbound(i):
        global cweight
        global cvalue
        global n
        global weight
        global value
        global maxcap
        left = maxcap-cweight
        b=cvalue
        while i<n and weight[i]<=left:
                left-=weight[i]
                b+=value[i]
                i+=1
      if i<n:
                b+=(value[i]/weight[i])*left
      return b


# 0-1 배낭 문제를 위한 0-1 분기한정 알고리즘
i=0
upper=maxbound(i)
str=''

while(1):
          wt=cweight+weight[i]
          if wt<=maxcap:
                  if cvalue+value[i]>bestv:
                          bestv=cvalue+value[i]

                          # 현재 최적값을 저장하기 위한 최적 경로
                          bests=str+'1'
                          bests=bests+'0'*(n-len(bests))
                  # 힙에서 최소 힙을 최대 힙으로 바꾼다.
                  if i+1<n:

                          heapq.heappush(heap,[1/upper, cweight
+weight[i], cvalue+value[i],i+1,str+'1'])
```

```
                upper=maxbound(i+1)
                if upper>=bestv:
                        if i+1<n:
                            heapq.heappush(heap,[1/upper,
cweight,cvalue,i+1,str+'0'])

                if len(heap)==0:
                    print("%d 항목의 상태 (1은 배낭에 적재되고, 0은 배
낭에 적재 안됨): %s"%(n,bests))
                    print("최고 가치 값: %d"%bestv)
                    break

                node=heapq.heappop(heap)
                upper=1/node[0]
                cweight=node[1]
                cvalue=node[2]
                i=node[3]
                str=node[4]
```

(a) 프로그램

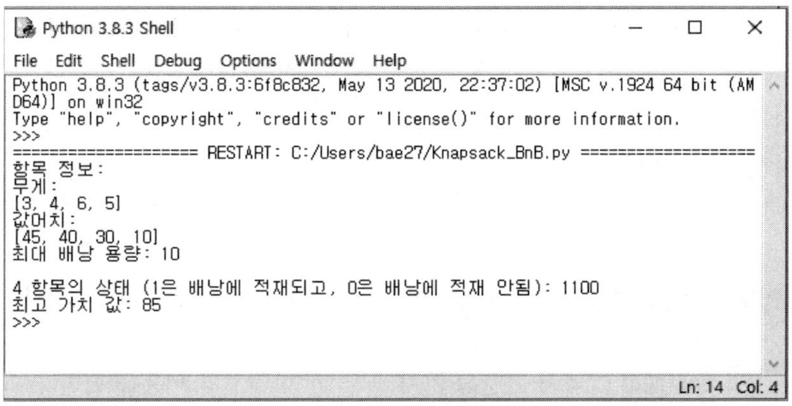

(b) 실행 결과

┃그림 12.2┃ 배낭 문제를 위한 분기한정 최고우선탐색 Pyhton 프로그램과 실행 결과

12-3 외판원 문제

외판원 문제 또는 TSP(Traveling salesman problem)는 이산 또는 조합 최적화에 속하는 문제이다. 여러 도시들이 있고 한 도시에서 다른 도시로 이동하는 비용이 모두 주어졌을 때, 모든 도시들을 단 한 번만 방문하고 출발 도시로 돌아오는 최소 비용의 이동 순서를 구하는 것이다.

그래프 이론의 용어로 정의한다면, 외판원 문제는 방향 그래프에서 주어진 정점에서 출발하여, 그래프에 있는 모든 정점을 정확히 한 번씩만 방문하고, 출발한 정점으로 돌아오는 최단 경로를 찾는 문제이다. 이러한 경로를 최적 일주여행 경로(optimal tour)라고 한다.

외판원 문제는 최소화 문제이므로 목적함수의 최소화를 요구한다. 어떤 부분집합으로 표현된 해들의 집합에서 어떤 해의 비용에 대한 하한을 구하는 방법이 있다고 가정한다. 만일 지금까지 발견된 최적 해가 이 부분집합의 하한 보다 더 작다면, 이 부분집합은 전혀 탐색할 필요가 없다.

S를 해들의 어떤 부분집합이라 하고, L(S) – S에 속한 어떤 해의 비용에 대한 하한이라 하고, 그리고 C =지금까지 찾은 최적 해의 비용이라 하자. 만일 C ≤ L(C)이면, S가 더 나은 해를 포함하지 않기 때문에 탐색할 필요가 없다. 만일 C > L(S)이면, S는 더 나은 해를 포함하기 때문에 탐색할 필요가 있다.

하한은 주어진 노드를 방문하면 최소 가능 해를 알려준다. 분기한정법에서 가장 어려운 부분은 최적 가능 해에 대한 한계를 계산하는 방법을 알아내는 것이다. 외판원 문제에 대한 한계를 계산하는데 사용되는 개념은 다음과 같다. 모든 일주여행 비용은 다음과 같이 작성할 수 있다.

일주여행 T의 비용 = ½ × $\sum_{v \in V}$ (일주여행 T에 있는 v에 인접한 두 간선의 비용의 합).

모든 정점 v에 대해, T내의 그것을 거치는 두 개의 간선의 비용을 합한다. 모든 간선을 두 번 고려되기 때문에 모든 정점에 대한 총합은 일주 여행 T의 비용의 2배가 된다.

(v에 인접한 두 개의 간선의 합) ≥ (v에 인접한 두 개의 최소 가중 간선의 합)

그러므로 식 (12.2)가 성립한다.

$$\text{어떤 일주여행의 비용} \geq ½ \times \sum_{v \in V} (\text{v에 인접한 두 개의 최소 가중 간선의 비용의 합}) \quad (12.2)$$

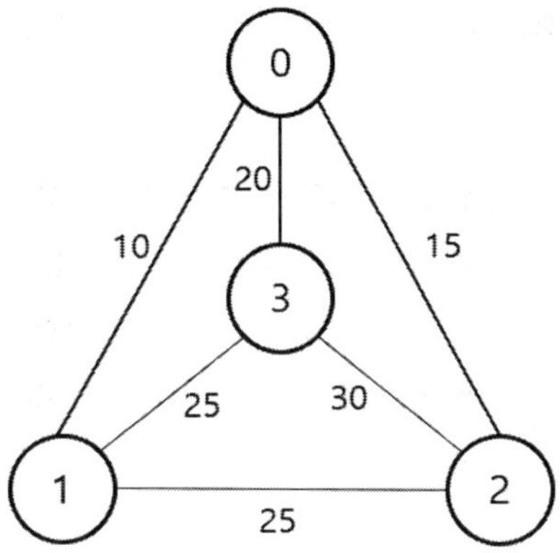

▌그림 12.3▌ 가중 연결 그래프의 예

그림 12.3의 가중 유향 연결 그래프를 다음과 같은 인접행렬로 표현한다.

$$W = \begin{bmatrix} 0 & 10 & 15 & 20 \\ 10 & 0 & 25 & 25 \\ 15 & 25 & 0 & 30 \\ 20 & 25 & 30 & 0 \end{bmatrix}$$

한계 계산이 상태 공간 트리에 어떻게 적용되는지 알아본다.

- **루트노드**: 출발 정점을 0이라고 하면, 루트 노드에서 하한은 식 (12.2)를 사용하여 다음과 같이 계산되어진다.

노드	최소 비용 간선들	전체 비용
0	(0, 1), (0, 2)	25
1	(1, 0), (1, 2)	35
2	(2, 0), (2, 1)	40
3	(3, 0), (3, 1)	45
하한 값		$= \frac{1}{2}(25+35+40+45) = 72.5$

- 어떤 주어진 그래프의 특정 간선을 포함되어야 하는 일주여행의 어떤 부분집합에 대해 하한 식 (12.2)를 수정할 수 있다. 예를 들어, 간선 (0, 3)이 포함되어 하는 그림 12.4의 분기한정 상태 공간 트리의 모든 경로에 대해, 필수적으로 포함된 간선 (0, 3)과 (3, 0) 그리고 각 정점에서 발생하는 두 개의 가장 짧은 간선의 길이를 합산하여 다음과 같이 하한을 구한다.

$$\text{한계값} = ((10+20)+(10+25)+(15+25)+(20+25))\ /\ 2 = 75$$

그림 12.3의 그래프를 위한 최적 일주여행 경로를 찾기 위하여 식 (12.2)에 의해 주어진 한계 함수를 분기한정 알고리즘에 적용할 수 있다.

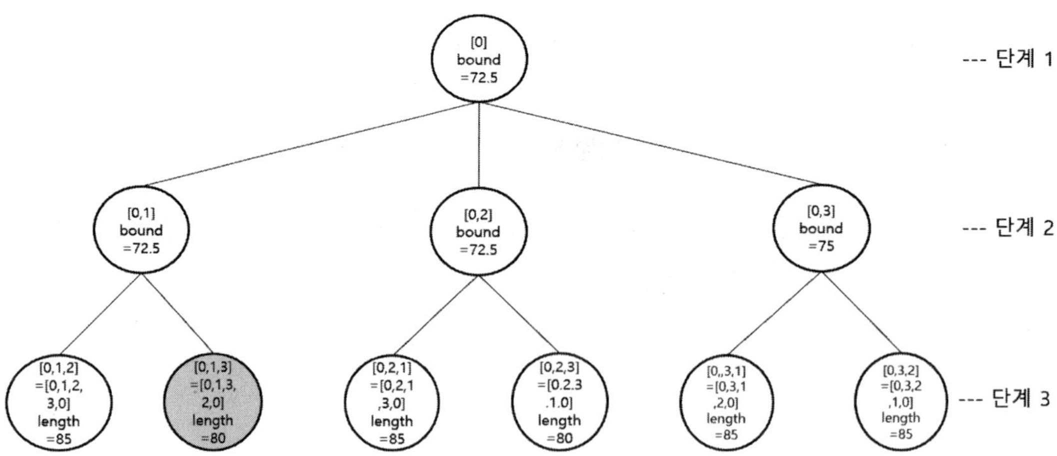

▌그림 12.4▐ 그림 12.3의 그래프에 대한 분기한정 상태 공간 트리

그림 12.3의 가중 연결 그래프에서 전체 정점의 개수가 네 개이므로 세 개 노드의 방문 순서가 결정되면, 방문하지 않은 노드가 하나밖에 없기 때문에 일주여행경로가 만들어진다. 따라서 단계 3의 노드에서는 더 이상 상태 공간 트리를 확장하지 않기 때문에 한계값을 계산하지 않는다.

알고리즘 12-2는 외판원 문제의 최적 일주여행 경로를 찾는 분기한정 알고리즘을 보여준다.

알고리즘 12-2 외판원 문제를 해결하는 분기한정 알고리즘

```
입력: 가중 연결 그래프의 인접행렬
출력: 최적 일주여행경로의 길이, 최적 일주여행경로

TSPRec(adj, curr_bound, curr_weight, level, curr_path, visited):
    global final_res

    # 모든 노드를 방문했다는 단계 N에 도달했을 경우
    if level == N:

        # 경로의 마지막 정점에서 출발정점으로 돌아오는 간선이 있는 점검
        if adj[curr_path[level - 1]][curr_path[0]] != 0:
            # curr_res는 구한 해의 전체 가중치를 갖는다.
            curr_res = curr_weight + adj[curr_path[level - 1]]
                                        [curr_path[0]]
            if curr_res < final_res:
                copyToFinal(curr_path)
                final_res = curr_res
        return

    # 탐색 공간 트리를 구축하기 위하여 모든 정점을 위해
    # 어떤 다른 단계를 반복한다.
    for i in range(N):
        # 인접행렬에서 대각선 엔트리가 아니고 방문하지 않은
        # 다음 정점을 고려한다.
        if (adj[curr_path[level-1]][i] != 0 and
```

```
                    visited[i] == False):
            temp = curr_bound
            curr_weight += adj[curr_path[level - 1]][i]

            # 단계 1과 다른 단계에 대한 curr_bound의 다른 계산
            if level == 1:
                curr_bound -= ((firstMin(adj, curr_path[level - 1]) +
                                firstMin(adj, i)) / 2)
            else:
                curr_bound -= ((secondMin(adj, curr_path[level - 1]) +
                                firstMin(adj, i)) / 2)

            # curr_bound + curr_weight는 방문한 노드에 대한
            # 실제 한계값이다. 만일 current lower bound < final_res이면,
            # 그 노드를 더 탐색한다.
            if curr_bound + curr_weight < final_res:
                curr_path[level] = i
                visited[i] = True

                # 다음 단계를 위해 TSPRec 호출
                TSPRec(adj, curr_bound, curr_weight,
                    level + 1, curr_path, visited)

            # 아니면 curr_weight와 curr_boundElse에 대한 모든 변경을
            # 리셋하여 그 노드를 가지치기해야 한다.
            curr_weight -= adj[curr_path[level - 1]][i]
            curr_bound = temp

            # 방문한 배열도 리셋한다.
            visited = [False] * len(visited)
            for j in range(level):
                if curr_path[j] != -1:
                    visited[curr_path[j]] = True

# 최종 경로를 설립하는 함수
TSP(adj):
```

```
    # 루트 노드에 대한 초기 한계를 계산하고,
    # curr_path와 배열 visited를 초기화한다.
    curr_bound = 0
    curr_path = [-1] * (N + 1)
    visited = [False] * N

    # 초기 한계값 계산
    for i in range(N):
        curr_bound += (firstMin(adj, i) +
                        secondMin(adj, i))

    # 한계값을 정수로 변환
    curr_bound = math.ceil(curr_bound / 2)

    # 정점 0에서 시작하므로 curr_path[]의 첫 번째 정점은 0이다.
    visited[0] = True
    curr_path[0] = 0

    # curr_weight 0이고 단계 1을 위한 TSPRec 호출
    TSPRec(adj, curr_bound, 0, 1, curr_path, visited)
```

그림 12.5는 외판원 문제에 대한 분기한정 알고리즘 12-2에 대한 Python 프로그램과 실행 결과를 보여준다.

```
import math
maxsize = float('inf')

def copyToFinal(curr_path):
    final_path[:N + 1] = curr_path[:]
    final_path[N] = curr_path[0]

# 정점 i에서 끝에 있는 최소 간선을 찾는 함수
def firstMin(adj, i):
    min = maxsize
    for k in range(N):
```

```
        if adj[i][k] < min and i != k:
            min = adj[i][k]

    return min

# 정점 i에서 끝에 있는 두 번째 최소 간선을 찾는 함수
def secondMin(adj, i):
    first, second = maxsize, maxsize
    for j in range(N):
        if i == j:
            continue
        if adj[i][j] <= first:
            second = first
            first = adj[i][j]

        elif(adj[i][j] <= second and
              adj[i][j] != first):
            second = adj[i][j]

    return second

# 함수는 다음 인수들을 갖는다.
# curr_bound -> 루트의 하한
# curr_weight-> 탐색 공간 트리에서 그 경로까지 가중치를 저장
# curr_path[] -> 나중에 final_path[]에 저장 될 해가 저장
def TSPRec(adj, curr_bound, curr_weight,
              level, curr_path, visited):
    global final_res

    if level == N:

        # 경로의 마지막 정점으로부터 출발 정점으로
        # 돌아 올 정점이 있는지 점검
        if adj[curr_path[level - 1]][curr_path[0]] != 0:

            # curr_res는 구한 해의 길이를 가진다.
```

```
            curr_res  =  curr_weight  +  adj[curr_path[level  -
1]][curr_path[0]]
            if curr_res < final_res:
                copyToFinal(curr_path)
                final_res = curr_res
        return

    # 탐색 공간 트리를 재귀적으로 구축하기 위하여
    # 모든 정점들에 대한 다른 단계 동안 반복한다.
    for i in range(N):

        if (adj[curr_path[level-1]][i] != 0 and
                                visited[i] == False):
            temp = curr_bound
            curr_weight += adj[curr_path[level - 1]][i]

            # 만일 current lower bound < final_res이면
            # 그 노드를 더 탐색해야 한다.
            if level == 1:
                curr_bound -= ((firstMin(adj, curr_path[level - 1]) +
                                firstMin(adj, i)) / 2)
            else:
                curr_bound -= ((secondMin(adj, curr_path[level - 1]) +
                                firstMin(adj, i)) / 2)

            # curr_bound + curr_weight는 방문한 노드의 실제 하한이다.
            # 만일 current lower bound < final_res이면 그 노드를
            # 더 탐색해야 한다.
            if curr_bound + curr_weight < final_res:
                curr_path[level] = i
                visited[i] = True

                # 다음 단계를 위해 TSPRec을 호출
                TSPRec(adj, curr_bound, curr_weight,
                    level + 1, curr_path, visited)
```

```
            # 아니면 그 노드를 가지치기 하고,
            # curr_weight와 curr_bound에 대한 변경을 리셋한다.
            curr_weight -= adj[curr_path[level - 1]][i]
            curr_bound = temp

            # 방문한 배열도 리셋한다.
            visited = [False] * len(visited)
            for j in range(level):
                if curr_path[j] != -1:
                    visited[curr_path[j]] = True

# 최종 경로를 설립하는 함수
def TSP(adj):

    curr_bound = 0
    curr_path = [-1] * (N + 1)
    visited = [False] * N

    # 최종 경로를 설립하는 함수
    for i in range(N):
        curr_bound += (firstMin(adj, i) +
                       secondMin(adj, i))

    curr_bound = math.ceil(curr_bound / 2)


    visited[0] = True
    curr_path[0] = 0

    # curr_weight가 0이고 단계 1에 대한 TSPRec를 호출
    TSPRec(adj, curr_bound, 0, 1, curr_path, visited)

# 그래프에 대한 인접 행렬
adj = [[0, 10, 15, 20],
       [10, 0, 35, 25],
       [15, 35, 0, 30],
```

```
        [20, 25, 30, 0]]
N = 4

final_path = [None] * (N + 1)

visited = [False] * N

final_res = maxsize

TSP(adj)

print("최소비용 :", final_res)
print("최적 일주여행경로: ", end = ' ')
for i in range(N + 1):
        print(final_path[i], end = ' ')
```

(a) 프로그램

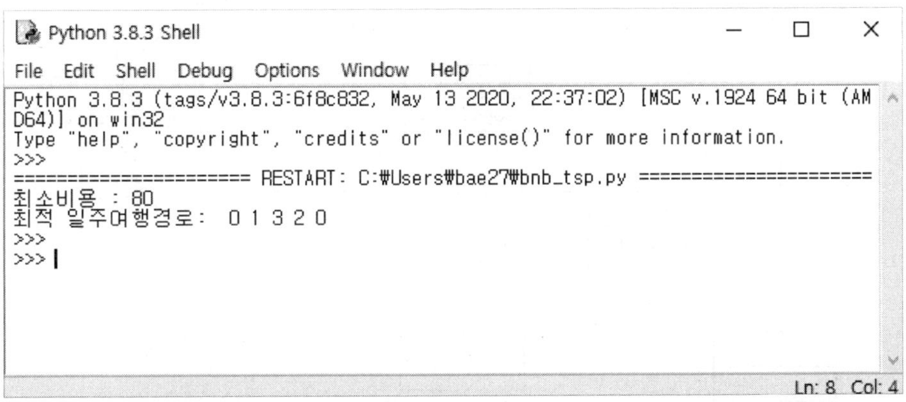

(b) 실행 결과

| 그림 12.5 | 외판원 문제를 위한 분기한정 Python 프로그램과 실행 결과

연습문제

12.1 분기한정 최고우선탐색으로 다음 0-1 배낭문제를 해결하는 상태 공간 트리를 보고 빈칸을 채우시오. 여기서 v_i와 w_i는 아이템 i의 값어치와 무게를 각각 나타낸다.

i	1	2	3	4
v_i	10	40	30	48
w_i	5	4	6	3

배낭용량
W=10

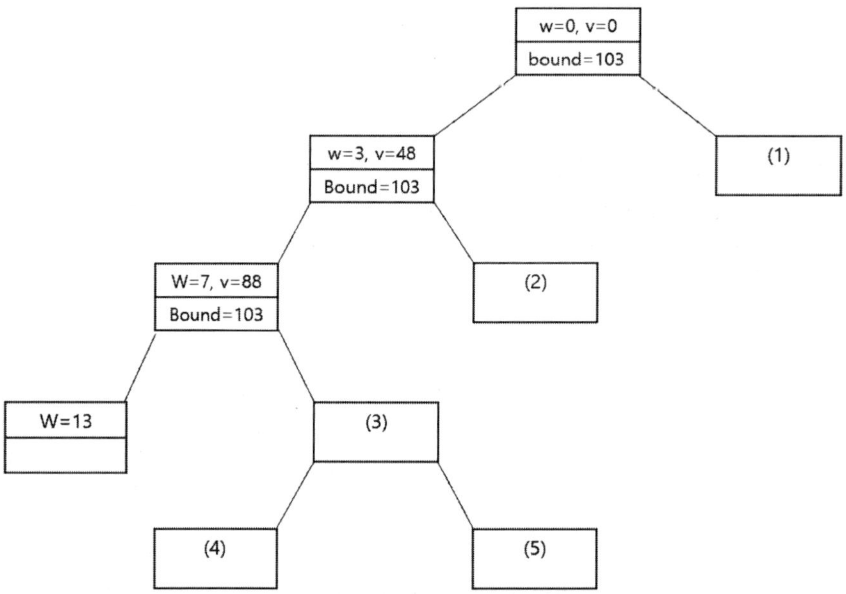

12.2 가중유향연결그래프에 대한 인접행렬을 보고, 외판원 문제를 아래 방법으로 각각 해결하고 검사한 노드 개수를 비교하시오. (출발정점: 1)

W	1	2	3	4
1	0	18	7	13
2	5	0	2	13
3	21	13	0	19
4	26	20	17	0

(1) 분기한정 가지치기 최고탐색 알고리즘

(2) 퇴각검색법

(3) 동적계획법

(4) 탐욕 알고리즘

12.3 다음 0-1 배낭 문제에 대한 다음 사례를 아래 방법으로 각각 해결하시오.

아이템	무게	가치	배낭 용량
1	3	$25	
2	2	$20	
3	1	$15	W=6
4	4	$40	
5	5	$50	

(1) 동적계획법

(2) 분기한정 가지치기 최고우선탐색

(3) 퇴각검색법

CHAPTER 13

A* 알고리즘

13-1 개요

A* 알고리즘은 주어진 초기 노드에서 목표 노드까지의 경로 찾기 및 그래프 탐색에 사용되는 가장 널리 사용되는 기술 중 하나이다. 목표 노드까지의 가장 좋은 경로를 추정하기 위해 각 노드에 랭킹을 부여하는 휴리스틱 추정값을 사용하고 그 순서대로 노드를 방문한다. 따라서 A* 알고리즘은 최고우선 탐색을 사용한다. A* 알고리즘은 출발지점에서 목표지점까지 가장 비용이 낮은(보통 가장 짧은) 경로를 찾는데, 평가함수 $f(n) = g(n) + h(n)$ 계산값을 사용하여 다음으로 이동할 경로를 결정한다. 여기서 $g(n)$은 목표(goal)로서, 시작노드로부터 n 노드까지 오는데 드는 비용이다. 시작노드에서 이 위치까지 오는 경로들은 여러 개가 있을 수 있는데, 이 노드는 그 경로들 중 특정한 하나를 의미한다. $h(n)$은 휴리스틱(heuristic)으로, 노드 n으로부터 목표 노드까지의 추정 경로이다. 이때 h는 휴리스틱을 의미하며, 휴리스틱이란 경험에 기초한 추측을 뜻한다. 이것이 추측된 비용인 이유는 목표까지의 실제 비용을 아직은 알지 못하기 때문이다. 휴리스틱을 계산하는데 여러 가지 방법이 있을 수 있지만, 일반적으로 현재 위치에서 목표까지의 일직선 거리값을 사용한다. $f(n)$은 적합도(fitness)로서, $g(n)$와 $h(n)$의 합이고 이 노드를 거쳐 가는 경로의 비용에 대한 최선의 추측을 의미한다. $f(n)$값이 작을수록 이 경로가 최단 경로일 가능성이 크다. 이 $f(n)$가 작은 값부터 탐색하는 특성상 우선순위 큐가 사용된다. 휴리스틱 함수 $h(n)$에 따라 성능이 달라진다. 만일 $f(x) = g(x)$이면 Dijksta의 알고리즘과 동일하다.

알고리즘 13-1은 일반적인 A* 알고리즘의 구조를 보여준다. 이 알고리즘은 매번 어떤 노드를 방문하면, 평가함수로 모든 이웃 노드로 이동하는 비용 f(n)을 계산하고, 그리고 가장 낮은 f(n)을 방문한다.

- f(n)에 따라 노드를 최소우선순위 큐에 삽입한다.
- 우선순위 큐에서 노드를 제거한다.
- 해당 노드에서 이동할 수 있는 노드를 찾는다.
- 그 노드들의 f(n)를 구한다.
- 그 노드들을 우선순위 큐에 삽입한다.
- 목표 노드에 도달할 때까지 반복한다.

알고리즘 13-1 A* 알고리즘의 구조

```
pq.enqueue(start_node, g(start_node) + h(start_node))

while pq is not empty:
    node = pq.dequeue
    if node == goal_node:
        break
    for next_node in (next_node_begin...next_node_end):
        pq.enqueue(next_node, g(node) + cost + h(next_node))
return goal_node_dist
```

13-2 퍼즐문제

3×3의 숫자판에 1~8까지의 숫자와 빈칸이 주어져 있다고 하자. 숫자를 인접한 빈칸으로 옮기는 작업을 반복함으로써 주어진 숫자 배열로부터 목표가 되는 숫자 배열로 바꾸되, 숫자의 총 이동 횟수를 최소로 한다.

타일의 빈 공간은 4 방향: 위, 아래, 오른쪽, 왼쪽으로 움직일 수 있다. 빈 공간은 대각선으로 이동할 수 없으며 한 번에 한 단계만 수행할 수 있다.

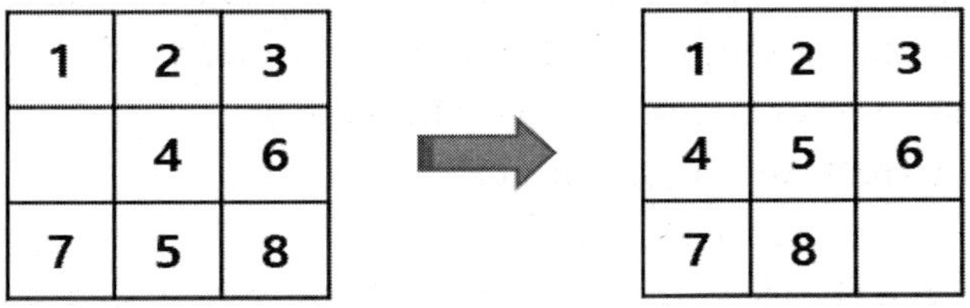

┃그림 13.1┃ 8-퍼즐 문제의 예

A* 알고리즘의 주요 기능은 방문한 노드의 트랙을 관리하여 이미 방문한 노드를 무시하므로 시간을 크게 절약한다는 것이다. 또한 탐색해야 할 모든 노드를 보유하는 목록이 있으며, 이 목록에서 가장 최적의 노드를 선택하므로 불필요하거나 덜 최적인 노드를 탐색하지 않으므로 시간을 절약 할 수 있다.

알고리즘 13-2는 퍼즐 문제를 해결하는 A* 알고리즘을 보여준다. 여기서 열린 목록과 닫힌 목록이라는 두 목록을 사용한다. 열린 목록에는 생성되고 닫힌 목록에 존재하지 않는 모든 노드가 포함되어 있으며 탐색된 노드들은 닫힌 목록에 있다. 이웃은 열린 목록에 포함되는데, 이것이 노드가 확장되는 방식이다. 각 노드에는 부모에 대한 포인터가 있으므로 특정 지점에서 부모에 대한 경로를 되추적 할 수 있다. 초기에 열린 목록에 시작 노드가 있다. 열린 목록에서 선택한 다음 노드는 $f(n) = g(n) + h(n)$에 기반 하여 $f(n)$ 점수가 가장 낮은 노드를 선택하여 탐색한다. 여기서 $h(n)$ 점수는 잘못 배치된 타일 수로 정의 할 수 있고, $g(n)$ 점수는 시작 노드에서 현재 노드에 도달하기 위해 운행한 노드 수로 정의된다.

알고리즘 13-2 퍼즐 문제를 해결하는 A* 알고리즘

```
입력: 초기상태 퍼즐행렬
출력: 목표상태 퍼즐행렬

let the openList equal empty list of nodes
let the closedList equal empty list of nodes
```

```
put the startNode on the openList (leave it's f at zero)
while the openList is not empty:
    let the currentNode equal the node with the least f value
    remove the currentNode from the openList
    add the currentNode to the closedList
    if currentNode is the goal:
        You've found the end!
    let the children of the currentNode equal the adjacent nodes
    for each child in the children:
        if child is in the closedList:
            continue to beginning of for loop
        child.g = currentNode.g + distance between child and current
        child.h = distance from child to end
        child.f = child.g + child.h
        if child.position is in the openList's nodes positions:
            if the child.g is higher than the openList node's g:
                continue to beginning of for loop
        add the child to the openList
```

그림 13.1에서 초기 상태와 목표 상태를 비교하고 잘못 배치 된 타일 수를 계산하여 h(n) 점수를 계산할 수 있다. g(n)은 그래프 상에서 n의 깊이(depth) (시작 노드에서 n까지 최단 경로의 길이)에 대한 추정값이고, h(n)은 노드 n에 대한 휴리스틱 평가값이다. 만일 앞에서처럼 h(n) = 제자리에 있지 않은 타일의 수라고 하고, g(n) = 탐색 그래프에서 노드 n의 깊이라고 하면, A* 알고리즘을 사용하여 그림 13.1의 퍼즐 문제를 푸는 과정을 보여주는 그림 13.2와 같은 상태 공간 트리가 만들어진다. 여기서 f(n) = g(n) + h(n) 값을 각 노드 옆에 표기하였다.

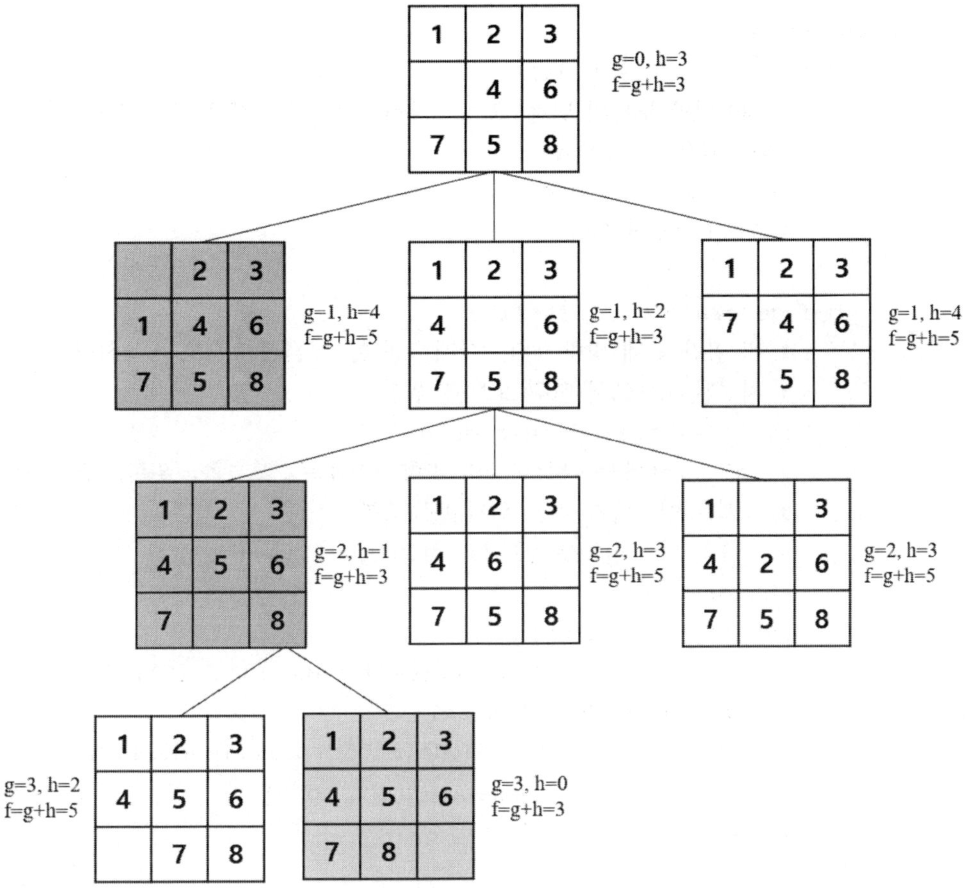

| 그림 13.2 | 8-퍼즐을 위한 A* 알고리즘의 상태 공간 트리

먼저 시작 상태에서 가능한 모든 방향으로 빈 공간을 이동하고 각 상태에 대한 f(n) 점수를 계산한다. 이것을 현재 상태 확장이라고 한다. 현재 상태를 확장 한 후에 시작 상태는 닫힌 목록에 삽입되고 새로 생성된 상태는 열린 목록에 추가된다. f(n) 점수가 가장 적은 상태가 선택되고 다시 확장한다. 이 프로세스는 h(n) 점수가 0이 될 때(목표 상태가 현재 상태로 발생할 때)까지 계속된다.

그림 13.3은 그림 13.1의 8-퍼즐 예를 해결하는 A* 알고리즘을 구현한 Python 프로그램과 실행 결과를 보여준다.

```
class Node:
    def __init__(self,data,level,fval):
        # 데이터와 노드의 단계 그리고 계산된 fvalue로 노드 초기화
        self.data = data
        self.level = level
        self.fval = fval

    def generate_child(self):
        # 빈 공간을 네 방향 (위, 아래, 왼쪽, 오른쪽})으로 이동하여
        # 지정된 노드에서 하위 노드를 생성
        x,y = self.find(self.data,'_')
        # val_list에는 각각 4개의 방향 (아래쪽, 오른쪽, 왼쪽, 위쪽)으로
        # 공백을 이동하기 위한 위치값을 포함
        val_list = [[x+1,y],[x,y+1],[x-1,y],[x-1,y]]
        children = []
        for i in val_list:
            child = self.shuffle(self.data,x,y,i[0],i[1])
            if child is not None:
                child_node = Node(child,self.level+1,0)
                children.append(child_node)
        return children

    def shuffle(self,puz,x1,y1,x2,y2):
        # 빈 공간을 주어진 방향으로 이동하고 위치값이
        # 한계를 벗어나면 반환 없음
        if x2 >= 0 and x2 < len(self.data) and y2 >= 0 and y2 <
len(self.data):
            temp_puz = []
            temp_puz = self.copy(puz)
            temp = temp_puz[x2][y2]
            temp_puz[x2][y2] = temp_puz[x1][y1]
            temp_puz[x1][y1] = temp
            return temp_puz
        else:
            return None
```

```
    def copy(self,root):
        # 지정된 노드의 유사한 행렬을 생성하기 위한 복사 함수
        temp = []
        for i in root:
            t = []
            for j in i:
                t.append(j)
            temp.append(t)
        return temp

    def find(self,puz,x):
        # 공백의 위치를 찾기 위하여 사용
        for i in range(0,len(self.data)):
            for j in range(0,len(self.data)):
                if puz[i][j] == x:
                    return i,j

class Puzzle:
    def __init__(self,size):
        # 퍼즐 크기를 지정된 크기로, 열린 리스트와 닫힌 리스트를
        # 공백으로 초기화한다.
        self.n = size
        self.open = []
        self.closed = []

    def accept(self):
        # 사용자로부터 퍼즐을 입력받는다.
        puz = []
        for i in range(0,self.n):
            temp = input().split(" ")
            puz.append(temp)
        return puz

    def f(self,start,goal):
        # 휴리스틱값 f(x) = h(x) + g(x) 계산을 위한 휴리스틱 함수
        return self.h(start.data,goal)+start.level
```

```
    def h(self,start,goal):
        # 지정된 퍼즐들 간의 차이를 계산한다.
        temp = 0
        for i in range(0,self.n):
            for j in range(0,self.n):
                if start[i][j] != goal[i][j] and start[i][j] != '_':
                    temp += 1
        return temp

    def process(self):
        # 목표 퍼즐 상태를 입력받는다.
        print("초기 퍼즐 상태 입력: \n")
        start = self.accept()
        print("\n")
        print("목표 퍼즐 상태 입력: \n")
        goal = self.accept()

        start = Node(start,0,0)
        start.fval = self.f(start,goal)
        # 열린 리스트에 출발(초기) 노드를 삽입한다.
        self.open.append(start)

        while True:
            cur = self.open[0]
            print("")
            print("  ↓ ")
            print("")
            for i in cur.data:
                for j in i:
                    print(j,end=" ")
                print("")
            # 만일 현재 노드와 목표 노드의 차이가 0이면,
            # 목표 노드에 도착하였다.
            if(self.h(cur.data,goal) == 0):
                break
```

```
        for i in cur.generate_child():
            i.fval = self.f(i,goal)
            self.open.append(i)
        self.closed.append(cur)
        del self.open[0]

        # f의 값에 기반하여 열린 리스트를 정렬한다.
        self.open.sort(key = lambda x:x.fval,reverse=False)


puz = Puzzle(3)
puz.process()
```

(a) 프로그램

```
Python 3.8.3 Shell
File  Edit  Shell  Debug  Options  Window  Help
Python 3.8.3 (tags/v3.8.3:6f8c832, May 13 2020, 22:37:02) [MSC v.1924 64 bit (AM
D64)] on win32
Type "help", "copyright", "credits" or "license()" for more information.
>>>
====================== RESTART: C:\Users\bae27\Puzzle1.py ======================
초기 퍼즐 상태 입력:

1 2 3
_ 4 6
7 5 8


목표 퍼즐 상태 입력:

1 2 3
4 5 6
7 8 _

  ↓

1 2 3
_ 4 6
7 5 8

  ↓

1 2 3
4 _ 6
7 5 8

  ↓

1 2 3
4 5 6
7 _ 8

  ↓

1 2 3
4 5 6
7 8 _
>>>
                                                              Ln: 41  Col: 4
```

(b) 실행 결과

그림 13.3 8-퍼즐을 해결하는 A* 알고리즘을 위한 Python 프로그램과 실행 결과

13-3 미로 찾기 문제

미로 찾기 문제는 10.3절에서 퇴각검색법으로 해를 구하는 방법에 대하여 이미 학습하였다. 13.3절에서는 미로 찾기 문제를 해결하는 A* 알고리즘에 대하여 설명한다.

미로 문제를 A* 알고리즘으로 해답 경로를 찾으려면 목표 위치를 알아야 하고, 노드 n으로부터 목표 노드까지의 추정 경로인 휴리스틱 함수 h(n)이 있어야 한다. h(n) 계산에 현재 위치와 목표 위치의 데이터를 사용한다. 격자에는 그림 13.4와 같은 잘 알려진 휴리스틱 함수가 있다. 네 개의 이동 방향을 허용하는 사각형 격자에서 맨해튼 거리를 사용하여 h(n) 거리를 계산할 수 있다, 여기서 좌표 (Px, Py)와 좌표 (Qx, Qy)는 현재 위치와 목표 위치를 각각 나타낸다.

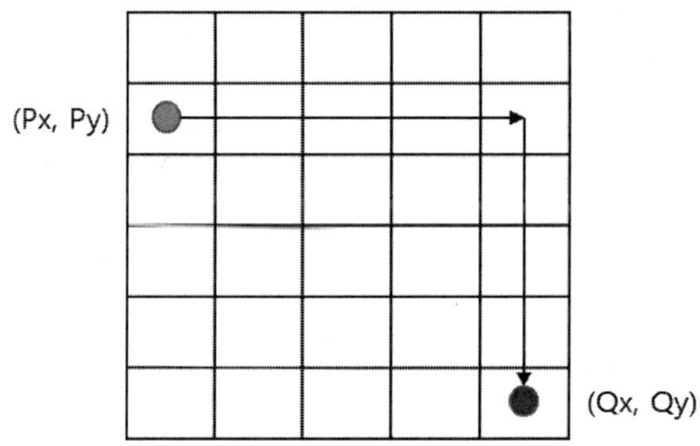

$$|P_x - Q_x| + |P_y - Q_y|$$

그림 13.4 맨해튼 거리 휴리스틱

그림 13.5는 5×5 미로 찾기 문제에서 초기 위치는 (0, 1), 현재 위치는 (2, 2), 그리고 목표 위치는 (3, 4)일 때, A* 알고리즘에 의해 구축되는 탐색 트리를 보여준다. 여기서는 현재 위치에서 네 개의 이동 방향에 대한 적합도 f(n)을 아래쪽, 오른쪽, 왼쪽 그리고 위쪽 순으로 평가할 때 탐색 트리의 일부를 보여준다. 특히, 현재 노드 (3, 2)에서 2개의 자식 노드로 확장되고, 왼쪽 자식 노드의 f = 6이고 오른쪽 자식 노드의 f = 8이다. 따라서 왼쪽 자식부터 먼저 해를 탐색한다.

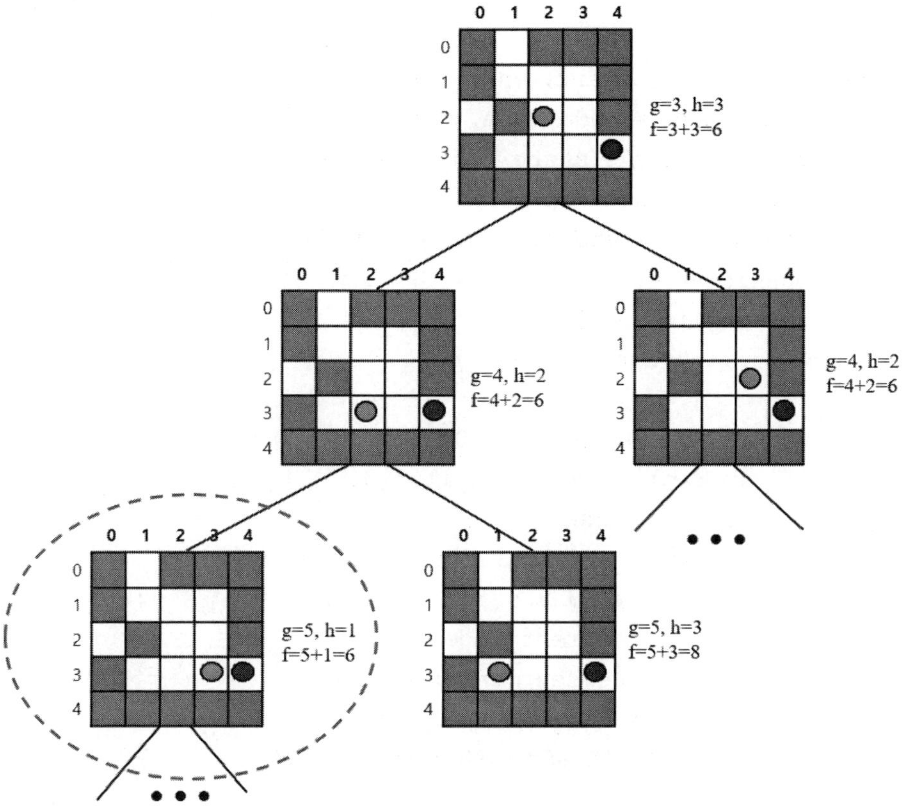

그림 13.5 5×5 미로 찾기 문제에서 A* 알고리즘의 상태 공간 트리

그림 13.6은 10장의 퇴각검색법의 미로 찾기 문제에서 예로 사용하였던 그림 10.4와 동일한 6×6 미로 찾기를 위하여 A* 알고리즘으로 구현한 Pyhton 프로그램과 실행 결과를 보여준다.

```
class Node():
    def __init__(self, parent=None, position=None):
        self.parent = parent
        self.position = position
        self.g = 0
        self.h = 0
        self.f = 0
    def __eq__(self, other):
        return self.position == other.position
```

```
def astar(maze, start, end):
    start_node = Node(None, start)
    start_node.g = start_node.h = start_node.f = 0
    end_node = Node(None, end)
    end_node.g = end_node.h = end_node.f = 0
    open_list = []
    closed_list = []
    open_list.append(start_node)

    while len(open_list) > 0:
        current_node = open_list[0]
        current_index = 0
        for index, item in enumerate(open_list):
            if item.f < current_node.f:
                current_node = item
                current_index = index
        open_list.pop(current_index)
        closed_list.append(current_node)

        # 목적 위치를 찾으면 경로 생성
        if current_node == end_node:
            path = []
            current = current_node
            while current is not None:
                path.append(current.position)
                current = current.parent
            return path[::-1]
        children = []

        # 노드 탐색 순서
        for new_position in [(1, 0), (0, 1), (0, -1), (-1, 0)]:
            node_position = (current_node.position[0] + new_position[0],
current_node.position[1] + new_position[1])
            if node_position[0] > (len(maze) - 1) or node_
position[0] < 0 or node_position[1] > (
```

```
                len(maze[len(maze)  -  1])  -  1)  or  node_
position[1] < 0:
                continue
            if maze[node_position[0]][node_position[1]] != 0:
                continue
            new_node = Node(current_node, node_position)
            children.append(new_node)
        for child in children:
            for closed_child in closed_list:
                if child == closed_child:
                    continue
            child.g = current_node.g + 1

            # 적합도 f=g+h 계산
            child.h= (abs(child.position[0] - end_node.position[0]))+abs(
                (child.position[1] - end_node.position[1]))
            child.f = child.g + child.h
            for open_node in open_list:
                if child == open_node and child.g > open_node.g:
                    continue
            open_list.append(child)
def main():
    maze = [[0, 0, 1, 1, 1, 1],
            [0, 0, 0, 0, 0, 0],
            [1, 0, 1, 0, 1, 0],
            [1, 0, 1, 0, 1, 0],
            [0, 0, 0, 1, 0, 0],
            [1, 1, 0, 0, 0, 1]]
    start = (0, 0)
    end = (4, 5)
    path = astar(maze, start, end)
    print(path)
if __name__ == '__main__':
    main()
```

(a) 프로그램

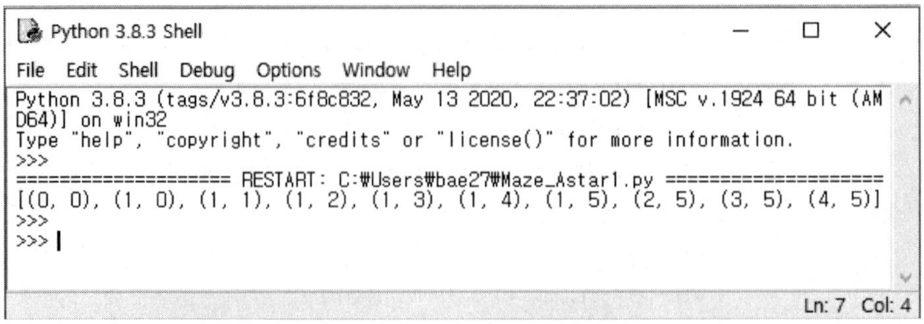

(b) 실행 결과

▎그림 13.6▎ 6×6 미로 찾기를 해결하는 A* 알고리즘을 위한 Python 프로그램과 실행 결과

연습문제

13.1 다음 퍼즐을 다음 방법으로 상태 공간 트리를 작성하고, 질문에 답하시오.

8		6
5	4	7
2	3	1

(초기상태)

	1	2
3	4	5
6	7	8

(목표상태)

(1) 분기한정법

(2) A* 알고리즘

(3) 각 방법에 의해 해답을 찾을 때 까지 방문하는 노드의 개수를 구하시오.

13.2 다음 미로 찾기를 다음 방법들로 상태 공간 트리를 작성하고, 질문에 답하시오.

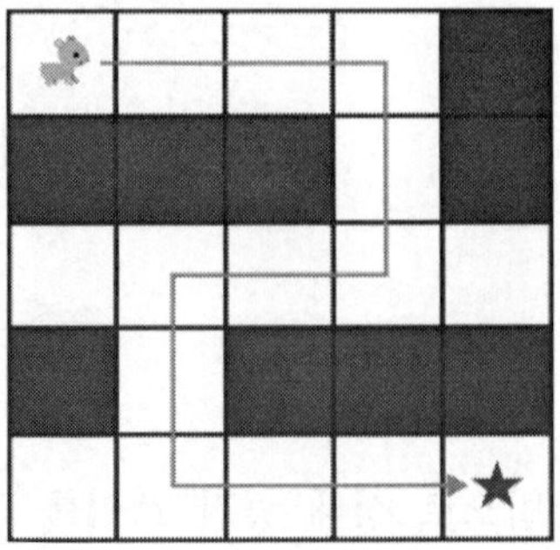

(5×5 미로의 예)

(1) 퇴각검색법

(2) A* 알고리즘

(3) 각 방법에 의해 해답을 찾을 때 까지 방문하는 노드의 개수를 구하시오.

(4) 어떤 방향으로 이동을 허용하는 격자에서 A* 알고리즘의 g(n)과 h(n) 계산을 위하여 유클리드 거리를 사용하는 경우의 상태 공간 트리를 작성하시오.

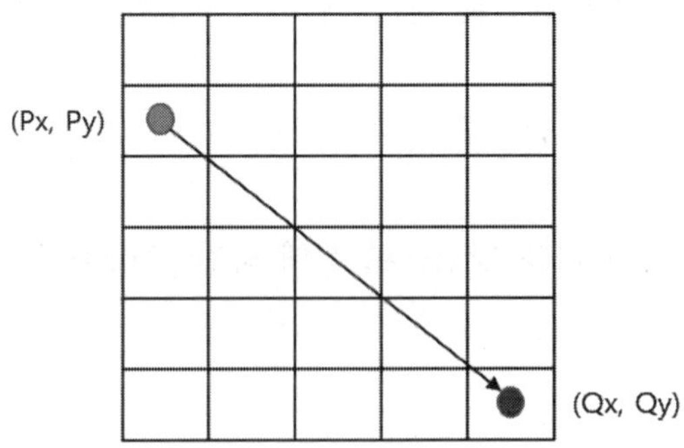

$$\sqrt{(P_x - Q_x)^2 + (P_y - Q_y)^2}$$

CHAPTER 14

P와 NP 문제

14-1 쉬운 문제와 어려운 문제

어떤 문제 p를 해결하기 위한 알고리즘 A가 다소의 정수에 대해 그것의 최악 복잡도 $f_A(n)$이 $O(n^k)$이면 다항 알고리즘(polynomial algorithm) 또는 다항시간 알고리즘(polynomial-time algorithm)이라 한다. $nlogn$이 $O(n^2)$이기 때문에 복잡도 $nlogn$을 갖는 알고리즘은 다항 알고리즘이다. 복잡성이 모든 다항식 한계를 초월하는 알고리즘을 지수 알고리즘(exponential algorithm)이라고 한다. 만약 양의 정수 a와 b, 1보다 큰 수 p와 q가 있고, 그리고 $n \geq n_0$에 대해 $a \cdot p^n \leq f(n) \leq b \cdot q^n$와 같은 양의 정수 n_0가 있다면, 복잡도 $f(n)$을 갖는 알고리즘은 지수 알고리즘이다. 지수 알고리즘의 증가율의 몇몇 예는 $k^n\,(k > 1)$, $n!, n^n$, 그리고 $n^{\log n}$이 있다. 문제가 쉬운지 아닌지를 논의하기 위하여 쉬운 문제와 어려운 문제 사이에 경계를 긋는 것을 먼저 결정해야 한다. 다항식이 지수 함수들 보다 더 천천히 증가하는 점근적 관점을 취하면, 지수 함수들과 다항식 간의 구별은 분명해 진다. 따라서 증가율 n^k을 갖는 다항식은 지수 함수에 비해 효율적이다. 다른 말로, 충분히 큰 문제에 대해 가장 느린 컴퓨터에서 실행되는 다항식 알고리즘은 가장 빠른 컴퓨터에서 실행되는 지수 알고리즘 보다 더 빨리 문제를 해결할 것이다. 더욱이, 다소의 경우에 어떤 문제를 해결하는 어떤 알고리즘은 더 간단한 부분문제(subproblems)들에 대한 다수의 알고리즘들을 통합하여 얻을 수 있다. 만일 부분문제들의 그러한 각 알고리즘들이 다항 알고리즘이면, 모든 다항식의 클래스는 덧셈, 곱셈, 그리고 함수들의 구성에 의해 닫혀있기 때문에 가장 큰 문제(main problem)에 대한 알고리즘 역시 다항 알고리즘이다. 어떤 문제의 모든 사례를 해결할 수 있는 다항 알고리즘이 있다면 그 문제는 쉽다고 한다.

다항 알고리즘의 증가율과 지수 알고리즘의 압제적 증가율의 차이를 인식하기 위하여 다음 시나리오를 고려한다. 어떤 컴퓨터에서 기본 연산이 컴퓨터 시간의 $1ns$(10억분의 1초)를 요구한다고 가정한다. 만일 $n = 50$이면, 복잡도 $n^2, n^3, 2^n$, 그리고 3^n을 갖는 알고리즘의 연산 시간은 각각 2.5 μs, 125 μs, 13 days, 0.375 years, 2×105 centuries가 될 것이다. 어떤 문제가 결정 가능한지 아닌지를 묻는 대신에 계산 복잡도 이론에서 기본 질문은 어떤 문제를 해결하는 것이 얼마나 어려운지 또는 힘든지를 묻는 것이다. 어떤 문제를 해결할 알고리즘이 지수 알고리즘이라고 증명할 수 있다면 그 문제는 틀림없이 어렵다. 다항 알고리즘이 없는 문제와 그러한 알고리즘이 존재하지 않는다고 추측되는 문제를 다루기 힘든 문제라고 한다.

연결 그래프에서 정점과 다른 정점 간의 최단 경로를 찾는 문제는 쉬운 문제이다. 그러나 두 정점 간의 가장 길고 간단한 경로를 찾는 문제는 이것을 해결하기 위하여 두 정점 간의 모든 가능한 경로를 열거하고 최적의 경로를 선택하는 것보다 실질적으로 더 빠른 알고리즘을 알고 있는 사람이 아무도 없기 때문에 다루기 힘든 문제이다.

어떤 문제 p를 해결하기 위한 다항 알고리즘이 있다면, "p를 해결하기 쉽다."고 말할 수 있다. 그러나 "어떤 문제를 해결하는 것은 어렵다"는 것을 어떻게 알 수 있는가? 문제 p가 문제 q만큼 어렵다는 것을 증명할 수 있다. 주어진 문제가 어렵다는 것을 증명하기 위해 지금까지 다항식 알고리즘이 발견되지 않았다고 주장하는 것만으로는 충분하지 않다.

문제에 적합한 알고리즘의 복잡성을 다항식으로 한정시킬 수 없다는 것을 보여주는 정교한 수학적 기법이 필요하다. 이러한 기술은 현재 컴퓨터 과학자들에 의해 계산 복잡도 이론의 최신 개발의 출현과 함께 발견되고 있다.

14-2 P 문제와 NP 문제

문제를 풀 수 있는 다항식 시간 복잡도(polynomial time-complexity)의 알고리즘이 존재하는 문제들을 클래스 P 혹은 P라고 분류한다. P에 속하는 다차시간 알고리즘이 발견된 P에 속하는 문제에는 합병정렬, 빠른정렬, 이진검색, 쉬트라센(행렬곱), 연쇄행렬곱셈, 최단 경로구하기(플로이드), 다익스트라, 프림, 크루스컬 알고리즘 등이 있다.

답이 주어졌을 때, 이 답이 문제의 올바른 답인지 여부를 판단할 수 있는 다항식 시간 복잡도(polynomial time-complexity)의 알고리즘이 존재하는 문제들을 NP(non-deterministic polynomial)라고 분류한다. NP에 속하는 문제에는 0-1 배낭 채우기(Knapsack) 문제, 외판원 문제(TSP), 부분집합의 합 구하기 문제, m 가지 색으로 그래프 색칠하기 문제, 해밀토니안 회로 구하기 문제 등이 있다.

P와 NP의 정의에 의해서, NP 문제들의 집합이 P 문제들의 집합을 포함한다는 것을 알 수 있다. 다항식 시간 내에 답을 구할 수 있는 문제는 당연히 다항식 시간 내에 제시된 답이 올바른지 여부도 판단할 수 있을 것이다.

NP 문제라는 집합으로부터, 두 개의 추가적인 문제 집합: NP-완전(completeness)과 NP-난해(hard)가 있다. 적어도 NP 문제 보다는 어려우며, 모든 NP 문제를 다항 시간 내에 어떤 문제 A로 환원(reduction)할 수 있다면, 그 A 문제를 NP-난해(hard) 문제라고 한다. 다음 두 문제로 환원에 대하여 설명한다.

- 문제 A: 주어진 n개의 숫자를 크기 순서로 정렬하는 문제
- 문제 B: 주어진 n개 숫자의 중간값을 계산하는 문제

어떤 사람이 문제 A를 쉽게 풀 수 있다면, 그 사람은 문제 B도 쉽게 풀 수 있는 것이 당연하다. 왜냐하면 주어진 숫자들을 정렬하고 나면, 그 중 한 가운데에 있는 수를 뽑기만 하면 그것이 중간값이 될 것이기 때문이다. 이와 같은 문제가 발생한다면, 문제 B를 문제 A로 환원시킬 수 있다(reducible)고 표현하며, 문제 A의 난이도는 문제 B의 난이도보다 어렵다는 것을 알 수 있다. 즉, 환원한다는 것은 쉬운 문제(중간값 계산 문제)에서 어려운 문제(정렬 문제)로 바꿀 수 있다는 의미이다. 다음 문제는 NP-난해 문제들이다.

- **회로 만족도 문제**: 주어진 부울 회로에 출력을 참으로 만드는 입력이 있는지 여부를 결정하는 결정 문제이다.
- **집합 덮게 문제**: 어떠한 전체집합과 그 집합의 부분집합들이 주어졌을 때, 부분집합들 중에서 가능한 한 적은 집합을 골라서 그 집합들의 합집합이 원래 전체집합이 되도록, 즉 그 집합들이 원래 전제집합을 '덮도록' 집합을 선택하는 문제이다
- **정점 덮게 문제**: 가장 적은 점들을 이용해서 모든 점들을 커버하는 문제
- 외판원 여행 문제

NP 난해 문제에도 포함되며 NP 문제에도 포함된다면, 이를 NP-완전(complete) 문제라고 한다. NP 문제들 중에 풀 수 있는 가장 어려운 문제라고 할 수 있다.

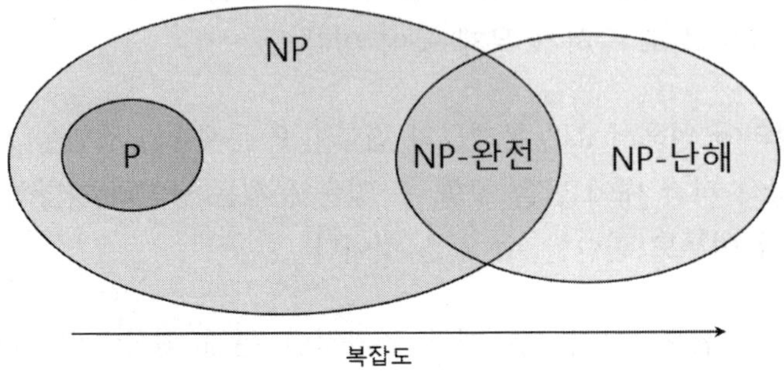

| 그림 14.1 | P, NP, NP–완전 그리고 NP–난해 문제들 간의 관계 (P≠NP라고 가정)

다항식 시간 알고리즘이 알려지지 않은 NP-완전 문제는 다음과 같다.

- 그래프에 해밀턴 사이클이 있는지 확인
- 부울 수식이 만족스러운지 여부 등 결정

NP 문제에 속하는 NP-난해 문제(NP-완전 문제)와 NP 문제에 속하지 않는 NP-난해 문제의 차이는 결정 가능한(decidable)지의 여부이다. 이와 관련하여 여행하는 외판원 문제(TSP: Traveling Salesman Problem)가 NP-완전인지 논의한다. 여행하는 외판원 문제는 외판원과 여러 도시로 구성된다. 외판원은 특정 도시에서 시작하여 같은 도시로 돌아가는 각 도시를 방문해야한다. 문제의 해결은 여행하는 외판원이 여행의 전체 길이를 최소화하려고 한다는 것이다.

문제 TSP는 NP-완전 문제인지 보이시오.

증명: TSP가 NP-완전임을 증명하려면 먼저 TSP가 NP에 속한다는 것을 증명해야한다. TSP에서 어떤 일주여행을 찾은 다음 일주여행에 각 정점이 한 번 포함되어 있는지 확인한다. 그런 다음 일주여행의 총 비용을 계산한다. 마지막으로 비용이 최소인지 확인한다. 다항식 시간으로 완료할 수 있습니다. 따라서 TSP는 NP에 속한다.

둘째, TSP가 NP-hard임을 증명해야한다. 이를 증명하기 위해 한 가지 방법은 $Hamiltonian\,cycle \leq_p TSP$임을 보여주는 것이다(해밀턴 사이클 문제가 NP-완전임을 알 수 있음).

$G = (V, E)$가 해밀턴 사이클의 사례라고 가정한다.

따라서 TSP의 사례가 구성된다. 완전 연결 그래프 $G' = (V, E')$을 생성한다. 여기서 $E' = \{(i, j) : i, j \in V \,\text{and}\, i \neq j\}$ 이다.

따라서 비용 함수는 다음과 같이 정의된다.

$$t(i, j) = \begin{cases} 0 \text{ if } (i, j) \in E \\ 1 \; otherwise \end{cases}$$

이제, 해밀턴 사이클 h가 G에 있다고 가정한다. h에서 각 간선의 비용은 각 간선이 E에 속하기 때문에 G'에 0이 있는 것은 분명하다. 따라서 h는 G'에서 비용이 0이다. 따라서 그래프 G에 해밀턴 사이클이 있는 경우 그래프 G'에는 0원짜리 일주여행이 있다.

반대로, G'가 많아 봐야 0 비용의 일주여행 h'이라고 가정한다. E' 내의 간선들의 비용은 정의에 따라 0과 1이다. 따라서 각 간선의 h'의 비용이 0이므로 비용은 0이어야 한다. 그러므로 h'에는 E의 간선들만 포함되어 있다고 결론 내린다. 따라서 만약에 G'가 최대 0 비용의 일주여행이라면, G가 해밀토니안 사이클을 가진다는 것이 증명되었다. 따라서 TSP는 NP-완전 문제이다.

연습문제

14.1 다음 각 문제들의 복잡도 클래스로 분류하시오(P, NP, NP-완전, NP-난해 중에서 선택하여 작성할 것).

문제	복잡도 클래스(P, NP, NP–완전, NP–난해)
합병정렬	
0-1 배낭 채우기 (Knapsack) 문제	
빠른정렬	
이진검색	
m가지 색으로 그래프 채색 문제	
해밀토니안 회로 문제	
최단 경로구하기(플로이드)	
다익스트라	
크루스컬	
외판원 문제 (TSP)	
부분집합의 합 구하기 문제	
프림	

14.2 어떤 문제가 실행시간이 $O(n^{\lg_2 n})$인 알고리즘에 의해 해결될 수 있다. 다음 주장 중 사실인 것은?

(a) 그 문제를 쉬운 문제이다.

(b) 그 문제는 어려운 문제이다.

(c) 둘 다 아니다.

14.3 하노이 탑 문제가 NP-문제 또는 NP-완전 또는 NP-난해인가? 그 이유를 설명하시오.

14.4 n번째 피보나치 수를 계산하는 문제를 어떤 복잡도 클래스에 속하는가? 그 이유를 설명하시오.

APPENDIX

Python 데이터 컬렉션

A-1 Python 자료형

모든 변수는 데이터 형과 관련이 있으며 Python에서 사용할 수 있는 데이터 형은 그림 A.1과 같다. Python에는 변경 가능한 객체(mutable)와 변경 불가능한 객체(immutable)가 있다. 변경 가능한 객체에는 리스트(list), 사전(dict), 집합이 있고, 변경 불가능한 객체에는 일반적인 자료형 숫자, 스트링(string), 튜플(tuple)이 있다. 변경 불가능한 객체들은 값이 변경되는 것이 새로운 객체로 생성이 되기 때문에 변경이 일어날 때 기존 객체는 변하지 않는다.

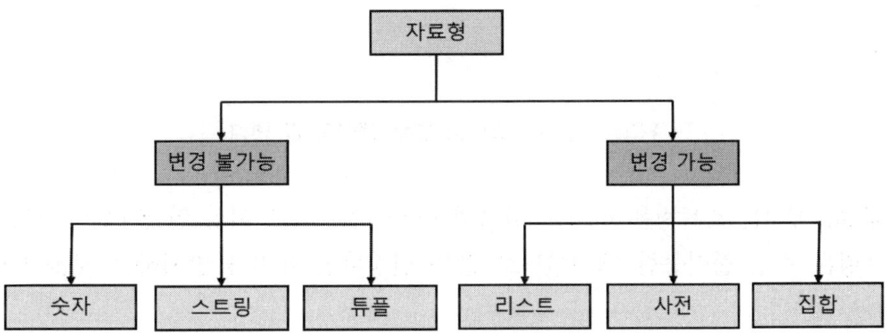

그림 A.1 Python 자료형의 종류

A-2 Python 데이터 컬렉션

Python의 컬렉션은 리스트, 사전, 집합, 튜플 등과 같이 데이터 컬렉션을 저장하는데 사용되는 컨테이너이다. 이것들은 기본 제공 컬렉션이다. 데이터 수집을 저장하기 위한 추가 데이터 구조를 제공하는 여러 모듈이 개발되었다. 그러한 모듈 중 하나가 Python 컬렉션 모듈이다.

(1) 스트링(String)

문자열은 유니코드 문자시퀀스이다. 작은따옴표나 큰따옴표를 사용하여 문자열을 나타낼 수 있다. 여러 줄 문자열은 삼중따옴표로 표시될 수 있다. 그림 A.2에서는 스트링 변수 s를 생성하고, 그 값을 변경한다. 원래 s와 변경된 값을 갖는 s의 id가 달라 변경된 값이 다른 객체에 저장된 것을 알 수 있다.

```
Python 3.8.3 Shell
File  Edit  Shell  Debug  Options  Window  Help
Python 3.8.3 (tags/v3.8.3:6f8c832, May 13 2020, 22:37:02) [MSC v.1924 64 bit (AM
D64)] on win32
Type "help", "copyright", "credits" or "license()" for more information.
>>> s = "대구가대"
>>> print(s)
대구가대
>>> print(id(s))
2073263863440
>>> s = '''대구가대
소프트웨어융합대학
컴퓨터소프트웨어학부'''
>>> print(s)
대구가대
소프트웨어융합대학
컴퓨터소프트웨어학부
>>> print(id(s))
2073264387120
>>>
Ln: 17  Col: 4
```

┃그림 A.2┃ 스트링 변수 생성과 값 변경

그림 A.3에서는 스트링은 리스트, 튜플과 마찬가지로 슬라이싱 연산자를 사용할 수 있고, 스트링은 변경 불가능한 객체이므로 값을 변경하면 에러가 발생하는 것을 보여준다.

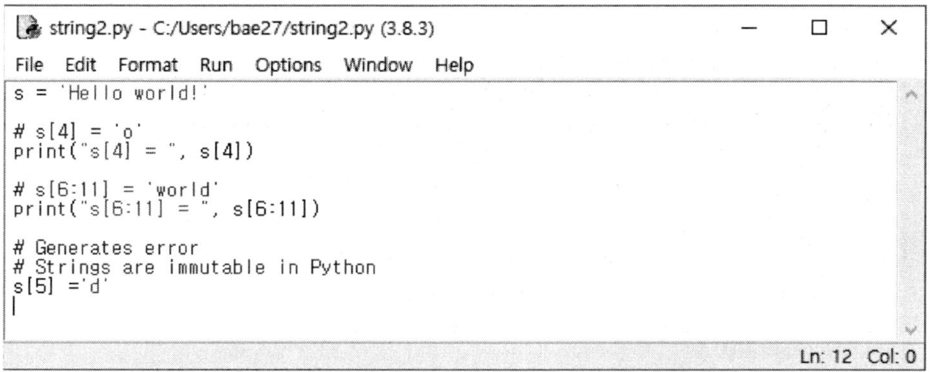

(a) 프로그램

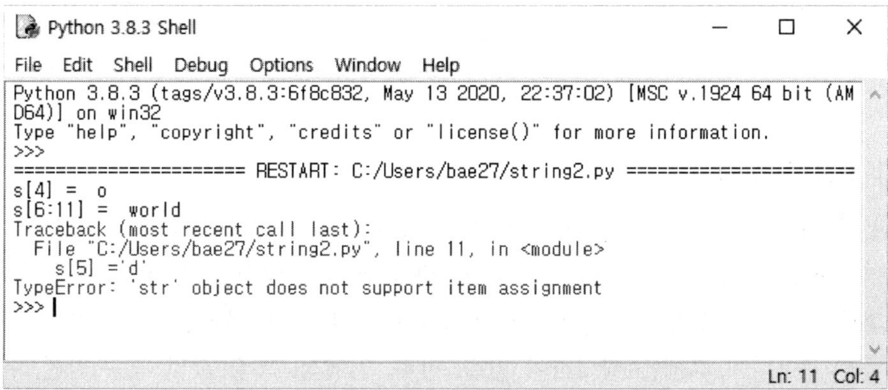

(b) 실행 결과

| 그림 A.3 | 슬라이싱 연산자의 사용과 값 변경 오류

그림 A.4는 스트링 객체에서 제공하는 메서드의 사용 예를 보여준다. 여기서 title()는 스트링의 각 단어에서 첫 번째 문자를 대문자로 만든다.

```
Python 3.8.3 Shell
File Edit Shell Debug Options Window Help
Python 3.8.3 (tags/v3.8.3:6f8c832, May 13 2020, 22:37:02) [MSC v.1924 64 bit (AM
D64)] on win32
Type "help", "copyright", "credits" or "license()" for more information.
>>> s1 = 'Daegu Catholic University Software Convergence College'
>>> print(s1)
Daegu Catholic University Software Convergence College
>>> s1.split()
['Daegu', 'Catholic', 'University', 'Software', 'Convergence', 'College']
>>> ' '.join(s1.split())
'Daegu Catholic University Software Convergence College'
>>> s1.upper()
'DAEGU CATHOLIC UNIVERSITY SOFTWARE CONVERGENCE COLLEGE'
>>> s1.title()
'Daegu Catholic University Software Convergence College'
>>> s1.count('o')
4
>>> s1.replace('University', 'Univ.,')
'Daegu Catholic Univ., Software Convergence College'
>>> |
                                                              Ln: 18  Col: 4
```

| 그림 A.4 | 스트링 메서드들

(2) 튜플(Tuple)

튜플은 리스트와 동일한 순서로 정렬된 항목이다. 튜플이 갖는 다음과 같은 특징: 변경 불가능하고, 레코드로 유용하고, 그리고 랜덤 액세스 지원을 갖는다. 튜플을 리스트로 변환하고 리스트를 변경 한 다음 리스트를 다시 튜플로 변환 할 수 있다. 그림 A.5는 튜플을 사용하여 객체를 생성하여 연결, 반복, 인덱싱, 특정 값의 개수 반환, 튜플 메서드 등의 사용 예를 보여준다. 그리고 그림 A.6에서는 튜플을 리스트로 변환하여 항목을 추가하는 예를 보여준다.

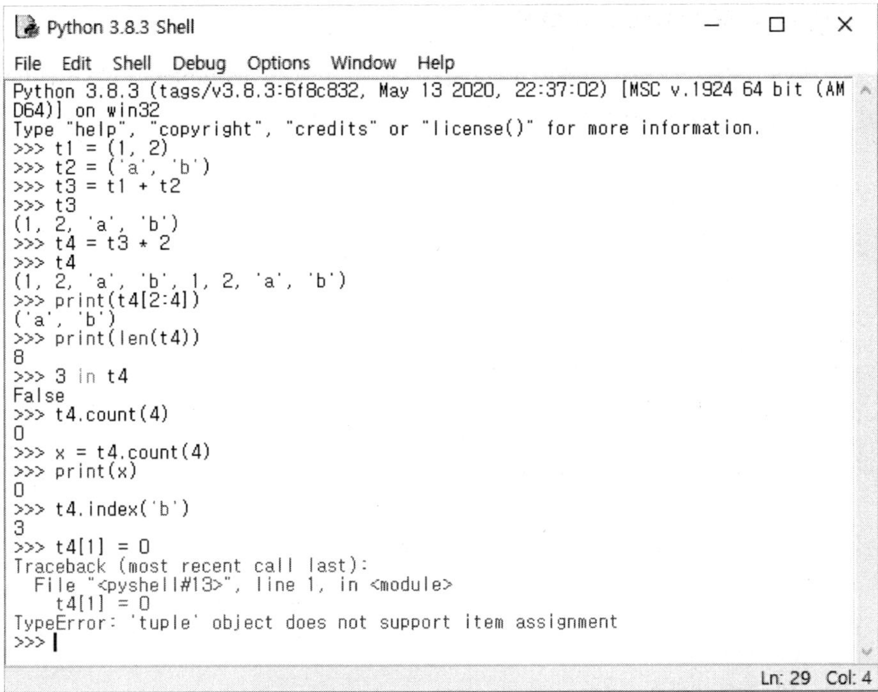

| 그림 A.5 | 튜플 연산과 인덱싱 메서드 사용

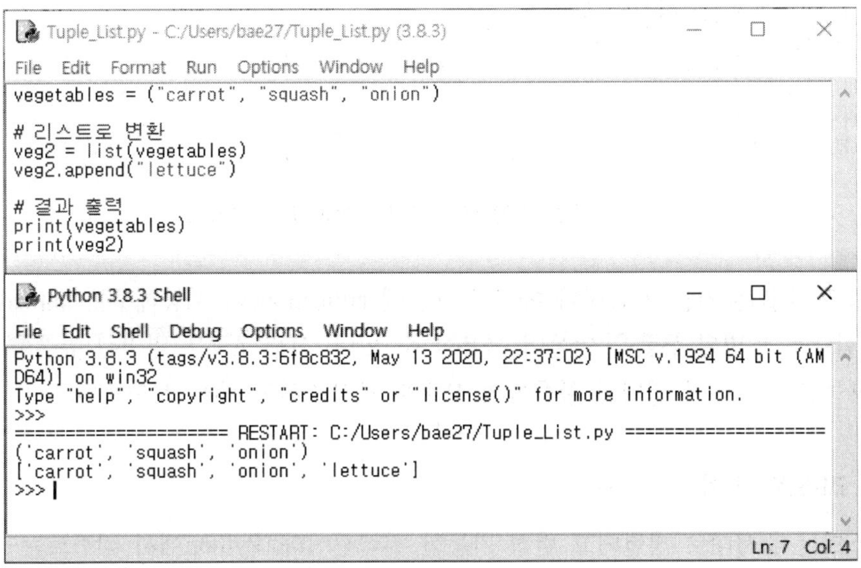

| 그림 A.6 | 튜플을 리스트로 변환

(3) 명명된 튜플(Named tuple)

값으로 접근 가능한 기본 튜플과 다르게 이름 즉, 키(namedtuple에서는 field_names)를 가지고 값에 접근이 가능하다.

namedtuple.py - C:/Users/bae27/namedtuple.py (3.8.3)

```
import collections as col

# employee 명명된 튜플 생성
Employee = col.namedtuple('Employee', ['name', 'city', 'salary'])

# 2개의 employee를 추가
e1 = Employee('홍길동', '대구', '25000')
e2 = Employee('홍길순', '경산', '30000')

# 인덱스를 사용하여 요소를 액세스
print('e1의 이름과 급여:' + e1[0] + ', ' + e1[2])

# 속성이름을 사용하여 요소를 액세스
print('e2의 이름과 급여:' + e2.name + ', ' + e2.salary)

# getattr()를 사용하여 요소를 액세스
print('e1과 e2의 도시: ' + getattr(e1, 'city') + ', ' + getattr(e2, 'city'))
```

Python 3.8.3 Shell

```
Python 3.8.3 (tags/v3.8.3:6f8c832, May 13 2020, 22:37:02) [MSC v.1924 64 bit (AM
D64)] on win32
Type "help", "copyright", "credits" or "license()" for more information.
>>>
==================== RESTART: C:/Users/bae27/namedtuple.py ====================
e1의 이름과 급여:홍길동, 25000
e2의 이름과 급여:홍길순, 30000
e1과 e2의 도시: 대구, 경산
>>> |
```

Ln: 8 Col: 4

| 그림 A.7 | 명명된 튜플의 생성과 요소 액세스

명명된 튜플은 기본 자료형이 아니기 때문에 collections이 제공해주는 namedtuple이라는 함수로 명명된 튜플을 만들어 사용할 수 있다. 그림 A.7은 명명된 튜플을 생성하고 객체들을 추가하여 명명된 튜플들의 요소를 액세스하는 예를 보여준다.

(4) 리스트(List)

리스트는 순서대로 정렬되고 변경 가능한 컬렉션이다. Python에서 리스트는 쉼표로 구분된 항목을 대괄호로 묶으면 된다. Python에서 가장 많이 사용되는 데이터 유형 중 하나이며 매우 유연하다. 목록의 모든 항목이 같은 유형일 필요는 없다. 그림 A.8은 리스트 생성, 인덱싱, 리스트 수정, 추가, 확장 등의 사용 예를 보여준다.

```
Python 3.8.3 (tags/v3.8.3:6f8c832, May 13 2020, 22:37:02) [MSC v.1924 64 bit (AM
D64)] on win32
Type "help", "copyright", "credits" or "license()" for more information.
>>> words = ['the', 'quick', 'brown', 'fox']
>>> words
['the', 'quick', 'brown', 'fox']
>>> words[-2:]
['brown', 'fox']
>>> seq = list(range(10))
>>> seq
[0, 1, 2, 3, 4, 5, 6, 7, 8, 9]
>>> seq[1::2]
[1, 3, 5, 7, 9]
>>> seq[::-2]
[9, 7, 5, 3, 1]
>>> words[2] = 'red'
>>> words
['the', 'quick', 'red', 'fox']
>>> words[:2] = 'a', 'slow'
>>> words
['a', 'slow', 'red', 'fox']
>>> words.append('jumps')
>>> words
['a', 'slow', 'red', 'fox', 'jumps']
>>> words.extend(['over', 'the', 'lazy', 'dog'])
>>> words
['a', 'slow', 'red', 'fox', 'jumps', 'over', 'the', 'lazy', 'dog']
>>> seq.reverse()
>>> seq
[9, 8, 7, 6, 5, 4, 3, 2, 1, 0]
>>> seq.sort()
>>> seq
[0, 1, 2, 3, 4, 5, 6, 7, 8, 9]
>>>
```

그림 A.8 리스트 연산과 메서드 사용 예

(5) 사전(Dictionary)

사전은 집합의 일종으로, 키와 값으로 하나의 데이터를 만든다. 순서가 없고 중복된 데이터를 갖지 않아서, 중복 데이터를 만드는 +, *를 사용할 수 없지만, 키를 이용하여 인덱스 기호([ ])를 사용할 수 있다. Python에서 사전(dict)은 각 항목이 형식의 쌍인 중괄호 안에 정의된다. 그림 A.9는 사전을 생성하고 사전 관련 연산과 메서드를 사용한 Python 코드의 예를 보여준다.

```
Python 3.8.3 Shell
File  Edit  Shell  Debug  Options  Window  Help
Python 3.8.3 (tags/v3.8.3:6f8c832, May 13 2020, 22:37:02) [MSC v.1924 64 bit (AM
D64)] on win32
Type "help", "copyright", "credits" or "license()" for more information.
>>> colors = {
        'red': (255,0,0),
        'green': (0,255,0),
        'blue': (0,0,255)
        }
>>> colors
{'red': (255, 0, 0), 'green': (0, 255, 0), 'blue': (0, 0, 255)}
>>> names = ['red', 'green', 'blue']
>>> values = [(255,0,0), (0,255,0), (0,0,255)]
>>> colors = dict(zip(names, values))
>>> colors
{'red': (255, 0, 0), 'green': (0, 255, 0), 'blue': (0, 0, 255)}
>>> colors['blue']
(0, 0, 255)
>>> colors.keys()
dict_keys(['red', 'green', 'blue'])
>>> colors.values()
dict_values([(255, 0, 0), (0, 255, 0), (0, 0, 255)])
>>> colors['black']=(0,0,0)
>>> colors
{'red': (255, 0, 0), 'green': (0, 255, 0), 'blue': (0, 0, 255), 'black': (0, 0,
0)}
>>> more_colors = {
        'gray': (128,128,128),
        'maroon': (128,0,0),
        'black': (0,0,0)
        }
>>> colors.update(more_colors)
>>> colors
{'red': (255, 0, 0), 'green': (0, 255, 0), 'blue': (0, 0, 255), 'black': (0, 0,
0), 'gray': (128, 128, 128), 'maroon': (128, 0, 0)}
>>>
                                                              Ln: 32  Col: 4
```

▌그림 A.9▐ 사전 연산과 메서드의 사용 예

(6) 카운터(Counter)

데이터의 개수를 셀 때 유용한 Python의 collections 모듈의 Counter 클래스는 특별한 종류의 사전이다. 그림 A.10은 Counter 연산을 사용한 예를 보여준다. 여기서 split()는 스트링을 단어가 리스트 항목인 리스트로 분할한다.

counter.py - C:/Users/bae27/counter.py (3.8.3)

```python
from collections import Counter
words = 'the the the quick brown fox jumps the quick brown dog'.split()
wc1 = Counter(words)
print(wc1)
wc2 = Counter('In its early life the butterfly has no wings')
print(wc2)
wc3 = Counter('As time passes it grows')
print(wc3)
print(wc2 - wc3)
print(wc2 & wc3)
print(wc2 | wc3)
```

Python 3.8.3 Shell

```
Python 3.8.3 (tags/v3.8.3:6f8c832, May 13 2020, 22:37:02) [MSC v.1924 64 bit (AM
D64)] on win32
Type "help", "copyright", "credits" or "license()" for more information.
>>>
====================== RESTART: C:/Users/bae27/counter.py ======================
Counter({'the': 4, 'quick': 2, 'brown': 2, 'fox': 1, 'jumps': 1, 'dog': 1})
Counter({' ': 8, 't': 4, 'e': 4, 'n': 3, 'i': 3, 's': 3, 'l': 3, 'a': 2, 'r': 2,
 'y': 2, 'f': 2, 'h': 2, 'I': 1, 'b': 1, 'u': 1, 'o': 1, 'w': 1, 'g': 1})
Counter({'s': 5, ' ': 4, 't': 2, 'i': 2, 'e': 2, 'A': 1, 'm': 1, 'p': 1, 'a': 1,
 'g': 1, 'r': 1, 'o': 1, 'w': 1})
Counter({' ': 4, 'n': 3, 'l': 3, 't': 2, 'e': 2, 'y': 2, 'f': 2, 'h': 2, 'I': 1,
 'i': 1, 'a': 1, 'r': 1, 'b': 1, 'u': 1})
Counter({' ': 4, 's': 3, 'i': 2, 't': 2, 'e': 2, 'a': 1, 'r': 1, 'o': 1, 'w': 1,
 'g': 1})
Counter({' ': 8, 's': 5, 't': 4, 'e': 4, 'n': 3, 'i': 3, 'l': 3, 'a': 2, 'r': 2,
 'y': 2, 'f': 2, 'h': 2, 'I': 1, 'b': 1, 'u': 1, 'o': 1, 'w': 1, 'g': 1, 'A': 1,
 'm': 1, 'p': 1})
>>>
```

Ln: 11 Col: 4

| 그림 A.10 | Counter 연산의 사용 예

(7) 집합(Set)

집합은 정렬되지 않은 고유 항목 모음이다. 집합은 중괄호 안에 쉼표로 구분 된 값으로 정의되고, 집합의 요소들은 순서화 되지 않는다. 따라서 순서와 관련된 인덱스 기호를 사용할 수 없고, 중복 데이터를 만드는 +, *를 사용할 수 없지만, in, not in, len()은 사용할 수 있다. 그림 A.11은 집합 관련된 연산과 메서드의 사용 예를 보여준다.

(8) 데크(Deque)

Deque(데크)는 double-ended queue의 줄임말로, 앞과 뒤에서 즉, 양방향에서 데이터를 처리할 수 있는 큐형 자료구조를 의미한다. 그림 A.12는 데크를 생성하고 데크 관련 메서드를 사용하는 예를 보여준다.

```
Python 3.8.3 Shell
File  Edit  Shell  Debug  Options  Window  Help
Python 3.8.3 (tags/v3.8.3:6f8c832, May 13 2020, 22:37:02) [MSC v.1924 64 bit (AM
D64)] on win32
Type "help", "copyright", "credits" or "license()" for more information.
>>> words = 'the quick brown fox jumps the quick brown dog'.split()
>>> s1 = set(words)
>>> s1
{'quick', 'jumps', 'brown', 'the', 'dog', 'fox'}
>>> s2 = set('what does the fox say'.split())
>>> s2
{'what', 'does', 'say', 'the', 'fox'}
>>> s1 | s2
{'quick', 'jumps', 'what', 'does', 'brown', 'say', 'the', 'dog', 'fox'}
>>> s1 & s2
{'the', 'fox'}
>>> s1.difference(s2)
{'brown', 'quick', 'dog', 'jumps'}
>>> s2 - s1
{'say', 'does', 'what'}
>>>
Ln: 18  Col: 4
```

| 그림 A.11 | 집합 연산의 사용 예

```
Python 3.8.3 Shell
File  Edit  Shell  Debug  Options  Window  Help
Python 3.8.3 (tags/v3.8.3:6f8c832, May 13 2020, 22:37:02) [MSC v.1924 64 bit (AM
D64)] on win32
Type "help", "copyright", "credits" or "license()" for more information.
>>> from collections import deque
>>> seq = list(range(10))
>>> seq
[0, 1, 2, 3, 4, 5, 6, 7, 8, 9]
>>> deque(seq)
deque([0, 1, 2, 3, 4, 5, 6, 7, 8, 9])
>>> dq = deque(seq, 5)
>>> dq
deque([5, 6, 7, 8, 9], maxlen=5)
>>> dq.append(10)
>>> dq
deque([6, 7, 8, 9, 10], maxlen=5)
>>> dq.appendleft(11)
>>> dq
deque([11, 6, 7, 8, 9], maxlen=5)
>>> dq.popleft()
11
>>> dq.rotate()
>>> dq
deque([9, 6, 7, 8], maxlen=5)
>>>
Ln: 23  Col: 4
```

| 그림 A.12 | 데크 생성과 메서드 사용 예

(9) 힙 또는 우선순위 큐

heapq 모듈은 이진 트리(binary tree) 기반의 최소 힙(min heap) 자료구조를 제공한다. 최소 힙을 사용하면 원소들이 항상 정렬된 상태로 추가되고 삭제되며, 최소 힙에서 가

장 작은 값은 언제나 이진 트리의 루트 (인덱스 0)에 위치한다. 그림 A.13은 힙 생성과 힙 메서드를 사용하는 예를 보여준다.

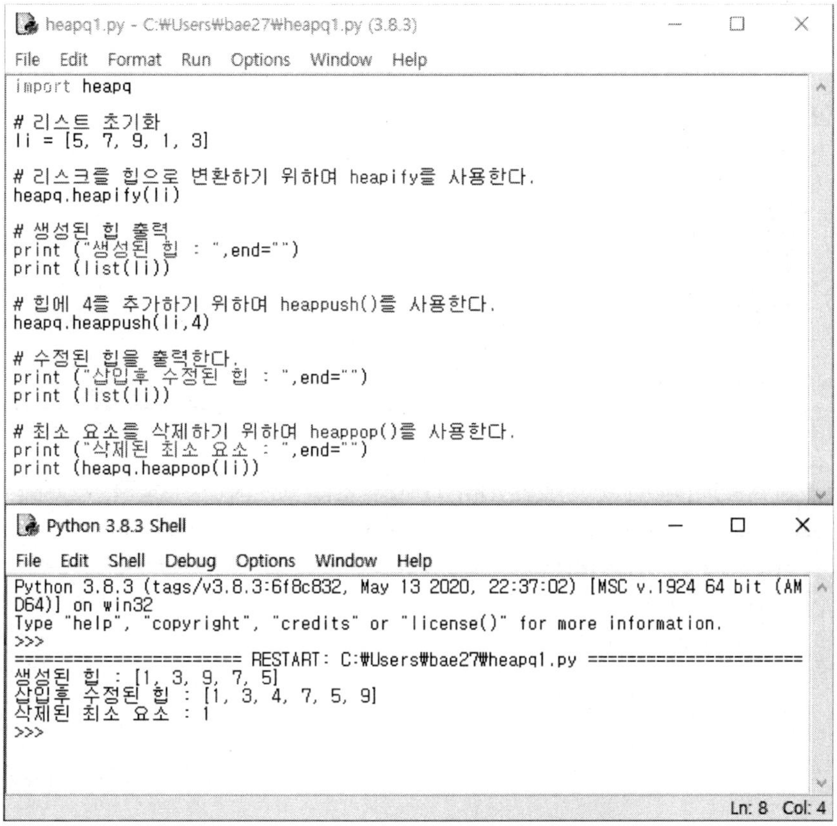

| 그림 A.13 | 힙 구축과 힙 메서드 사용 예

(10) 트리(Tree)

Python 표준 라이브러리에서는 트리를 사용할 수 없으므로 클래스로 구현하거나 삼자가 개발한 클래스를 사용한다. 트리는 이음선으로 연결된 노드를 나타낸다. 비선형 데이터 구조로 다음과 같은 속성을 가지고 있다.

- 한 노드는 루트 노드로 표시된다.
- 루트 이외의 모든 노드는 하나의 상위 노드와 연결된다.
- 각 노드는 임의의 수의 자식 노드를 가질 수 있다.

그림 A.14는 명령어 프롬프트(cmd) 명령어 'pip install anytree' 사용하여 단순하고 가벼우며 확장 가능한 트리 데이터 구조 클래스를 설치하고, 여덟 개 노드를 갖는 루트 'a'의 트리를 구축하고 출력하는 예를 보여주고, 그리고 그림 A.15는 Python으로 이진 트리를 구현한 Node 클래스를 보여준다.

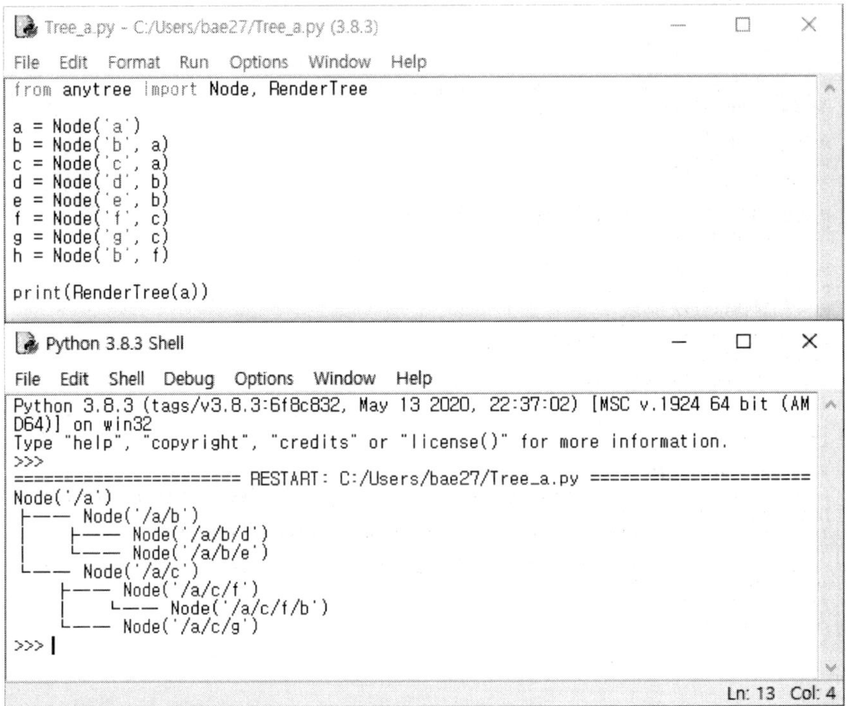

| 그림 A.14 | AnyTree 클래스를 사용한 트리 구축의 예

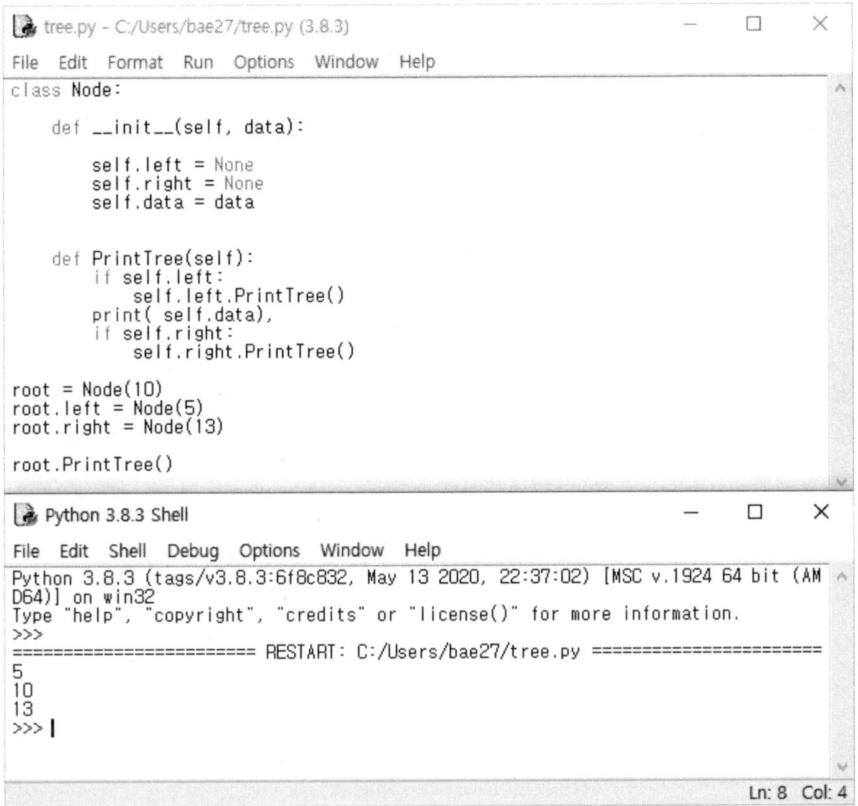

그림 A.15 Pyhton으로 이진 트리를 구현한 Node 클래스

참고문헌

[1] Toby Donaldson, Visual Quickstart Guide Python, Peachpit Press. 2014.

[2] Han-Petter Halvorsen, Python Programming, https://www.halvorsen.blog, 2019.

[3] 배인한, Java로 실습하는 컴퓨터 알고리즘, 오성미디어, 2012.

[4] Hemant Jain, Problem Solving in Data Structure & Algorithms using Python, 2019.

[5] Kshitij Jain, Data Structures and Algorithms in Python-Beginners and intermediate, 2019.

[6] V. K. Balakrishnan, Introductory Discrete Mathematics, Dover Publications, Inc., 1996.

[7] Richard Neapolitan, Kumarss Naimipour, Foundations of Algorithms using Java Pseudocode, Jones and Bartlett Pub., 2004.

[8] Anany Levitin, The Design & Analysis of Algorithms, Addison Wesley, 2007.

[9] Gilles Brassard, Paul Bratley, Fundamentals of Algorithms, Prentice Hall, 1996.

[10] Michel T. Goorich, Roberto Tamassia, Algorithm Design-Foundations, Analysis, and Internet Examples, John Wiley & Sons, Inc., 2002.

[11] Thomas H. Dormen, Charles E. Leiserson, Ronald L. Rivest, Clifford Stein, Introduction to Algorithms, The MIT Press, 2004.

[12] Sara Baase, Computer Algorithms - Introduction to Design and Analysis, 1998.

[13] Gilles Brassard, Paul Bratley, Algorithms – Theory and Pratice, Prentice-Hall, 1988.

[14] Wikipedia, https://www.wikipedia.org/

[15] The Algorithms/Python, https://github.com/TheAlgorithms/Python

[16] Python Tutorial, https://www.tutorialspoint.com/python/index.htm

[17] Algorithms, https://www.geeksforgeeks.org/fundamentals-of-algorithms/

[18] Collection-Container Types, https://docs.python.org/3/library/collecions.html

[19] Object-Oriented Programming in Python, https://python-textbok.readthe-docs.io/en/1.0/Collections.html

[20] GreeksforGreeks/Tutorials/Algorithms, https://www.geeksforgeeks.org/fundamentals-of-algorithms/

[21] https://stackoverflow.com/questions/43703757/plotting-pi-using-montecarlo-method

[22] https://www.w3schools.com/python/python_lists.asp

[23] http://people.duke.edu/~ccc14/bios-821-2017/lessons/Python_02___Data_Collections.html

[24] https://www.codingfactory.net/python-tutorial-table-of-contents

[25] https://www.edureka.co/blog/a-search-algorithm/

[26] https://blog.goodaudience.com/solving-8-puzzle-using-a-algorithm-7b509c 331288

[27] https://medium.com/@nicholas.w.swift/easy-a-star-pathfinding-7e6689c7f7 b2

[28] http://theory.stanford.edu/~amitp/GameProgramming/Heuristics.html

[29] https://wkdtjsgur100.github.io/P-NP/

찾아보기